OSHO

奧修談《莊子》：當鞋子合腳時

WHEN THE **SHOE** FITS

one of the most inspiring spiritual teachers of our time

當鞋子合腳時，腳就被遺忘了；

當「心」是正確的，「贊成」和「反對」就被遺忘了。

目次

原序

奧修喜歡半開玩笑、半嚴肅地說：「在這個世界上只有兩樣東西是無限的——師父的慈悲和徒弟的愚蠢！」他坐在他的椅子上，很有耐心地、很有愛心地試圖幫助我們脫離我們很悲哀地被捲入的生命糾纏。

我們還沒有完全電腦化；美麗的新世界還沒有來到我們身上；受制約的頭腦還不是我們整個人的唯一統治者。如果它是如此，那麼就不會有混亂；如果有混亂，那表示心和靈魂仍然活著，它們的聲音想要被聽到。這樣的話，表示仍然有希望。因為心和靈魂是主要的，它們引導吾人去追尋真理、追尋那最終的、追尋那「任何是的」。

但頭腦仍然是一個強而有力的統治者。每一位父母、每一位老師、每一位教士、每一位政客都很努力去壓抑那活生生的、壓抑那無法預測的心和靈魂的內在衝突，而贊同比較容易駕馭的機械式頭腦，因此我們都處於衝突之中，我們都變成分裂的。奧修所顧慮的就是要如何來整合我們，如何再度使我們成為「一」。

儘管有來自心和靈魂的反對，社會給了它所喜歡的頭腦一個它能夠執著的系統。為了要整合我們，奧修的努力就是要帶領我們超越頭腦、身體和靈魂，超越任何系統、超越任何東西，好讓我們能夠成為空而飄浮，跟空的藍天成為一體。

奧修沒有給我們信條、教條或教義。他談論世界上所有的靈性系統——基督教、印度教、回教、佛教、譚崔、蘇菲主義、哈希德派、猶太教和禪等，他這樣做有一個目的：

沒有一個單一的教義是真的，它或許對某些人而言是真的，但是對其他人而言，它可能不真，那就是為什麼世界上會有那麼多教義存在。佛陀存在、耶穌存在、穆罕默德存在，這麼完全不同的人，但他們都是真的。

我在嘗試一種完全新的實驗，要將你們全部放在一起，這樣做將會是你們的一種訓練。如果你幾年來一直在聽我講道，它就已經是一種訓練，它一直都是一種靜心。我給你一個觀點——當我在談論派坦加利（Patanjali）的時候，我就給你那個觀點，我會在你裡面創造出那個架構，然後隔天我會開始談論替羅帕（Tilopa），而我將會摧毀你原來的架構。

這對你來講是痛苦的，因為你會開始執著。當你做出一個架構，你就會執著於它，我一看到你開始執著於理論，我就立刻以相反的東西來摧毀它。有很多次，你會蓋起一個房子；有很多次，你會覺得已經有了秩序，然後我就會再創造出一個無秩序。

這樣做有什麼意義呢？

意義在於：有一天你將會覺知到，你將會聽我講話，但是你將不會再創造出一個架構，你將不會再創造出一個架構，因為有什麼意義呢？這個人明天就會摧毀它！這樣的話，你將只會聽我講，而不會執著於文字、理論和教條。哪一天你能夠聽我講，而不要在你裡面創造出一個架構，而且我能夠看到你聽了我所講的話之後，你裡面是空的，到了那一天，我就成功了。

「當鞋子合腳時」是禪，它不是一篇智性的論文，不是一篇用來談論作為一個宗教系統的禪學原則，不，那是一個成道大師於吾人此時此地的情況下，藉著描述幾千年以前禪的情況，試圖來幫助我們朝向我們內在的「無我」、內在的「空」。

就這一方面而言，奧修是獨一無二的。他談論禪和其他宗教系統，但是唯有當那些東西是真正實用的工具，藉著它們，我們可以了解到頭腦的制約，而且，藉著這樣做，我們可以超越，這樣他才講。他對於使用沒有價值的事實來滋養頭腦沒有興趣。他的興趣在於給我們工具，藉著那些工具，頭腦以及它的執著能夠被摧毀。

遲早，因為根據奧修所言，他的門徒處於他們的混亂之中是無限地愚蠢，但是因為他的慈悲也是無限的，所以遲早有一天，我們將能夠成為空和不執著，而脫離糾纏。

然後鞋子就永遠都會合腳。

第1章 當鞋子合腳時

畫匠朱倚能夠空手畫出比用圓規所畫出的更完美的圓。他的手指不知道從什麼地方來的靈感就能夠很自然地將那個輪廓勾畫出來，同時他的頭腦很自由，不會去顧慮他正在做什麼。

不需要用什麼工具，他的頭腦非常完美地單純，不知道有障礙。

所以，當鞋子合腳時，腳就被遺忘了；當皮帶合身時，腹部就被遺忘了；當「心」是正確的，「贊成」和「反對」就被遺忘了。

沒有驅策、沒有強迫、沒有需求、沒有吸引，那麼你做起事來就能夠很自如，你就是一個自由的人。

容易是對的，如果你正確地開始，那麼你就會很容易。繼續容易下去，你就對了。走容易之道的正確方式就是忘掉正確的方式，而且忘掉說那個進行是容易的。

「工倕旋而蓋規矩，指與物化而不以心稽，故其靈臺一而不桎。忘足，履之適也；忘要，帶之適也；知忘是非，心之適也；不內變，不外從，事會之適也。始乎適而未嘗不適者，忘適之適也。」

——《莊子．外篇．達生》

莊子是最稀有的開花之一，甚至比佛陀或耶穌更稀有，因為佛陀和耶穌強調努力，而莊子強調不努力。

透過努力有很多事可以做，但是透過不努力有更多的事可以做。有很多事可以透過意志來達成，但是有更多的事可以透過沒有意志而達成。（任何你透過意志而達成的，對你而言將永遠保持是一個負擔，它將永遠都是一個衝突、一個內在的緊張，你在任何時候都可能失去它，它必須持續地被保持住，而去保持它需要花能量，一直保持著它，到了最後將會把你的能量都消耗掉。）

只有那些透過不努力而達成的，對你而言永遠都不會成為一個負擔，只有那些不會成為負擔的才能夠成為永恆，只有那些一點都不會不自然的，才能夠永遠永遠跟你在一起。

莊子說那真實的、那神性的、那存在的要藉著完全忘我而達成。即使那個想要去達成的努力也會變成一個障礙，因為這樣你就無法忘我。即使想要去忘我的努力也會變成一個障礙。

你怎麼能夠做任何努力去忘我呢？所有的努力都來自「自我」，透過努力，自我就被增強了，自我就是那個病。因此所有的努力都必須完全被拋棄，什麼事都不必做。一個人必須完全喪失他自己在「那存在的」裡面，一個人必須再度變成好像一個小孩子，剛剛被生下來，不知道什麼是對的，什麼是錯的，不知道任何分別。一旦分別進入，一旦你知道這是對的，那是錯的，你就已經生病了，你就已經遠離了真實的存在。

小孩子很自然地在生活，他是很全然的，他不作任何努力，因為作任何努力意味著你在跟你自己抗爭，有一部分的你贊成，而另外一部分的你反對，因此才需要努力。

記住，你能夠成就很多，尤其在這個世界上，你能夠透過努力而成就很多，因為努力就是積極、努力就是暴力、努力就是競爭。但是在另外的世界裡，透過努力無法達成任何東西，那些從努力開始的人到了最後也必須放棄努力。

佛陀下功夫下了六年，繼續靜心，集中精神，他變成一個苦行者，一切人為所能夠做的，他都做了，沒有一個石頭沒被翻過，他以他的整個人作為賭注，但那是一種努力，有自我存在，因此他失敗了。

就「那最終的」而言，沒有什麼東西會像自我那麼失敗，而在世界上，沒有什麼東西會像自我那麼成功。

在物質世界裡，沒有什麼東西會像自我那麼成功，而在意識的世界裡，沒有什麼東西會像自我那麼失敗，情形剛好相反，它必須如此，因為那個層面剛好相反。

佛陀完全失敗，在經過了六年之後，他完全失敗。當我說完全，我真的是意味著完全，連一絲希望都沒有留下來，他變得完全絕望，在那個絕望當中，他放棄了所有的努力。他已經放棄了所有的世界，他已經放棄了他的王國，一切屬於這個看得見的世界的東西，他都離開了，他都拋棄了。

在經過六年費力的努力之後，他也離開了所有屬於彼岸的東西，他處於一種完全真空的狀態下——完全的空。那天晚上他睡了一個完全不同品質的覺，因為那個時候已經沒有自我；有一種不同品質的寧靜升起，因為那個時候沒有努力，那天晚上有一種不同品質的「存在」發生在他身上，因為那個時候沒有夢。

如果沒有努力，沒有什麼東西是不完整的，那麼就不需要做夢，夢都是為了要去完成什麼東西；白天沒有完成的事情會在夢中完成，因為頭腦有一個傾向，想要去完成每一件事。如果它是不完整的，頭腦將永遠都會覺得不安。你對很多事努力，如果它們仍然不完整，那麼就需要做夢。

當有欲望的時候，就一定會做夢，因為欲求就是做夢，做夢只是欲求的一個影子。

那天晚上，沒有什麼事要做——這個世界已經沒有用了，而另外一個世界也已經沒有用了，所有想要活動的動機都停止了，沒有什麼地方要去，也沒有一個人要去到哪裡，那天晚上的睡覺變成三摩地，變成三托歷，它變成能夠發生在一個人身上最終的事。那個晚上，佛陀開花了；到了早上，他成道了。他打開他的眼睛，望著最後一顆星星消失在天空，每一樣東西都在那裡。它一直都在那裡，但是他太想要它了，所以他反而看不到它；它一直都在那裡，但是他一直帶著欲望過分移向未來，以至於他無法看到此時此地。

那天晚上沒有欲望、沒有目標、沒有地方要去、也沒有一個人想要去哪裡，所有的努力都停止了，突然間他變得覺知到他自己，突然間他變得覺知到本然的真實存在。

莊子打從一開始就說：不要作任何努力。他是對的，因為你永遠無法像佛陀一樣，作那麼完全的努力，你永遠無法那麼挫折，挫折到所有的努力都自動消失；它將永遠都會是不完整的。你的頭腦會一直繼續說：再多努力一點就會有什麼事發生、再往前進一步。目標已經接近了，你為什麼要氣餒？只需要再多努力一點，因為目標每天都在接近。

因為你永遠無法作那麼完全的努力，所以你永遠無法完全絕望。你可以繼續作這種不熱心的努力好幾世，那就是我們過去一直在做的。你在我的面前並不是第一次，你並不是第一次作了一些努力想要達成那真實的，你在過去已經作了很多很多次了，已經作過好幾百萬次了，但是你仍然在希望。

莊子說最好一開始就放棄努力，它必須被放棄：它不是在剛開始的時候要被放棄，就是到了最後要被放棄，但是那個最後也許不會很快就來！有兩種方式：或者是全然的努力……努力到所有的希望都被粉碎了，然後你就會了解到，沒有什麼東西能夠透過努力而達成。無意識裡沒有一絲留戀說：再做一點點，這個就會被達成……要不然就是全然的努力，那麼它就會自動放棄；要不然就是根本不努力，只要了解這整個事情，根本就不要進入它。

記住一件事……如果它是不完整的，你就無法離開它。一旦你進入了，它就必須被完成，因為頭腦有一個傾向要完成每一件事——不僅是人類的頭腦，動物的頭腦也是如此。如果你畫出一個不完整的半圓，有一隻猩猩看到它，如果旁邊有粉筆，牠就會立刻去完成它。

你目前的頭腦有一個去完成的傾向，任何不完整的東西都會給你緊張。如果你想要笑而不能笑，就會有緊張；如果你想要哭而不能哭，就會有緊張；如果你想要生氣而不能生氣，就會有緊張，那就是為什麼你已經病了那麼久，因為每一樣東西都不完整地被留下來！

你從來沒有盡情地笑，你從來沒有盡情地哭，你從來沒有盡情地生氣，你從來沒有盡情地恨，你從來沒有盡情地愛，沒有一件事完全被做出來，每一件事都不完整，沒有一件事是全然的，它總是在那裡徘徊，然後就有很多事在你的頭腦裡，那就是為什麼你無法安逸，你永遠無法覺得像在家裡一樣。

莊子說：最好不要去開始，因為一旦你開始了，它就必須被完成。了解它，那麼你就不必進入那個惡性循環。那就是為什麼我說莊子是一個很稀有的開花，比佛陀或耶穌都更稀有，因為他只是藉著了解就達成了。

對莊子而言，沒有方法，也沒有靜心。他說：只要了解它的「真實性」。你被生下來，你有作什麼努力而被生下來嗎？你成長，你有作什麼努力而成長嗎？你呼吸，你有作什麼努力而呼吸嗎？每一樣東西都自己在動，所以為什麼要麻煩呢？讓生命自己流動，那麼你就處於一種放開來的狀態。不要奮鬥，不要試著逆流而游，甚至連游都不必游，只要隨著水流漂浮，讓那個水流引導你流往任何它引導你去的地方。成為天空中的白雲，沒有目標，任何地方都不去，只是飄浮，那個飄浮就是最終的開花。

關於莊子，在我們進入他的經文之前，第一件要了解的事就是：成為自然的。每一件不自然的事都必須被避免。不要做任何不自然的事，自然就夠了，你無法對它作任何改善，但是自我會說：不，你可以改善自然——所有的教養都是基於這個理念而產生出來的。

任何想要改善自然的努力就是教養，而所有的教養就好像一種病，一個人越有教養，他就越危險。

我聽說有一個獵人，一個歐洲的獵人，迷失在一個非洲的森林裡，突然間他發現了幾間茅屋，他從來沒有聽說在那一座濃密的森林裡有村莊，地圖上也從來沒有顯示過，所以他就去找那個村子的酋長。他說：很可惜，你們喪失了跟文明的接觸。那個酋長說：不，那不是一種可惜，我們一直都害怕被發現，一旦文明進來，我們就喪失了。

一旦你作了一些努力去改善它，自然就喪失了，那意味著你試圖去改善神。所有的宗教都試圖那樣做——去改善神。莊子並不贊成那樣做，他說自然是最終的，那個最終的自然他稱之為「道」。「道」意味著自然是最終的，無法被改善。如果你試圖去改善它，你將會使它變殘缺，我們就是這樣在使每一個小孩變殘缺。

每一個小孩都出生在「道」裡，然後我們就用社會、文明、文化、道德、宗教來使他變殘缺，我們從每一方面來使他變殘缺，然後他過活，但他已經變成不是活生生的。

我聽說有一個小女孩要去參加一個宴會，一個朋友的生日宴會，她還很小，只有四歲，她問她媽媽說：「當妳還活著的時候，有沒有像這樣的宴會和跳舞？」

人們變得越文明，接受越多的教養，他們就變得越死氣沉沉。如果你想要看完全死氣沉沉但仍然活著的人，那麼你就去僧院裡看和尚，去教會裡看教士，去梵諦岡看教皇。他們並不是活生生的，他們非常害怕生命，非常害怕自然，他們用各種方法來壓抑它，他們已經生活在他們的墳墓裡。你可以將墳墓塗得很漂亮，你甚至可以做一個非常有價值的大理石墳墓，但裡面的那個人是死的。

有一個醉漢經過一個墓地，他看到一個由純白色的大理石所做成的墳墓，他看著那個墳墓，看著它上面的名字，那是有名的羅斯查爾德（Rothschild）的墳墓，他笑著說：羅斯查爾德這傢伙真懂得生活。

教養會殺死你，教養是一個謀殺者，教養是一種慢性的毒藥，它是一種自殺。

莊子跟他的師父老子都反對教養，他們贊成自然，純粹的自然。樹木的情況比你更好，即使是小鳥或河裡的魚，情況都比你更好，因為牠們都更活生生的，牠們的跳舞更接近自然的韻律，你已經完全忘記自然是什麼，你打從根部就譴責它。

如果你想要譴責自然，你就必須開始譴責性，因為整個自然都是由它而來的，整個自然就是一種洋溢的性能量、洋溢的愛。小鳥歌唱、樹木開花，這些都是爆炸的性能量。花是性的象徵，小鳥的歌唱是屬於性的，整個「道」只不過是性能量——整個自然繁殖它自己、愛自己、進入更深的愛和存在的狂喜。

如果你想要摧毀自然，那麼你就譴責性、譴責愛，在生命的周圍創造出道德觀念。不管那些道德觀念看起來多麼美，它們都好像是大理石的墳墓，而你就生活在它裡面。有些醉漢或許會以為你知道生命是什麼、你知道怎麼生活，但是任何清醒的人甚至會不認為你是活的。你的道德是一種死亡。在死亡殺死你之前，社會就已經先把你殺掉了。

那就是為什麼莊子的訊息是最危險、最富革命性、最叛逆的一種，因為他說：要允許自然！不要給予自然任何目標。你以為你是什麼人能夠創造出目標和目的？你只不過是一個很小的部分，一個原子般的細胞。你以為你是什麼人能夠強迫整體按照你的意思走？

對於那些所謂的宗教人士，以及遵守道德的清教徒而言，這是最危險的。這是一種最危險的訊息，這意味著打破所有的障礙，讓自然迸出來，那是危險的。

我聽說有一位護士長在介紹一位剛從學校畢業的新護士給醫院同仁。她帶她到醫院各處去熟悉環境，她將醫院裡面不同的分區介紹給她：這是癌症的病房，這是肺病的病房，以及其他各種不同的病房。然後他們來到了大廳，她說：「看，記清楚，這是所有醫院裡最危險的地方，這是最危險的病房。」那個新護士看了一下，但是她看不出有什麼危險，所以她就問說：「到底是怎麼一回事？為什麼這裡是醫院裡最危險的地方？即使在癌症病房，妳也沒有說它是危險的。」護士長笑著說：「在這裡進進出出的人幾乎都是健康的，所以它是最危險的病房。要小心，健康總是危險的。」

教士們都害怕健康，因為在他們的眼光裡，健康是不道德的。你或許有聽說過，或許沒聽說過，在我們這個世紀裡有一位德國思想家，他在他那個時代很有名，他的名字叫做康特基賽林。他被認為是一位偉大的宗教哲學家，他在他的日記上寫道：「健康是最不道德的東西。」因為健康是能量，而能量是喜悅、能量是享受、能量是愛、能量是性、能量代表每一種自然的東西。要摧毀能量，使它成為虛弱和暗淡的。因此有那麼多的斷食，為的只是要摧毀能量，為的只是要阻止很多能量的產生和洋溢。

宗教之士一直都認為健康是危險的，因此不健康就成為一種靈性的目標。

我要再度重申，莊子是非常叛逆的，他說：自然就足夠了，自然洋溢的能量和狂喜，以及自然的平衡，就足夠了。不需要努力。不必有任何努力就有那麼多美的事物在自然界到處發生：一朵玫瑰花不必有任何努力就很美；布穀鳥一直在唱歌，沒有任何努力……注意看一隻鹿，牠活生生的，充滿能量，行動迅速；注意看一隻野兔，那麼警覺，那麼覺知，甚至連一個佛或許都會感到嫉妒。

注意看自然，每一樣東西都非常完美。你能夠在一朵玫瑰花上面作任何改善嗎？你能夠以任何方式來改善自然嗎？只有人在某些地方走錯了。如果玫瑰花能夠不要有任何努力就很美，那麼人為什麼不能呢？人到底有什麼不對呢？如果星星能夠不要有任何努力、不要有任何派坦加利的《瑜伽經》就能夠保持很美，那麼人為什麼不能呢？人就像星星一樣，是自然的一部分。

所以莊子說：要成為自然的，那麼你將會開花。如果這個了解進入了你，越來越深、越來越深，那麼所有的努力都會變成沒有意義的，那麼你就不會經常為未來作安排，你就生活在此時此地，那麼這個片刻就是一切，這個片刻就是永恆。佛性本來就存在，你已經是一個佛，唯一缺少的就是你沒有給它任何機會開花，因為你太過於忙著你自己的計畫。

一朵花不必有任何努力就能夠開花，因為它的能量沒有發散到其他任何計畫；花朵不會計畫未來，花朵只是在此時此地。要像一朵花、要像一隻鳥、要像一棵樹、要像一條河、要像海洋，但是不要像人，因為人在某個地方已經走錯了。

自然和成為自然的——不努力地自然，自發性地自然——這是莊子要給你的所有教導裡面的精華。

現在我們來看他的經文。盡可能傾聽每一個字，因為你的頭腦將會產生障礙，你的頭腦將不會讓你仔細聽，頭腦就是在你裡面的社會。社會非常狡猾，它不僅在你的外面，它還穿透到你裡面去。你的頭腦就是這樣，因此所有那些知道的人都反對頭腦而贊成自然，因為頭腦是人造的東西，是社會灌輸給你的，所以當你在聽莊子的話語時，你的頭腦會產生障礙，你的頭腦會不喜歡聽，因為他所說的非常反對頭腦。如果你順著它，如果你將你的頭腦擺在一邊而讓它穿透你，光是那個聽就會變成靜心，光是那個聽就會蛻變你，不需要做其他的事，只要聽。

莊子相信了解而不相信靜心。如果我說你必須靜心，那只是因為我覺得了解對你來講太困難了。靜心無法引導你到目標——沒有任何方法能夠引導你到目標。沒有方法或技巧存在，靜心只能夠幫助了解，它無法引導你到真理，它只會摧毀你的頭腦，好讓有真理的時候，你能夠看到它。

畫匠朱倚能夠空手畫出比用圓規所畫出的更完美的圓。

莊子談到一個畫匠，他的名字叫做朱倚，他能夠空手畫出比用圓規所畫出的更完美的圓。事實上，你之所以需要圓規是因為你害怕。如果你不害怕，你不要有任何幫助就能夠自己畫出一個完美的圓。

在自然界，圓圈到處都存在，每一樣東西都按照圓形的軌道在進行，圓圈是自然界裡最容易的現象，而自然界並沒有使用圓規。星星不必看地圖，也不必帶著圓規，就能夠循著圓形的軌道移動。如果你給它們圓規和地圖，它們一定會迷路，它們將不知道要走到哪裡，或是要怎麼辦。

你一定聽過蜈蚣的故事。有一隻蜈蚣用一百隻腳在走路，有一隻青蛙哲學家看到蜈蚣，牠注意看著蜈蚣，然後變得大惑不解；即使用四隻腳走路都已經很難了，而這隻蜈蚣卻用一百隻腳在走路，那簡直是一項奇蹟！牠不知道蜈蚣怎麼決定哪一隻腳要先走，然後哪一隻腳要接著走，然後接下來又是哪一隻腳？而全部有一百隻腳！所以那隻青蛙就叫住蜈蚣，問牠一個問題，牠說：「我是一個哲學家，我被你弄糊塗了，我內心產生了一個很大的疑問，我本身無法解決，你是怎麼走路的？你要怎麼控制？它似乎不可能！」蜈蚣說：「我一生都在走路，但是我從來沒有去想它，現在既然你問了，我必須想一想，然後再告訴你。」

思想首度進入蜈蚣的意識裡。事實上，那隻青蛙是對的——到底是哪一隻腳應該先移動？蜈蚣在那裡站住好幾分鐘，牠動不了，牠在那邊搖晃，然後倒下來。牠告訴青蛙說：「請你不要再問其他蜈蚣這個問題。我一生都在走路，但是從來沒有問題，現在你已經完全把我殺死了！我一動也不能動，而我有一百隻腳要移動！我怎麼控制得了呢？」

生命以一個完美的圓圈在移動，生命很完美地在移動，一點問題都沒有。莊子說朱倚能夠空手畫出比用圓規所畫出的更完美的圓。你需要一個圓規，因為你對生命沒有信心，你需要道德、箴言、原則、《聖經》、《可蘭經》或《吉踏經》來指引你，因為你對你內在的力量沒有信心，那就是你的生活。這些《聖經》、《可蘭經》和《吉踏經》在你身上所創造出來的情況跟那隻青蛙在蜈蚣身上所創造出來的情況是一樣的。

有那麼多箴言要被遵循，有那麼多原則要被控制——有那麼多道德觀念，你有很多東西硬加在你身上，使得你的生活無法成為自發性的。你誤入了歧途，但那並不是因為有任何邪惡的力量，而是因為有那個想做好的人。並非魔鬼引導你走向錯誤，而是你們的教士、你們的領導者、以及你們所謂的聖人引導你走向錯誤。

這是非常難以相信的。相信魔鬼是比較容易的，因為這樣你就可以將責任推到魔鬼身上。然而我要告訴你，世界上沒有魔鬼，莊子也是這麼說的。

莊子說：沒有神，也沒有魔鬼，只有生命存在。教士們創造出神和魔鬼，因為教士們在對和錯之間創造出分別，一旦那個分別進入了你的頭腦，你就永遠不可能是對的。自然才是對的。一旦那個分別進入了你的頭腦說這是對的，這是錯的，那麼你就永遠不可能是對的，你就永遠不可能安然，你就永遠不可能覺得放鬆，你就永遠都會感到緊張，而任何你所做的都將會是錯的，因為那個分別使你產生混亂。整個生命都那麼寧靜、那麼靜心，你為什麼需要有那麼多的努力？原因在於你去分別。

畫匠朱倚能夠空手畫出比用圓規所畫出的更完美的圓。

如果你沒有自我意識，你的生命會很自然地移動。那個圓規就是自我意識。當你帶著自我意識來做任何事情，你就會陷入困難。你講話，你整天繼續跟朋友聊天，但是都沒有問題，而如果我要求你來我這裡，坐在這一張椅子上對你的同修講話，你將會陷入跟蜈蚣同樣的困難，但是你一生當中一直都在講話而從來沒有困難。

這個困難為什麼會介入？這個困難之所以介入是因為你有了自我意識。現在有很多人在看著你、注視著你，因此你變得無法安然，無法成為自發性的，如此一來，你會想要投射，你會想要計畫，你會想要讓別人喜歡你。任何你所說的東西，你都希望讓別人留下很好的印象——現在你已經有了自我意識。

不然的話，每一個人都是一個演講者、一個天生的演講者。人們一直在講話，從來都沒有任何問題，但是一旦你讓他們上了講台，叫他們對群眾講話，事情就會變得不對勁。到底是什麼地方不對勁？其他都沒有什麼改變，只是自我意識進入了，自我意識就是難題之所在。

他的手指不知道從什麼地方來的靈感就能夠很自然地將那個輪廓勾畫出來，同時他的頭腦很自由，不會去顧慮他正在做什麼。

不需要用什麼工具，他的頭腦非常完美地單純，不知道有障礙。

他的手指不知道從什麼地方來的靈感就能夠很自然地將那個輪廓勾畫出來。

不知道什麼地方意味著每一個地方，不知道什麼地方意味著最終的空，不知道什麼地方意味著最終的泉源——生命的基礎。

從什麼地方來的能力使你能夠呼吸得那麼完美？莊子說，並不是你在呼吸，而是「它」在呼吸你，你並沒有在呼吸，因為你要怎麼做呢？你什麼都不要做。「我在呼吸」是一個虛假的概念，最好是說「自然」或「它」在呼吸我。那麼整個意識形態就會改變，整個著重點就移到自然。不是在你身上，也不是在自我身上，而是在「它」上面，在圍繞著你的那個浩瀚的、那個無限的「它」上面。「它」是一切的基礎，「它」呼吸你。

當你陷入情網，真的是你陷入情網嗎？或者是「它」透過你而陷入情網？當你在生氣，是你在生氣嗎？因為當有憤怒的時候，你是不存在的；當有愛的時候，你是不存在的。在憤怒當中、在愛當中、在任何熱烈的感情當中，你是不存在的；在任何活生生的事情當中，你是不存在的，那麼「它」就存在，「道」就存在。

所以一個道中之人，就是一個已經了解到「我」是最沒有用的東西。它只會創造出困難，其他沒有，所以他就拋棄了它。事實上並不需要去拋棄它，一旦他了解，它就自動消失了——沒有「我」。如此一來，他會生活、他會吃、他會愛、他會睡覺，但是沒有「我」。「它」透過他而生活，那麼就不會有負荷、不會有緊張、不會有焦慮；然後他就變成一個小孩子。他的頭腦是自由的，一點顧慮都沒有。

你做任何事都會顧慮。不論你做什麼，自我都會介入，顧慮都會介入，然後就會有焦慮。

注意看這個現象：一個外科醫生在進行手術，他是一個完美的外科醫生。但如果手術檯上的那個人是他太太，他就不能夠操作，他的手會發抖。在其他的情況下，他能夠好像一個完美的機械在操作，但是當手術檯上的那個人是他太太，他就無法操作，而必須找其他外科醫生。

這到底是怎麼一回事？顧慮介入了。對於其他病人，他沒有顧慮，他是超然的。他不會顧慮這個或顧慮那個，他只是一個外科醫生，一個自然在工作的力量，頭腦並沒有在那裡，他是完美的。但是現在是他太太在那裡，所以那個顧慮就介入了：這個手術會成功嗎？我能夠救我太太的性命嗎？現在這些問題都會出現，他的頭腦會顧慮，然後他的手就會發抖。

你的整個人生都在發抖，因為你帶著太多的顧慮，因此你無法畫出一個完美的圓。

當你在書寫……有一種科學能夠讀你的書寫，透過讀你的書寫來讀出你的頭腦，這是非常有根據的，因為當你書寫的時候，你的顫抖就會進入。當你簽你自己名字的時候，你是最顧慮的，然後你的顫抖就會出現，使用放大鏡的話就可以看出你的顫抖，就可以測出你的顫抖。那個顫抖可以顯示出你內在的很多東西，因為任何你正在做的都是「你」在做它，它帶著「你」，它帶著可以顯示「你」的一些東西。只要藉著看你的書寫，就可以知道你的很多人格。

如果一個佛來簽名，那將會是完全不同的，他將不會有任何顫抖，因為他沒有顧慮。甚至只要透過簽名，就可以知道說它是不是由一個佛所簽的。

任何你所做的，你的顫抖都會好像影子一樣地跟隨著你，是誰在產生這個顫抖？

你來到我這裡說：我的內心不平和，我的頭腦不寧靜。除非你能夠放棄你的顧慮，否則你怎麼會寧靜呢？你想要你的頭腦靜止，你想要你的頭腦變寧靜、變清澈、變透明，但如果沒有放棄顧慮，那是不可能的，因為你還是會顫抖。

在沒有改變你的顧慮的情況下，唯一能夠做的就是壓抑你內在所有的顫抖。所以，如果你注意看，你將會覺得在表面上每一樣東西都非常安靜、非常鎮定，但是在深處，你是顫抖的，一直在顫抖。在內心深處，恐懼和顫抖還是一直持續著，它是由顧慮所產生出來的。

顧慮是什麼呢？你所顧慮的就是別人會對你產生什麼印象，但是你為什麼要那麼顧慮別人呢？你為什麼要那麼擔心，擔心到你根本無法生活？每一個人都在懷疑說不曉得別人對他怎麼想，而別人也是這麼想。他們在擔心你，而你在擔心別人。

有一次目拉・那斯魯丁走在一條小路上，那是一條寂寞的小路，太陽已經下山了，黑暗正在降臨，突然間他感到害怕，因為有幾個人排成一隊向他走過來。他想：這些人一定是土匪或強盜，這裡沒有其他人，只有我自己，所以他就跳過他身邊的一道牆。當他跳了過去，他才發現他跳進一個墓地裡面。有一個新挖的墳墓在那裡，所以他就爬了進去，這麼一來，他多少覺得比較鎮定，他閉起眼睛，心裡想著，等那些人走過去之後，他就可以回家了。但是那些人看到有人在那裡，是目拉突然跳進去，所以他們也變得害怕，到底是怎麼一回事？是不是有人躲在那裡，或是在做什麼壞事？所以他們也都翻過牆去。現在目拉已經很確定：我是對的，我的推論是對的，他們是危險人物，現在我已經沒有什麼辦法了，我必須假裝成一個死人。因此他就開始假裝，他停止呼吸，因為你不能夠搶一個死人或殺一個死人，但是那些人有看到目拉從牆上跳過去，所以他們就變得非常擔心。他到底在做什麼？他們聚集在墳墓的周圍，往墳墓裡面看，他們說：「你到底在想什麼？你到底在做什麼？你為什麼要在這裡？」目拉打開他的眼睛看著他們，然後確定已經沒有危險了。他笑著說：「現在有一個問題，一個非常哲學性的問題。你們問我說為什麼我在這裡，而我也想要問你們說為什麼你們在這裡。我來到這裡是因為你們，而你們來到這裡卻是因為我！」

這是一個惡性循環：你在害怕別人，別人也在害怕你，然後你的人生就變得一團糟。脫離這種荒謬的事，脫離這種惡性循環，不要顧慮別人。你的生命就已經足夠了，不要顧慮到別人。我要告訴你，如果你能夠沒有顧慮地生活，你的生命將會開花，然後別人就能夠分享它。你會喜歡去分享，你能夠將很多給別人，但是首先你必須停止去想別人，停止去想說他們會怎麼想你。想到別人是很危險的，沒有人會覺得安然，沒有人會覺得像在家裡一樣地放鬆。因為別人，所以每一個人都在追逐其他每一個人，然後生命就變成一個地獄。

他的手指不知道從什麼地方來的靈感就能夠很自然地將那個輪廓勾畫出來，同時他的頭腦很自由，不會去顧慮他正在做什麼。

做！但是不要顧慮到你所做的，要全心全意地做，使你的做變成一個喜樂。不要去想偉大的事情，沒有所謂偉大或渺小的事情，不要認為你要做出偉大的事情、奏出偉大的音樂、畫出偉大的圖畫、或是變成一個畢卡索或梵谷，或其他什麼東西——一個偉大的作家、一個莎士比亞、或是一個密爾頓。沒有什麼偉大的事情，也沒有什麼渺小的事情。有偉大的人和渺小的人，但是事情本身並沒有什麼偉大或渺小。一個偉大的人就是一個把他的偉大帶進每一件他所做的小事裡的人。他以一種偉大的方式來吃東西，他以一種偉大的方式來走路，他以一種偉大的方式來睡覺，他將偉大的品質帶進每一件事裡。

偉大是什麼呢？自然……沒有什麼東西比自然更偉大。

吃東西的時候要像一個國王，那跟食物的品質無關，它依吃者而定，依他如何來慶祝它的方式而定。即使你只是在吃麵包、奶油和鹽，你也能夠成為一個國王。

希臘哲學家艾比顧拉斯（Epicurus）在靠近雅典的地方有一座花園……

他就像莊子一樣，也是一個很稀有的人，他不相信神，不相信任何東西，因為相信是無意義的。只有愚蠢的人才會去相信，一個具有了解性的人會有信心，但是不會相信，信心是不同的，信心意味著信任生命，信任到了極點，以至於他已經準備跟著它到任何地方去。

他有一座小小的花園，他跟他的門徒們住在一起，人們認為他是一個不道德的無神論者。他不相信神，不相信經典，不相信任何廟宇，他是一個無神論者，但是他以一種非常偉大的方式在生活，他的生活很高超、很堂皇，雖然他什麼東西都沒有，雖然他們很窮。國王聽到了，所以想要去看看他們怎麼生活，看看為什麼他們不必有信念就能夠很快樂。如果你相信了神都還不能夠快樂，那麼這些人沒有神怎麼能夠快樂。

所以有一天晚上他就去拜訪艾比顧拉斯的花園。

他真的很驚訝，那是一項奇蹟。他們什麼東西都沒有，幾乎什麼東西都沒有，但是他們像國王一樣地生活著。他們像神一樣地生活著，他們的整個生命都是一個慶祝。當他們到河裡洗澡，它不僅僅是一個洗澡，它是跟河流的跳舞，他們跟河流融在一起，他們既唱歌又跳舞，他們游泳，他們跳來跳去，他們潛水。

他們的吃是一個慶祝、一個饗宴，而他們什麼東西都沒有，只有麵包和鹽，甚至連奶油都沒有，但是他們覺得非常感謝，只要存在就足夠了，不需要其他任何東西。

國王對他留下非常深刻的印象，他問艾比顧拉斯說：「下次我來的時候，我要帶一些禮物給你，你要什麼東西？」艾比顧拉斯說：「給我們一些時間想想，因為我們從來沒有想過任何人會給我們禮物，我們已經從大自然得到很多禮物，但是如果您堅持的話，那麼就帶一些奶油來，其他不必要，只要那個就行了。」

如果你知道如何沒有顧慮地生活，生命就變成一種慶祝，否則生命會變成一個漫長的生病，只有在死亡的時候才會達到頂點。

……同時他的頭腦很自由，不會去顧慮他正在做什麼。

不需要用什麼工具，他的頭腦非常完美地單純，不知道有障礙。

你必須去學習每一件事，因為你已經完全忘記你的本性，現在心理學家建議，人們必須被訓練來愛，因為他們已經漸漸忘記要如何去愛。有很多文學被創造出來：「愛的藝術」，「如何去愛？」，人們已經完全忘掉性高潮和性的狂喜。沒有任何動物需要任何訓練！甚至連樹木都比人聰明。

每一樣東西都必須被教，甚至連生命最基本的東西也必須被教，那意味著不知道怎麼辦，我們已經被拔了根，我們已經跟自然失去了連繫，我們跟自然之間已經有一個空隙存在。

如果你被教導如何去愛，你的愛將會是虛假的。真正的愛應該是自發性的，你怎麼能夠被教導如何去愛？如果你這樣被教的話，你將會按照那些規則來行動，那麼自然的流動就不存在了。

自然不會按照你的規則來流動，它具有它自己的規則，你只要跟它在一起，它就會開始產生作用。我們必須教導人們如何呼吸的那一天已經離我們不很遠了，現在你會笑它，但是如果你回溯到以前去問艾比顧拉斯：「是否有這麼一天會來到，人們必須被教導如何達到性高潮？」當你這樣問，他一定會笑，因為動物不需要任何教導、不需要師父、不需要強森、不需要金賽博士的報告就能夠達到它。動物只是愛，愛很自然地發生。

現在美國有一些診所在教導如何達到性高潮。記住，如果你的性高潮是透過學習和訓練而達到的，那麼它一定不是真實的，因為如此一來是你在操縱它，是你在控制它，那麼多多少少你是在強迫它，而性高潮只能夠在一種完全放開來的情況下發生，那個完全放開來是不能夠被教的。

你無法教導人們如何睡覺，如果你試著去教他們，那麼你將會擾亂他們的睡眠，因為不管他們作任何嘗試，它都只是一種打擾。你只要上床睡覺就可以了，你只要將你的頭放在枕頭上，就可以睡覺。如果你做些什麼，那麼那個「做」就會產生出反效果。生命就好像睡覺一樣，生命就好像呼吸一樣。

不需要用什麼工具，他的頭腦非常完美地單純，不知道有障礙。

當你的頭腦很清楚，它具有一種清澈，你不需要遵循任何規則，你不需要在頭腦裡攜帶任何經典，你只要看。每一樣東西都是透明的，因為你的頭腦很清楚。

所以，當鞋子合腳時，腳就被遺忘了；當皮帶合身時，腹部就被遺忘了；當「心」是正確的，「贊成」和「反對」就被遺忘了。

記住，這是最偉大的咒語之一：當鞋子合腳時，腳就被遺忘了。

每當你是健康的，你就不知道你的身體，身體就被遺忘了。唯有當你生病，你才不會忘掉你的身體。當沒有頭痛的時候，你能夠知道任何頭嗎？而當頭痛的時候，你就無法忘掉頭。當鞋子壓迫腳的時候，那麼它就不適合。當你沒有任何頭痛，你的頭在那裡呢？你會完全把它給忘掉。（任何健康的東西都會被遺忘，但是任何生病的東西都會被記住，它會變成頭腦一個經常性的注意、一個經常性的緊張。）

一個完美的道中之人不知道他自己；你知道你自己，因為你有病。自我就是病，自我是一種很嚴重的病，因為你必須一直記住你是某一個顯赫的人物，這顯示出你處於一種深深的不安之中。病創造出自我；但是一個十分健康的自然人會完全將它忘掉。他就好像一朵雲、一陣微風、一塊石頭、一棵樹，或是一隻鳥，但是從來就不像一個人。他是不存在的，因為只有病——它就好像一個傷口——必須被記住。

記憶是安全和保障的一個運作機構：如果你的腳上有一根刺，你必須去記住，頭腦會一再一再地跑到那個地方，因為那根刺必須被拔出來。如果你忘了它，那根刺將會停留在那裡，它將會變得很危險，它或許會毒化整個身體。當你頭痛的時候，身體告訴你要記住它，你必須想點辦法。如果你忘了它，那個頭痛或許會變得很危險。

每當有疾病，或是有什麼不對勁的時候，身體就會告訴你，它會吸引你的注意。但是當身體很健康，你就忘了它，當身體很健康，你就變成沒有身體的。這就是健康唯一的定義：當你沒有意識到你的身體，你就是健康的。如果你對身體有任何意識，那麼那個部分就是不健康的。

同樣的情況也可以使用在頭腦。當你的意識是健康的，就沒有自我，你不知道關於你自己的任何東西，你不會一直提醒你自己說「我是了不起的」，你只會放鬆。你是，但是沒有「我」。它是一個單純的「是」，但是沒有「我」，沒有結晶的自我，那個「自己」不存在。

所以，當鞋子合腳時，腳就被遺忘了；當皮帶合身時，腹部就被遺忘了；當「心」是正確的，「贊成」和「反對」就被遺忘了。

這是必須加以了解的最深奧的事情之一：當「心」是正確的，「贊成」和「反對」就被遺忘了。當「心」是錯誤的、生病的，那麼你就會繼續被負以重荷，你就會擔心：這個是正確的，而那個是錯誤的——正確的必須被遵循，而錯誤的必須被避免。那麼你的整個人生就變成一個奮鬥——如何避免錯誤的，而達到正確的。但那並不是達到正確的方式！那是永遠錯過它的方式。

看……你有憤怒、性和貪婪，如果你說憤怒是錯誤的，那麼你的一生都將會在憤怒的狀態下度過。有時候你會生氣，有時候你會因為你的生氣而感到生氣。就只有這個差別。有時候你會生氣，當生氣消失的時候，你就會因為那個生氣而生氣，而你稱之為懺悔。然後你會決定說永遠不要再生氣，但是你將會再生氣，因為兩種狀態都是生氣，有時候你在對別人生氣，有時候你在對你自己生氣，你在生氣說你剛剛生了氣。

如果你反對性，而你說它是錯誤的——整個世界也都這麼說——那麼你就會成為具有性慾的，在你的性行為之後，你就會覺得有罪惡感。在那個罪惡感當中，你會一再一再地去想關於性的事，它將會變成大腦的。所以你有時候是身體上具有性慾，有時候是頭腦具有性慾——有時候性慾是在身體裡，有時候性慾是在頭腦裡。

一旦你去區分它，一旦你使它成為一個衝突，你將會變成分裂的。

有一次我跟目拉·那斯魯丁在一起，有一個非常漂亮的寡婦來找他，來尋求他的忠告，她說：「我有困難，你必須幫助我。我愛上一個非常瀟灑的男士，他比我年輕，但是他很窮。我同時愛上一個老年人，他非常非常富有，而且深愛著我，但是他長得很醜，我要怎麼辦？我要跟哪一個結婚呢？」目拉·那斯魯丁閉起眼睛想了一下，他說：「跟那個富有的結婚，但是要對那個窮的很好。」

所有的衝突就是這樣升起的，你就是在選擇兩個可能性，因此你會變得分裂。每當你說這是對的，那是錯的，你就已經分裂了。你的整個人生將會成為一個衝突，你將會好像鐘擺一樣，從一端跑到另一端。

不要反對任何事，為什麼呢？因為每當你反對任何事，它意味著在內心深處你是贊成它的，否則你為什麼要反對它？

一個在內心不生氣的人將不會反對生氣，他為什麼要反對生氣呢？一個內心深處不貪婪的人將不會反對貪婪，他為什麼要反對貪婪呢？對他來講沒有問題，那不是一種選擇，他沒有去分別它。記住，永遠都是貪婪的人在反對貪婪，具有性慾的人在反對性，憤怒的人在反對憤怒，暴力的人在反對暴力。然後他們要怎麼辦呢？他們會創造出一個相反的目標。

如果你是暴力的，那麼非暴力就會變成目標。一個暴力的人怎麼能夠變成非暴力的？他要怎麼做呢？只有一個可能性，他將會對他自己使用暴力，就這樣而已，其他他還能夠做些什麼呢？一個暴力的人……他怎麼能夠成為非暴力的呢？一個憤怒的人……他怎麼能夠沒有憤怒呢？如果一個憤怒的人培養不憤怒，那麼在他的不憤怒當中也會有憤怒，因為如果「你」沒有進入它，你就無法培養出任何東西。那個憤怒將會進入不憤怒，那個暴力將會進入非暴力。

如果你注意看你的周遭，如果你很正確地看，你將無法找到比那些將非暴力作為他們目標的人更暴力的人；你將無法找到比那些將禁慾作為他們目標的人更具有性慾的人。莊子說：不要去分別，否則你將會成為分裂的，一旦你去劃分，你就變成了二，你就分裂了。

一個分裂的人無法成為自然的，自然存在於統一之中，它是一種很深的和諧，根本沒有衝突。自然接受一切——沒有選擇，它是一種無選擇的放開來。不要選擇。這就是奇蹟：如果你不選擇反對憤怒，那麼當憤怒來臨的時候，你就憤怒。不要選擇反對憤怒；當憤怒來臨的時候，你就憤怒，當憤怒消失的時候，就讓它消失，不要後悔，不要讓它在你的頭腦裡繼續，不要使它成為一個持續，不要反對它。當憤怒來了，它就來了！你能怎麼樣呢？當它沒有來，它就沒有來！你並沒有加以選擇。

然後就會有一種奇蹟發生。在沒有選擇的狀態下，你會變得很警覺，你的能量就越不再分裂，當你的能量不分裂，它們就非常強而有力，強到憤怒變得不可能，因為憤怒是脆弱的一部分。這一點要記住……你越脆弱，你就越會生氣；你越強，你就越不會生氣。如果你非常強，那麼就不會有憤怒。這一點要記住……你越脆弱，你就越貪婪——事實上弱者必須變得很貪婪來保護他自己——你越強，你就越不會貪婪。

當能量在你裡面是全然的，不被瓜分的、不分裂的，你是一個統一體。在這種情況下，貪婪消失了，因為貪婪屬於脆弱的頭腦，貪婪屬於分裂的頭腦。當你是分裂的，你就會有憤怒，你會跟它抗爭，那麼就會產生更大的分裂，然後就會有更多的能量被發散掉，你將會變得充滿內在的不安和混亂，到處都會顯得不和諧，每一件事都會走樣。

你越是努力想要使它保持和諧，你就越會陷入麻煩，因為你已經錯過了第一步，所以你將會繼續錯過它，直到最後一步。

第一步就是：當「心」是正確的，「贊成」和「反對」就被遺忘了。所以要怎麼辦呢？要把「贊成」和「反對」忘掉，然後讓心定下來。有一件事是可以確定的，你一直在跟憤怒抗爭已經很久了，但你還是會生氣，所以嘗試一下莊子的方式，你並不會有什麼損失。

你試著要成為沒有性慾的，但你還是保持有性慾，相反地，你變得更異常，性反而被毒化了，所以，嘗試一下莊子的方式，你並不會有什麼損失。當性來臨時，你就成為有性慾的，就好像當肚子餓的時候，你就吃東西一樣。當性來臨時，你就成為有性慾的，不要有任何選擇，不要說這是錯的，那是對的，要接受它，它是自然的一部分，突然間有一個片刻會來臨，到了那個時候，你將會成為一個統一體，然後性就會自動轉變成愛。

因為一個內在統一的人……試著去了解「統一」意味著什麼。

每一個男人和每一個女人都是雙性的，在每一個男人裡面具有男人和女人兩者，在每一個女人裡面也具有男人和女人兩者。沒有一個人只是單純的男人或單純的女人，他們不可能如此，因為雙親裡面一個是男人，另一個是女人，你在你裡面攜帶著兩者——一半一半。在你裡面攜帶著一半你的母親，一半你的父親，所以你是男性和女性兩者——一半一半，這是很深的分裂。如果你創造出更多的分裂，這個分裂將會變得越來越大。拋棄所有的分裂，不要創造出任何抗爭，不要選擇。要生氣，同時接受你的生氣；成為具有性慾的，同時接受你的性慾；成為貪婪的，同時接受你的貪婪，其他你還能怎麼樣呢？自然將這些東西給你，所以你要接受它們，當然也要接受它們的結果。

如果你生氣，那麼別人也會生氣——要接受那個生氣以及它的結果。那麼你的分裂就會消失，然後漸漸地，你內在的兩種性別就會變得很和諧、就會變成一個圓圈，然後就會產生一種內在的性高潮——你的陰性和你的陽性在內在結合。當它們在內在結合，你就成為一體。如此一來，一個新的人就誕生了，這個「一體」具有愛的品質。

你無法愛，你的愛只是一個表面，只是一種欺騙，你的愛只是一個詭計，你的愛只是為了要得到性，所以當你得到性，愛就消失了。

一旦你跟一個女人或一個男人性交過，愛就消失了。在經過二十四小時之後，能量會再度出現，你會再度累積能量，然後就會再有性——你就再度變成具有愛心的。所以愛只不過是到達性的一個手段，那就是為什麼你不能夠愛你自己的太太或先生——非常困難。你怎麼能夠愛呢？那個需要已經消失了。愛只不過是一種求偶的現象，只不過是說服對方進入性的一種挑情。對於太太或先生來講，已經不需要說服對方，他們已經將這個事情視為理所當然。先生可以要求，太太也可以要求，不需要去說服，因此愛就消失了，不需要再去求愛。

幾乎不可能看到一個太太能夠愛先生，或是一個先生能夠愛太太。他們只能夠假裝，然後那個假裝會變成每一個人非常沉重的負擔。假裝愛！那麼你就會覺得生命沒有意義。

那就是為什麼人們會進入婚外情。它能夠再度給你一些能量，再度給你一些愛的感覺，因為對於一個新人，你必須再度去求愛，你不能夠將別人視為理所當然，你必須去說服。在你要勾引之前，說服是需要的，你的愛只不過是一種說服，它不能夠是其他的東西，因為唯有當你變成一個統一體，愛才能夠發生，在這之前是不可能的。

「性」這個字很美，「性」這個字的原始意義就是分裂，「性」意味著分裂。

如果你的內部是分裂的，性將會存在。當你在渴求一個女人或一個男人，到底是什麼事在發生呢？你的一部分在渴望要會見另外一部分，但你是試著要在外面會見另外一部分，你能夠會見一個片刻，但是之後就會再度變單獨，因為外在的會合不可能是永恆的會合。性一定是短暫的，因為別人終究是別人。

如果你能夠在你自己裡面會見你內在的女人或男人，那麼那個會合可以是永恆的。當所有的分裂都消失，那個會合就會發生。這是一種煉金術的蛻變，你的女人和男人在裡面會合，然後你就變成一體的，當你是一體的，你就會有愛。

愛是一個佛、一個基督或是一個莊子的品質。你只不過是在玩虛假的錢幣，你根本就不能夠愛，如果你能夠更加了解到這一點，那麼它就會更好，因為這樣你就不會被愚弄，你也不會愚弄別人。

一旦你是一個統一體，莊子就會發生在你身上，而當「心」是正確的，「贊成」和「反對」就被遺忘了。

> 沒有驅策、沒有強迫、沒有需求、沒有吸引，那麼你做起事來就能夠很自如，你就是一個自由的人。

目前你的頭腦有執著、有強迫，你必須去做某些事。你的身體和你的頭腦會一直強迫你去做它們。如果你沒有做它們，你就會覺得不安；如果你做了它們，你又會覺得有罪惡感，似乎沒有一個比較好的辦法。如果你進入性，你會覺得有罪惡感，你會覺得你做錯了什麼事，如果你沒有進入性，你會覺得不安，因為能量會聚集起來，而你要在那裡釋放出那些能量？能量會向內移而強迫你、驅策你；你的生命是一種強迫和執著。任何你所做的，你都會陷入困難，因為如果你進入性，你就會感到挫折，所有的夢都會破碎，你無法達成任何東西。你有很多想像、很多投射，但是真正的事情從來不等於你所夢想的。

你夢想越多，你在實際上就越會遭到挫折，然後你就會覺得：為什麼要浪費能量？為什麼要進入關係以及這些不必要的複雜事情當中？因為當別人進入，他將會把他自己的難題帶進來。所以每一個關係都變成一種負擔，它不是自由，因為每一種關係都是從內在的強迫性而來的。

只有一個內心安然的人，一個內在已經變成一個統一體的人，才是一個自由的人，但那並非意味著他必須躲到喜馬拉雅山，或是逃到西藏去，不！他還是可以在這裡，但他是帶著一種不同的品質在這裡。他將會愛、將會有慈悲、將會有人際關係，但他還是保持自由。他的人際關係不是來自執著，它只是他的分享，他將他的存在跟別人分享，他擁有太多了，所以就將它給出來，如果你接受他的禮物，他會覺得非常感謝你。

看……你的愛只不過是得到性的一種技巧，而他的愛並不是要達成任何東西，他的愛並不是要從你得到任何東西，他的愛只是一種分享，他擁有它，他擁有很多，所以他就給你一些。他給得越多，它就成長越多。他的「本性存在」(being)是在一個不同的層面上移動。

只要看……走進花園裡面看。如果花仍然留在植物上，那麼就不會再長出很多花。我一直在觀察，我不讓任何人去摘花，但是如果在一個玫瑰樹叢長出五朵花，而你不去摘它們，它就不會再長出新的花來，而那五朵花也很快就會凋萎。如果你摘了五朵，那麼就會長出十朵；如果你摘了十朵，那麼就會長出二十朵。你摘得越多，樹木就會給你更多的花。

當你成為一個統一體的時候，情形也是一樣：你變成了一株會開花的植物。你給得越多，就有更多會來到你身上；你分享越多，你就越會在它裡面成長，你的喜樂會長得越來越高，你的狂喜會變得越來越深。分享它，因為如果你沒有分享，每一樣東西都會死掉。但是最基本的事是：不要「贊成」或「反對」，那麼你將會成為一個自由的人。

容易是對的。對你而言，情形剛好相反。你總是選擇困難的，因為困難的能夠給你挑戰，而挑戰能夠給你自我。對你而言，困難是對的，而容易永遠都是不對的，因為容易的事情不需要征服，所以自我就不會覺得滿意。任務越艱鉅，自我就覺得越高興。它一定要被做出來——聖母峰必須被征服，月球必須被征服。

有人問艾德蒙．希拉里(Edmund Hillary)，他是第一個到達聖母峰頂端的人：為什麼？為什麼要花這麼大的努力？在過去一百年以來，人們一直在嘗試又嘗試，有很多人死在途中，他們從來沒有回來。為什麼要有這個爬聖母峰的欲望？那裡有什麼東西呢？那裡什麼東西都沒有！一百年以來，很多人就這樣白白犧牲掉他們的性命，從來沒有回來，但是每年又會有新的團體去嘗試。這是很美的：印度人從來不會去找這個麻煩，而聖母峰是在印度！西藏人也從來不會去找這個麻煩，而聖母峰就在西藏的邊界！為什麼呢？

每年都有一些團體從西方來。當希拉里爬上了喜馬拉雅山，然後回去，有人問他：「為什麼？」他說：「因為聖母峰就在那裡，除非它被征服，否則我會覺得不舒服。」它會一直保持在那裡，沒有被征服，它是自我的一個挑戰。只是因為它在那裡，所以它就必須被征服。

困難的東西會對你具有吸引力，它越困難就越吸引你，它會變得更有價值，因為如果你能夠征服，那麼你就能夠透過它而達到一個更大的自我。即使你失敗了，你也會達到一個更大的自我，因為至少你已經嘗試過，而別人根本沒有嘗試。

如果你達成了容易的事情，那麼你並沒有達成什麼，因為自我不會因此而感到更偉大，而如果你失敗了，你會失去很多，因為每一個人都會說：這麼簡單的一件事，你居然無法達成？自我總是被困難的事所吸引，但容易是對的。所以自我從來不會被那個對的所吸引，它總是被那個錯的所吸引。

一個人會成為一個罪犯，因為犯罪是困難的；一個人會成為一個政客，因為政治是困難的；一個人會瘋狂地追逐金錢，因為賺錢是困難的。對於任何困難的東西，人們都會瘋狂地去追逐，並不是說有什麼被達成，只是因為它就好像聖母峰在那裡，是一個挑戰，所以它必須被征服。

注意看你們那些成功的人，注意看他們！他們達成了什麼？他們或許已經爬上了喜馬拉雅山，那很好，但是那裡什麼東西都沒有，爬上去之後還是得回來。注意看你們的總統、首相或洛克斐勒，他們達成了什麼？什麼都沒有！在內心深處他們知道他們並沒有達成什麼，但是他們做了一件事，他們做了一件最困難的事——歷史將會記住他們。歷史永遠都會記住那些愚蠢的人，因為歷史是由愚蠢的人製造出來的，歷史也是由愚蠢的人寫出來的！

莊子不製造歷史，因為容易是對的。所以，如果你是容易的，那麼你怎麼能夠製造歷史？如果你打了一場勝仗，殺死了千千萬萬人，你就能夠製造歷史。如果你只是早上刷牙，那麼你怎麼能夠製造歷史？而容易是對的！你洗澡，然後你唱一些歌，這樣你怎麼能夠製造歷史？你吃東西，你靜靜地進入睡眠而沒有做任何夢，你怎麼能夠製造歷史？不！歷史對那些簡單而自然的人是不會記載的。歷史只會記載那些瘋狂的人，只會記載那些被某種東西所縈擾的人，以及那些在某方面創造出麻煩的人。而困難是錯的，容易是對的；要成為容易的，不要試圖留名青史，把那個機會讓給愚蠢的人和發瘋的人，你不要去參與。因為你無法兩者都有，或者你能夠享受生命，或者你能夠在歷史上被記住。如果你享受生命，你將只不過是一個容易而單純的人。做一些簡單的小事，然後享受它們，你將不會對任何事造成任何困難，沒有人會注意你。你將會好像你以前從來沒有存在過一樣地存在，那就是我所謂的容易——好像你沒有存在過一樣地存在，好像你不存在一樣地存在，不以任何人的方式存在。沒有人會知道你，但事實上也不需要，那麼你就能夠享受，你就能夠達到狂喜的最高峰。

容易是對的。容易是對的，如果你正確地開始，那麼你就會很容易。這就是準則：當你做任何事，如果你覺得很容易，那麼你就去做它，它是對的；如果你做它的時候覺得很不簡單，那麼一定有什麼東西是錯的。如果你很緊張，那意味著你過著一種很不簡單的生活。如果你無法安眠、無法放鬆、放不開，那表示你過著一種不簡單的生活——你在追求困難的事情，你在追求不可能的事情。

改變你的生活型態，因為你走在錯誤的途徑上。如果你正確地開始，那麼你永遠都會很容易，如果你正確地開始，那麼你永遠都會很安逸——這就是準則。所以當你在做什麼事的時候，你一直都要注意看到底發生了什麼：如果你變得很和平，如果你變成休息狀態，好像在家裡一樣，很放鬆，那麼它是對的——這就是準則，沒有其他的準則。

對你而言是對的東西，對別人而言或許是不對的，這一點也要記住，因為對你而言是容易的東西，對別人而言或許並不容易，或許其他的事情對他而言才是容易的。所以沒有一個可以適用於每一個人的原則，每一個人都必須去找出適合他自己的方式。什麼對你而言是容易的呢？不要聽取別人的方式，因為有一些人想要將他們的原則強加在你身上，這些人是敵人，這些人是罪犯。

沒有一個了解生命的人會想要將任何東西強加在你身上，他只會幫助你成為容易的，好讓你能夠找出什麼事對你而言是對的。

繼續容易下去，那麼你就對了。

然後以一種你會一直容易下去的方式來生活。就好像小孩子一樣，快快樂樂地睡覺，快快樂樂地吃東西，快快樂樂地跳舞，能量洋溢，一切都很容易。記住，沒有人會注意你，人們甚至會覺得你發瘋了，因為如果你很嚴肅，他們會認為你很有價值，而如果你一直笑，將你的生活變成一個樂趣，他們會認為你是一個傻瓜。讓他們去思考，你要成為一個傻瓜，但是要容易。不要成為一個聰明的人而不容易，因為在一個不容易的生活當中，沒有智慧能夠開花，那個智慧是虛假的，它是借來的。要成為容易的，成為容易的並不困難。一旦你能夠了解，那麼你就找到了你的途徑。

繼續容易下去，那麼你就對了。

莊子非常美，沒有人能夠比得上，莊子是獨一無二的！因為他說：繼續容易下去，那麼你就對了。他沒有說：成為非暴力的，那麼你就對了；成為真實的，那麼你就對了；不要生氣，否則你將會是錯的；不要成為具有性慾的……不！那些東西他一點都不說，他只是說：成為容易的，而且繼續容易下去，那麼你就對了——你可以選擇你自己的途徑。他將那個本質給你，那不是一個特定的指示，只是一個適用於一切的真理。

走容易之道的正確方式就是忘掉正確的方式。

因為如果你過分顧慮正確的方式，你將會變得不安，所以即使你跟莊子在一起，你也要成為容易的，否則你將會變得不安，你很會使你自己變得不安，你甚至可以將莊子變成瘋狂的。

走容易之道的正確方式就是忘掉正確的方式。

只要忘掉，成為容易的，就這樣而已。而且忘掉說那個進行是容易的——那個也要忘掉！否則你將會過分執著於那個容易，而那個容易會變成你胸口的一塊石頭。

如果你去到莊子那裡說：現在我已經變容易了。他將會說：把這個丟掉！你仍然攜帶著它。當你是容易的，你就是容易的，不要由它產生出任何觀念或概念。當你是容易的，為什麼要說它呢？為什麼還要帶著它呢？因為如果你帶著它，遲早它將會變成一個創傷。一個容易的人只是很容易，而且他會將那個容易忘掉，他不知道他是容易的，他不知道他是對的，他不知道他有什麼價值，他只是過著容易的生活。

每當你去到一個很容易地過著他的容易生活，而沒有覺知到他的容易生活的人那裡，你將能夠嗅出來。緊張有它本身的氣味，容易也有它本身的氣味，但是你或許不會對它留下很深的印象。

你非常緊張，所以你總是對那些緊張的人留下深刻的印象，對那些一直在行動的人，對那些好像雕像一樣坐在他們寶座上的人留下深刻的印象。你會對那些人留下深刻的印象，因為事情似乎很困難。你會對小孩子留下深刻的印象嗎？你會去看小孩子在玩耍嗎？沒有人會對他們留下深刻的印象。如果是這樣的話，那麼你們也無法對莊子留下深刻的印象，你們也無法對一個真正容易的人留下深刻的印象，因為他或許不會給你任何衝擊。

但是如果你了解，你將能夠在一個容易的人周圍嗅出不同的震波。你要如何去感覺它呢？要用什麼方式呢？那個方式就是：當你靠近一個容易的人，你將會覺得你自己也變得更容易、更放鬆。

一個真正放鬆的人會使你也放鬆，一個緊張的人會使你也緊張。跟一個生活很自然的人在一起，你將會覺得好像在家裡。他不會以任何方式來強迫你，他不會以任何方式來改變你，他會接受你，他會很具有接受性。透過他的接受，你也能夠學習接受，而如果你能夠接受你自己，那麼你就能夠變得很自然，一旦由自然來接管，海洋就已經離得不遠了，河流一直都在流向它。

第2章

內在心靈的塔

內在心靈有一個攻不破的塔，只要那個塔被那個看不見的保護者守護著，就沒有危險能夠打擾它。那個看不見的保護者無意識地行動著，當那些行動成為深思熟慮的、沉思的和故意的，它們就會走入歧途。

那個無意識和整個真誠會被任何展現自我意識的努力所打擾，所有這些展示都是謊言。當一個人以這種曖昧的方式來展現他自己，外在的世界將會攻擊他、限制他，他就不再被道的真誠所保護。

每一個新的行動都是一個新的失敗。如果他的行動是在公共場合做，在光天化日之下做，他將會受到人們的懲罰；如果他是在私底下做、在祕密當中進行，那麼他將會受到內在心靈的懲罰。

讓每一個人都了解真誠的意義，將自己守好，而不要去展現！他會跟周遭的人和自己內在的心靈保持和平，他能夠正確地行動，他的行動不會被注意到，他能夠在他自己的孤獨當中正確地行動，在他內在心靈的塔裡正確地行動。

「備物以將形，藏不虞以生心，敬中以達彼，若是而萬惡至者，皆天也，而非人也，不足以滑成，不可內於靈臺。靈臺者有持，而不知其所持，而不可持者也。不見其誠己而發，每發而不當，業入而不舍，每更為失。為不善乎顯明之中者，人得而誅之；為不善乎幽閒之中者，鬼得而誅之。明乎人、明乎鬼者，然後能獨行。」

——《莊子．雜篇．庚桑楚》

只有人類在受苦，除了人的內心之外，其他沒有地方有痛苦存在。整個自然界都很喜悅，整個自然界一直都在慶祝，沒有任何恐懼，沒有任何焦慮。存在一直繼續存在，但人是一個難題，它為什麼會如此呢？每一個人都是一個難題。如果只有少數人有問題，那麼我們可以稱他們為不正常或生病，但情形卻是相反的，只有少數人沒有問題。很少有像佛陀、耶穌或莊子那樣的人，這些人已經回到了家，他們的生活是一種狂喜，他們沒有痛苦，也沒有焦慮，除了這些人之外，每一個人都生活在受苦當中，都生活在地獄裡。

人在某些地方已經走錯了，並不是只有某一個特定的人走錯，而是整個人類社會都走錯了。這種錯誤可以追溯到根部。每當一個小孩子被生下來，社會就開始將小孩子改變成一種不正常的模式，那是一種不自然的模式，其他每一個人都透過那個模式在受苦。心理學家很努力地試著要去探索小孩子在那裡走錯的奧祕，他們發現問題出現在四歲的時候。大約是在那個年紀左右，小孩子變成社會的一部分，大約在那個年紀左右，他就已經不再自然了。在四歲之前，他仍然是這個樹木、花朵、小鳥和動物等大世界的一部分；在四歲之前，他還很野，四歲之後，他就開始套上了文明的枷鎖，之後就由社會接管了，之後他就按照規則、道德以及對和錯來生活，因此他就變成不是全然的，每一件事都被劃分開來。現在，在他行動之前，他必須很審慎地決定要如何行動，什麼事能夠做，什麼事不能做。「應該」進入了，而那個「應該」就是病。差別進入了，現在小孩子已經不再是神性的一部分，他已經從那個恩典墮落了。

這就是《聖經》上亞當墮落那個故事的意義，在他吃了知識之果以前，他是自然的，他生活在伊甸園裡，那個伊甸園就在這裡，這些樹木仍然生活在它裡面；動物仍然是它的一部分；星星、月亮、太陽仍然在它裡面移動；此時此地就是伊甸園，但是你卻在它的外面。亞當為什麼被逐出伊甸園？因為他吃了知識之果。

在四歲的時候，每一個亞當和每一個夏娃都會再度被逐出，那並非只是過去發生的事，它也發生在每一次小孩子生下來的時候。當一個小孩子被生下來，亞當就再度進入存在，夏娃就再度進入存在。直到四歲的時候都沒有知識，到了四歲的時候，小孩子開始了解什麼是什麼，然後他就錯過了那個道路，他就不再是自然的，他的自發性就喪失了，現在他將會按照規則來生活。

一旦你按照規則來生活，你將會受苦。你將會受苦，因為你無法自然地愛、你無法享受、你無法歡舞、你無法歡唱。一旦你開始按照規則來生活，你就必須以一個固定的模式來行動，而生命永遠都不是一個固定的模式，它是一種流動，它是一個液狀的、有彈性的流，沒有人知道它會流向那裡。一旦你開始透過規則來生活，你會知道你要走向那裡，但是在內在深處，那個流動已經停止了，如此一來，你只是在走向死亡，因為你被監禁了，那個監禁是非常微妙的，除非你變得完全警覺，否則你會看不到它，它就好像一個看不見的鐵甲圍繞在你的周圍。

當代最偉大的革命思想家之一，衛爾罕姆．雷克（Wihelm Reich），他發現了這個鐵甲，但是社會證明他是發瘋的，因此他就被關進監獄，他在極度痛苦的情況下死在監獄裡，那個極度的痛苦就是：任何他所說的都是真實的，但是別人甚至連聽都不想聽。他發現了莊子在這部經典裡面所說的同樣事情——那個監禁。衛爾罕姆．雷克發現每一種心理疾病都有身體上對等的部分；在身體裡面，有某些東西死掉了、僵化了，除非身體的那一部分被釋開，除非身體的那個障礙被打散，而使它的能量能夠變成一個流，否則將無法使你的心靈自由。那個監禁必須被打破，那個鐵甲必須被拋棄。

比方說，注意看一個小孩子在兩歲的時候是如何地被限制。他不被允許玩弄他的生殖器：不要碰觸你的陰莖，不要碰觸你的陰部。玩弄一個人自己的身體似乎是一種自然的享受，似乎是一種狂喜、一種自然的狂喜。注意看一個小孩——不管是男孩或女孩——在玩弄他們自己的身體，你可以從他們的行為當中發現一種狂喜，狂喜的顫抖抖動了整個身體，你可以看到那個波經過全身，小孩子處於一種瘋狂的狂喜狀態下，但是這個對我們來講看起來好像動物一樣，因為我們已經忘掉如何成為野的和自然的，我們會阻止小孩這樣做。

這個阻止有兩個理由，其中一個就是：在內在深處我們會覺得嫉妒。第二個理由就是：我們在孩提時代也是這樣被阻止，而人的頭腦是一個重覆的運作機構。任何我們父母對我們所做的，我們都將會對我們的小孩這樣做。我們會覺得有罪惡感，好像做錯了什麼事。小孩子覺得很高興，但是我們覺得什麼事做錯了。記住，每當一個小孩感到很高興，千萬不要聯想到什麼事做錯了，否則在內心深處，快樂將會變成某種錯誤的東西。

事情就是這樣在發生的，每當你覺得快樂，你就感到罪惡感；每當你感到悲傷，你就覺得很高興，這是多麼地荒謬——每當你感到高興，你就覺得在什麼地方有什麼事做錯了！你會覺得「我做錯了什麼事」。每當你悲傷的時候，每一件事都還好，好像事情就是應該如此。這就是因為每當一個小孩感到高興的時候，社會就會立刻從某一個地方介入，對他說不。小孩並沒有是非的觀念，他沒有道德觀，他是非道德的，他只知道快樂和不快樂，他是野的。當你叫他停止，他會怎麼做呢？快樂的波跑遍了全身，從頭到腳、從第一個性的能量中心跑到第七個撒哈斯拉（sahasrar）的中心——亢達里尼被喚醒了。

每一個小孩進入這個世界的時候，他亢達里尼的功能是活的，但是你叫他停止，那麼小孩子要怎麼做呢？他將會憋住呼吸。每當什麼事情必須停止，呼吸就被停止了。他將不會呼吸，他將會把胃縮進來，因為那就是停止那些能量波的唯一方式。橫隔膜將會變得像石頭一般，他會一再一再地將他的胃縮進來，而不允許深呼吸，他的橫隔膜將會變成一個鐵甲，如此一來，呼吸將永遠不會越過那個阻礙。如果呼吸進入很深，它會打擊到性中心，當它打擊到性中心，那個波就開始移動，能量就開始流動，那就是為什麼沒有人呼吸得很深。

當我叫人們做混亂而強烈的呼吸，他們跑來告訴我說那非常危險，他們感到害怕。那個恐懼是什麼呢？那個恐懼就是如果你做混亂而強烈的呼吸，你將會再度變得很野，那個鐵甲將會再度被打破，然後呼吸就會再度打擊到性中心。社會就是這樣在壓抑你，它在性中心和呼吸之間創造出一個空隙，如果呼吸沒有達到性中心，那麼所有快樂的泉源都被阻礙了。你的胃會變成像石頭一般，它不允許任何東西往下移，因此你的身體就被分成兩半，你從來不跟你下半部的身體認同。對你而言，身體較低的部分真的是比較低的，你會開始評價，上面意味著較高的、較好的，而下面意味著較差的，你從來沒有感覺到跟你下半部的身體認同，你認為它是較差的，它是魔鬼，你認為魔鬼就在那裡。

亞當被逐出伊甸園，每一個亞當和夏娃都被逐出伊甸園，為什麼呢？因為他們吃了知識之果，而知識之果是最毒的。如果你想要拋棄歧視和蓄意的劃分，你就必須將知識拋棄，你必須再度變成小孩子，唯有如此，那個鐵甲才會被打破。但是如果你想要打破這個鐵甲，你將會產生痛苦，因為這個鐵甲是你的整個自我。你因為有了它、因為你是有道德的而覺得很好，你覺得你具有比別人更優越的東西，因為你是有道德的。

如果你打破這個鐵甲，你將會產生混亂，首先你必須變得很瘋狂，然後恐懼會來臨；如果你感到害怕，你將會再度壓抑，你將會再度披上鐵甲，你甚至會使它變得堅固一點，如此一來，你會變得更害怕走出它，因為躲在它裡面，它能夠保護你。

我聽說在一所規模很小的小學裡，老師正在對學生講課，他們剛好講到了地心引力的原理。她下結論說，因為有了這個地心引力，所以我們才能夠站在地球上。有一個小孩覺得很困惑，他站起來說他不了解，他問說：「在這一條法律通過之前，我們是怎麼樣依附在這個地球上的？」

你認為你在這裡是因為社會，你認為你在這裡是因為道德——以及所有跟它在一起那些荒謬的東西；你認為你在這裡是因為你的《聖經》、《可蘭經》和《吉踏經》。不！自然的存在是沒有任何法律的，它有它自己固有的法則，但是那些法則並不是由人類制定出來的，它們不需要你的批准，它們就在那裡，生命一直遵循著它們。如果你不加以干涉，你將會立刻到達目標；如果你加以干涉，那麼你就會陷入困難。所以如果你陷入困難，如果你遭受痛苦，那麼你就要知道你在干涉自然，除非干涉停止，否則沒有其他方法能夠使你免於痛苦。

這就是莊子的整個訊息——不要干涉自然，要允許它、要跟著它走、要信任它。你是由它而來的，它是你的母親，它是你的源頭，有一天你將會回到它裡面去，它就是最終的目標。在這個時候，為什麼要干涉？為什麼要抗爭？

你將必須回到你的孩提時代，你必須倒退回去，你必須再去經驗社會進入而強迫你去干涉的那些片刻。所以，有一件基本的事你必須記住：每當有什麼錯誤的事情發生在你身上，你無法只是藉著理智上的了解來解決它，它並沒有那麼容易。它已經變成你的生活模式，它已經存在於你的身體和你的骨頭裡，你必須再退回去。如果你真的想要成為自然的，你必須再度去經驗過去，你必須再退回去重新活過那些片刻。

所有靜心的方法都是在幫助你退回去。晚上的時候躺在你自己的床上，每天做一個小時的努力。剛開始的時候它將會是一種努力，但是不久之後不努力就會發生，你就能夠享受它。你越是能夠退回去，你就越會感到自由和偉大。

自然是廣大的，而所有人類創造出來的法律是狹窄的，它們就好像漏斗——你越是進入它們，它們就變得越狹窄，然後你會走到一個死巷，從那裡你無法走到任何地方，那個隧道就變成你的墳墓，每一個人都是這樣被陷住了。

如果你真的想要不被陷住，那麼在晚上睡覺之前，將眼睛閉起來，只要回溯，試著去重新體驗過去。慢慢回溯，不必急，你無法在一天之內就做到，它差不多要花上三個月的時間。慢慢回溯，重新去體驗過去，不要只是回憶，回憶將不會有所幫助，因為回憶是理智上的，你仍然保持疏離，它並沒有碰觸到你，你必須重新體驗它，你必須重新活過那些片刻。

當我說重新活過，我指的是什麼意思呢？我指的是你必須倒退回去，就好像它真的再度發生一樣。剛開始的時候，它是「好像」，但是不久之後它就會變成真實的。當事情尚未完成，你所壓抑的部分還會存在，它會繼續抗爭，想要成為自由的。你只要回溯，經過不久，大約在三個禮拜之內，你將達到那個點，到了那個點，你將會知道這個障礙。超出這個障礙之外，你將會知道你是自由的、你是自然的，就是這個障礙在產生困難，自從這個障礙之後，你就一直不自然。在某一個地方你將會找到你的母親和你的父親，他們就站在障礙的地方，那就是為什麼你已經將那些事忘得一乾二淨了。

如果你能夠記住，事實上你無法記住四歲以前的事，因為那個障礙太大了，它完全將事情逐出你的記憶，否則你為什麼無法記住四歲以前的事？為什麼你完全將它忘掉？你的頭腦曾經在那裡，你也曾經享受過、曾經受過苦、曾經經歷過很多經驗，所以你為什麼會將它們完全忘掉呢？你並沒有忘掉。由於有了這個障礙，所以你將每一件事都深深地壓進潛意識，那就是為什麼人們一直在說他們的孩提時代非常美，你一直認為孩提時代是天堂，它是如此，但它之所以被你看起來如此，是因為你已經記不得了。

漸漸回溯，慢慢地將有更多的事情會浮現，整個過去的灰塵都必須被撬起，你將會冒冷汗，你將會感到害怕，你的整個頭腦將會說：你在做什麼？回來，回到未來！頭腦總是在說要回到未來，因為這樣的話，頭腦就能夠保持完整。

如果你真的想要變成一個靜心者，首先你要回到過去。如果你在過去某一個十字路口走錯了路，唯一的方法就是再回到那個十字路口，重新再走正確的路，沒有其他方法。不管你現在在那裡，你無法立刻從現在走上正確的路，你必須退回去。

當我說重新再體驗，我的意思是說要讓它發生在身體上。記住你碰觸你性中心的第一天，你的父親或母親叫你要把手拿開。記住他們的眼光和他們的臉色，記住任何一件譴責你的事，再度看著你的父親站在那裡，同樣的臉色、同樣的眼睛、同樣的姿勢、那個譴責、那整個情形。不僅記住那整個情形，而且要感覺當天你是如何感覺，感覺那個退縮，以及你意識的窄化，那個譴責，以及在那個情形下所產生出來的創傷。

小孩子非常無助，他必須服從你的命令；任何你所說的，他都必須服從你，即使你所說的事情違反他的自然，他也必須服從你。他非常無助，所以他不能夠沒有你而生活，他必須依靠你。

你要看出那整個無助，在你的身體裡面感覺它。你或許會開始哭泣，你或許會開始踢腳，你或許會想要打你的父親，但是你當時並沒有這樣做，所以那是一種不完整，除非你在這個重新體驗的片刻打他，否則你將無法原諒你的父親。那就是為什麼沒有小孩能夠原諒或忘掉他的父母。他們一直都在那裡，因為有一些事是跟著他們發生的。退回去，重新活過那些片刻，漸漸地，你將能夠越來越深入，然後突然間，那個隧道就不再存在，你已經通過了那個障礙，你已經處於一個無限廣大的天空底下，你已經再度成為一個小孩，唯有如此，你才能夠了解莊子，在這之前是沒有辦法的。

衛爾罕姆．雷克以及他的治療是能夠有所幫助的；在莊子的途徑上，你可以很美地使用衛爾罕姆．雷克。現在我們來看經文：

內在心靈的塔。

內在心靈有一個攻不破的塔，只要那個塔被那個看不見的保護者守護著，就沒有危險能夠打擾它。那個看不見的保護者無意識地行動著，當那些行動成為深思熟慮的、沉思的和故意的，它們就會走入歧途。

你的心靈受到自然本身的保護，你不必對它感到害怕。你不必感到害怕和不安全，因為你的本性受到整個存在的保護；整個宇宙都會幫助你，但那個幫助是無意識的，它不是深思熟慮的，你無法操縱它，你必須處於一種放開來的情況下，好讓整個宇宙的能量都能夠透過你來運作。如果你變得深思熟慮，你就會變緊張；如果你變緊張，你的意識就會變狹窄；如果你的意識變狹窄，那無限的就無法透過你來運作。每當你變得害怕，你就會萎縮，身體上的萎縮就會發生。

莊子說，那永恆的、那不朽的就在你裡面，沒有死亡能夠摧毀它，不需要對它感到害怕。你之所以害怕是因為你並沒有在塔裡，你並沒有在那個看不見的心靈之塔裡。你已經移到了社會的法律和規定裡，而那些法律和規定無法保護你，它們只能夠給你一種保護的感覺，但是事實上它們無法保護你。那些法律無法使你安全，它們只能夠給你一種安全的感覺，但那種安全的感覺是虛假的，死亡終究會來臨，將你所有的安全都粉碎掉。除非你退回到源頭，退回到內在心靈的塔，否則你還是會保持顫抖，還是會充滿恐懼。

那個塔是什麼呢？它如何運作？它無意識地在運作。

一個小孩子被生下來，小孩子怎麼知道說九個月已經結束了，而他必須走出子宮？小孩子怎麼知道？他沒有日曆，他也沒有在看，看得到的，他都沒有，但是當九個月結束的時候，小孩子就準備好要被生下來，他會實際上奮力被生下來，那就是為什麼母親會感到疼痛，因為小孩子在子宮裡有一個真實的掙扎。那個衝突已經被發動，母親會收縮，母親會開始害怕即將發生在她身上的痛苦，因此她會開始抗拒，那個抗拒以及小孩子試圖要跑出子宮這兩件事產生了疼痛。如果母親能夠讓它發生，如果她沒有抗拒，那麼就不會有疼痛。在原始社會生孩子從來沒有疼痛，一個女人越文明，她就越會覺得疼痛，這是因為現在她按照法律和規則來生活；現在每一件事都變得很虛假、很不自然。

小孩子怎麼能夠知道時間在什麼時候成熟？一顆種子怎麼知道它要在什麼時候發芽？種子或許會等上一整年，直到正確的時間來臨。種子從來不會跑去問占星學家或手相家。在正當的時刻，種子就分解了，種子就使它自己喪失在泥土裡，它放棄了它的保護而發芽。

樹木如何在正當的季節開花？星星如何移動？注意看這個宇宙，它是那麼地神祕，那麼地複雜，但是卻非常容易、非常簡單、非常沒有努力地在運行，它受到道和自然的保護，它受到自然心靈本身的保護。人是愚蠢的，因為他認為他自己非常聰明。

小孩會成長，你有沒有觀察過每一個小孩都很美？很難找到一個醜的小孩。每一個小孩都很美，那個優雅來自何方？稍後要在一百個人裡面找到一個很美的人就很困難了。在開始的時候，所有的一百個都很美，所以後來那九十九個到底怎麼了？他們為什麼會變得那麼醜？為什麼每一個小孩都很美？他之所以很美是因為那個移動、那個流是自然的。自然是美的，當你經過人造，當你變得不自然，那麼你就變醜了；當你經過深思熟慮，那麼那個醜就進入了。

一個小孩無意識地過著生活，當他感到飢餓，他就哭；當他覺得睏，他就睡。但是我們將一些規則和規定強加在他們身上，現在有一些指導母親如何養小孩的書，有一些如何當母親和如何當父親的書，他們給予每一種指導，不禁令人懷疑在看這些指引的書之前，小孩子是如何被生下來的。當那個法律還沒有被通過，我們是怎麼生小孩的？

那些指導的書給予特定的規則，小孩子必須每隔四個小時喝一次牛奶。小孩子在哭，但是母親必須看時鐘，不是看小孩，而四個小時還沒有到。如此一來，你就摧毀了無意識的自然。不久小孩子將會按照你的方式，他也會看時鐘，當四個小時到的時候，他就會開始哭，不管他實際上餓不餓！清晨的時候他必須上廁所，大小便的訓練是很討厭的，當小孩子不想大便的時候他怎麼能夠大便？但是他的母親站在那裡以一種譴責的眼光看著他，告訴他要這樣做，這是命令，小孩子會哭，他不知道要如何滿足他的母親，而她簡直發瘋了！然而他遲早會強迫他自己。

心理學家發現了一項事實：人類有百分之五十的神經問題都是因為大小便的訓練所引起的。有百分之五十！小孩子開始強迫，因為他必須服從，如果他不能夠按照時間做好，他就會覺得罪惡感；每當他很自然地做它，他也會覺得罪惡感，因為有客人在那裡，而他卻在客廳大小便，小孩子怎麼知道說客廳不是正確的地方？他無意識地生活著，他不知道哪裡是廁所，哪裡是客廳；他不知道客人什麼時候在那裡，什麼時候不在那裡；他不知道父母什麼時候允許，什麼時候不允許。他是不按照規則來生活的，但是他會服從，因為他必須如此，他非常無助，而你是非常強而有力的。

注意看當一個小孩強迫他自己上廁所的時候會怎麼樣，整個身體會漸漸變成一個人為控制的機構，因此事情就變得不自然，那麼他會用一些方法來強迫他自己，只是為了要滿足他的父母。當他不覺得餓，他也會開始哭，這種事你是看得到的。去到任何一個人家，小孩子坐在桌子那裡，含著眼淚在吃東西，他們目前並不覺得餓，而他們是對的，母親是錯的，小孩子就是因此而走上了錯誤的途徑。所以到了「正當」時刻，他就會要求要吃東西，但是他並不餓！當他覺得餓的時候，他會控制，因為父母不允許他問。

那就是他跟自然失去接觸的方式，而失去了跟自然的接觸就是成為神經病的。

小孩子覺得活生生的，很活躍，他想要跑和跳，但是母親卻強迫他去睡覺。你是否曾經想過這個要求是不可能的？你能夠故意去睡覺嗎？即使你自己也是一樣。母親能夠故意去睡覺嗎？當沒有睡意的時候，要怎麼辦呢？小孩子將會假裝，他將會閉起眼睛假裝睡覺，母親一走開，他就把眼睛張開，這是在訓練他偽裝，而使他成為一個偽君子，一切都是為了沒有用的東西。睡眠是不能夠被強迫的，我們沒有辦法這樣做，否則為什麼會有那麼多失眠症？為什麼需要那麼多安眠藥？為什麼人們花了一整個晚上在那裡輾轉不能成眠？父母希望小孩子按照他們的命令去睡覺，按照他們的命令起床，這樣他們才能夠被稱為乖孩子，才能夠被稱為小乖乖，否則他是一個壞孩子，所有那些人造的都是好的。如此一來，他的整個生命都將會受苦，他會到處去找教士，到處去尋求師父，而他們將會繼續給他事情做，他們將會繼續給他這個或給他那個，但是沒有什麼事能夠有太多的幫助，因為整個生活型態都是錯的，沒有什麼東西能夠被加進來，因為整個結構是錯誤的，這整個結構都必須被放棄，然後重新開始。

但這似乎太過分了，你已經生活了四、五十年，你對你的生活型態已經投資了很多，然後你來到我這裡，我叫你完全放棄它，這就是我所謂門徒的意義，它只是一個放棄你整個生活型態的決定；它是一種全然的改變，將你的過去完全拋棄。因為你已經不再與之認同，因此你放棄了所有你在那裡的投資，以及一切你透過那些投資而得到的利益。它們是利益，否則你為什麼要帶著如此的一個重擔？然而它是有代價的。社會會尊敬你，你是一個值得尊敬的人；當你遵循社會的模式，社會就會榮耀你。

所以當我叫你跳進門徒這裡來，我的意思是要改變你的整個生活型態，比這個更少是不行的，我不能夠只作片斷的改變，因為你的病太重了，即使我試圖改變一個片斷，那也是沒有用的，因為這樣做無法改變整體——病那麼重，很可能那個病會重新改變片斷。除非你準備好要完全放棄，否則是沒有辦法的。你可以靜心，你可以做超覺靜坐，你可以將眼睛閉起來，每天早晚都唸咒語唸十分鐘，你可以用很多方法來愚弄你自己，希望說不必破壞你的生活型態，某些事就能夠發生。

這就是為什麼馬赫西瑜伽行者在西方具有那麼大的影響力，它從來沒有碰觸到你的生活型態，它從來不說要改變你自己。它說不管你目前是怎樣，你都是好的，只要注入一些超覺靜坐，每一件事都會變好，它就好像在敷藥一樣，你的生活型態根本不會被觸及。不管你是誰，不管你是對的或是錯的，只要再增加這些咒語，每天早晚各唸十分鐘，每一樣東西就都沒有問題了，因為天堂之門是打開的，它就在那裡等你。而人們非常愚蠢，他們繼續在相信這種詭計——這些只不過是詭計。它們能夠好像安眠藥一樣地幫助你，它們能夠幫助你適應你錯誤的生活型態——那個錯誤的生活型態是你的問題，而它們能夠有所幫助。它們或許能夠讓你適應你的生活型態，但是你的生活型態基本上是錯誤的，所以最好不要去適應它。它們或許能夠給你慰藉，但是那些慰藉是有毒的，因為如此一來你就永遠不能夠改變，你將會在你的生活型態下受到慰藉，你將會認為每一件事都是對的，因為你有在做些什麼，因為你有在做超覺靜坐。

你將會睡得好一點——我知道有一種咒語能夠使你睡得好一點。你將會變得比較不容易生病，那也是可能的，因為你將會更適應錯誤的生活型態，但是它將不會給你喜樂。你或許會比較健康，但是它不會給你狂喜，你或許能夠將那個受苦延長一些，你或許會比較少有不適應的情形，但是你將永遠無法變成一個狂喜的人、一個喜樂的人。唯有當你準備好要放棄整個生活型態，你才能夠變成一個喜樂的人。做得比門徒更少將不能夠有所幫助。

內在心靈有一個攻不破的塔，只要那個塔被那個看不見的保護者守護著，就沒有危險能夠打擾它。那個看不見的保護者無意識地行動著，當那些行動成為深思熟慮的、沉思的和故意的，它們就會走入歧途。

避免深思熟慮、避免意志、避免故意，像小孩子一樣地行動，信任自然。當你覺得餓，你就吃；當你不覺得餓，你就不要吃，自然會引導你。當你覺得睏，你就睡；當你不覺得睏，你就不要睡，放掉那個睡的念頭。沒有目的地去進行，不久這個神經病的生活型態就會被拋棄，然後你就會退回到源頭，那個源頭就是道。

那個無意識和整個真誠會被任何展現自我意識的努力所打擾，所有這些展示都是謊言。

生活，但是不要使你的生活成為一項展示，所有這些展示都是謊言。生活，但是不要使你的生活成為一項展示。生活，但是不要變成一個表演的人。不要使用演藝人員的技巧，那是不需要的。別人怎麼說是沒有用的、是不相關的，你是怎麼樣才重要。要按照你的本性來生活，別人認為你怎麼樣，那是他們的問題，你不需要去擔心它，不要使你的生活變成一個表演。一旦你開始這樣做，那將會是無止境的，你將會永遠都使自己成為虛假的；如果人們對虛假的表示尊敬，你將會成為虛假的；如果他們認為那是好的而且是值得尊敬的，那麼即使沒有自然的理由，你也會去做它。

如果你想要變成一個畫家，而這是一個無意識的欲望，那麼你就去變成一個畫家而保持貧窮，不要成為一個醫生而變得很富有。你或許能夠藉著成為醫生而變富有，但是如果你沒有按照無意識的欲望而成為一個醫生，如果你這樣做只是為了要滿足你的父母、社會和朋友，那麼縱然你變得非常非常富有，你也不會滿足，而最重要的事就是滿足。

我聽說有一個醫生，他變成他們國家最偉大的外科醫生，他當上了全國外科醫生協會的理事長，在他當上理事長的那一天，他們舉行了一個很大的慶祝會來榮耀他，但是他感到很傷心，有一個朋友問他：「你為什麼看起來那麼傷心？你應該感到非常高興才對，你已經成為最偉大的外科醫生了，現在已經沒有人能夠跟你競爭，一個外科醫生所能夠擁有的最大的榮譽就是成為全國外科醫生協會的理事長，但是你為什麼顯得那麼悲傷？」那個外科醫生回答說：「我從來不想成為一個外科醫生，我成就了我從來不想要的東西，現在已經逃不掉了。如果我是一個失敗者，那麼就還有一個機會可以逃離，但是現在我陷住了。」他的朋友說：「你一定是在開玩笑，你在說些什麼？你的家人都感到很高興，你的太太很高興，你的兒女很高興，每一個人都很高興，而且每一個人都很尊敬你。」但是那個外科醫生說：「可是我無法尊敬我自己，而那是最基本的事情。我想要成為一個舞蹈家，但是我的父母不允許，而我必須服從他們，我是一個弱者。我變成最偉大的外科醫生，我本身並不快樂，我之所以不快樂是因為我是世界上最差勁的舞者，我不能夠跳舞，那就是我的困難之所在。」

滿足是透過自然而來，而不是透過社會而來的，你在你自己裡面帶有你的命運，但那是一種無意識的東西，你要遵循它，沒有人知道你已經達到了它，但是你將會知道。你或許沒有得到諾貝爾獎，因為它從來沒有頒給一個滿足的人，沒有一個滿足的人曾經得過諾貝爾獎。沒有佛陀，也沒有耶穌曾經得過諾貝爾獎，它將來也不會發生，因為諾貝爾獎是頒給那些很真誠地服從社會的人，頒給那些達成社會目標而不是達成他自己目標的人。注意看那些諾貝爾獎得主，你無法找到比那些人更悲傷的人，他們之中有很多人自殺，這並不是偶然的，它具有很深的意義在裡面，他們之中的多數人都覺得沒有滿足。獎品無法滿足你。你要遵循無意識的自然，不要有意識地去強迫它。

那個無意識和整個真誠會被任何展現自我意識的努力所打擾，所有這些展示都是謊言。

目拉．那斯魯丁在生病，所以他跑去看醫生，醫生告訴他說：「那斯魯丁，你喝不喝酒？」那斯魯丁說：「不。」但是他的手在發抖，即使在看醫生的當時，他也是喝醉酒的，你可以從他身上聞到酒味。所以醫生就說：「好吧！你有去追女人嗎？」那斯魯丁說：「沒有。」然而他剛從妓女戶出來，你還可以看到他的臉上沾有唇膏。醫生再問：「你有抽菸嗎？」那斯魯丁說：「從來沒有。」但是你可以看到他的口袋裡有一包香菸，而他的手也黃黃的。醫生說：「那麼你都在做些什麼？」那斯魯丁說：「我都在說謊。」

你們所有成功的人就是如此：你說的謊越大，你的成功就越大。如果你想要在世界上成功，你必須是一個說謊的人，但是這樣一來，你就錯過了你自己。你會在這個世界成功，但是你在另外一個世界將會是失敗的，而到了最後，另外一個世界的才算數。

所有這些展示都是謊言。

當一個人以這種曖昧的方式來展現他自己，外在的世界將會攻擊他、限制他。

一旦你顯示出朝向展示和表演的傾向，世界就會立刻介入而限制你，你就變成一個犧牲者。

他就不再被道的真誠所保護。

每一個新的行動都是一個新的失敗。

一旦你興趣於別人對你的意見，你的每一個新的行為都將會是一個失敗。或許你在這裡是成功的，但是這個成功是完全沒有用的，因為你從來不會因此而滿足，你從來沒有流經它，你從來沒有達到你命運的滿足，你的種子仍然保持是一顆種子。你或許會累積一些從報紙上剪下來的關於你的消息，但是那些你貼在你房間牆壁上的剪報和證書並不是生命；你在外面所戴的面具和虛假的笑容並不是生命。漸漸地，隨著每一個新的行為，你就會越來越深入謊言，透過這些謊言，你怎麼能夠喜樂呢？你或許能夠在這個世界上達成很多垃圾，但是你將會喪失所有真實的。

莊子說：要在道裡面，要很真實地在它裡面，要很真誠地在它裡面。你只需要一種真誠，那個真誠就是朝向道——你內在的本性、你真實的存在。不需要其他的真誠——讓全世界的人都說你是不真誠的。

這就是佛陀的父親告訴他的，因為佛陀遺棄了他的父母；這就是佛陀的太太告訴他的，因為他遺棄了她；那也是他的整個王國告訴他的，因為他遺棄了他的整個王國。但他是快樂的，他一直保持對他的道和他的本性很真誠。他說：沒有辦法。如果你們受苦，那是因為你們自己的期望，而不是因為我。

你來到這個世界是要滿足你自己，別人來到這個世界也是要滿足他們自己，如果他們對你有什麼期待，那是他們的問題，他們將會因此而受苦，但是你不需要因為他們的期望而變得虛假。

要對你內在的本性很真誠，同時幫助別人對他們的內在本性很真誠，這就是我所謂的宗教之士。一個宗教之士就是一個對他自己內在本性很真誠，而同時也幫助別人對他們自己的內在本性很真誠的人。你在此是要滿足你的命運，而別人在此也是要滿足他們自己的命運。不要對他們有任何期望，否則你將會使他們變成表演者，你將會使他們變成說謊者。不要對任何人期待任何東西，也不要去滿足別人對你的期望，這是很難做到的，但門徒就是要如此。

不要幫助別人對你的期望成長，甚至不要暗示他們說你將會達成它。任何你所經歷的痛苦，你都要準備好去經歷它，但是不要讓別人對你有期望，否則世界將會把你關起來，你就被監禁了，一旦你點頭答應要做什麼事，你就被關起來了，你就已經進入了隧道，如此一來，隨著每一個腳步、每一個新的行為，你將會進入一個新的痛苦、新的不滿足、新的謊言和新的失敗。停止滿足別人的期望，也停止期望別人達成你的想法。記住，如果你受苦，那是因為你自己；如果別人受苦，那麼他們之所以受苦是因為他們自己。沒有人因為別人而受苦，這一點要深深地記住。唯有如此，你才能夠真的對你內在的自己很真誠，而那個真誠就是真正的宗教性。

印度人稱之為里特（Rit），耶穌稱之為神的王國，莊子稱之為道，不管使用什麼名稱，它都是意味著接近一個人的無意識，隨著它流動，不要設下任何限制。它意味著無條件地隨著無意識流動，不論它引導你到哪裡，你都要信任它。

信任就是如此。它不是對神的一種相信，它不是對天堂或地獄的相信，也不是對觀念、理論或哲學的相信；信任意味著信任你從那裡來以及你最後將會回到那裡的自然。信任說你要回歸的自然將會令你滿足，信任說你生命的每一個片刻都將會是一個新的滿足。

如果他的行動是在公共場合做、在光天化日之下做，他將會受到人們的懲罰；如果他是在私底下做、在祕密當中進行，那麼他將會受到內在心靈的懲罰。

不要展現你自己，如果你在公共場合展現你自己、在光天化日之下展現你自己，你將會受到人們的懲罰，這一點必須被了解。當你變成一個展示者，或是一個表演者，當你的生命變成一個馬戲團、變成一個展覽，人們將會賞識你，因為你變成了他們偶發念頭的犧牲品，你變成了他們期望的犧牲品。他們將會對你鼓掌，但是這種鼓掌不會維持太久，遲早他們將會開始感覺到你的謊言，因為你能夠攜帶一個謊言多久呢？那些謊言被展現出來，而當他們開始感覺到你的謊言，他們將會懲罰你。我們可以看美國總統尼克森的下場，那種事也發生在每一個成為表演者的人身上。剛開始的時候，他們會對你鼓掌，如此一來，你就變成了一個犧牲品。為了要得到他們的鼓掌，你就會說越來越多的謊，你會開始滿足他們的期望，你會變得越來越不真實，這是一種惡性循環。當你變得越來越不真實，他們就越能夠看出你在撒謊，然後他們就會開始懲罰你。

每當別人賞識你，你就要當心，你是走在一條危險的道路上，他們遲早會懲罰你；當人們在談論你的成功，你要當心，因為如此一來，失敗已經離得不遠了；當他們把你捧上寶座，你要逃掉，因為他們遲早會把你拋掉，但你是那麼地愚蠢，你從來沒有看到那個事實：在你之前就曾經有別人坐在那個寶座上。他們將那個人捧上去，現在有你出來，他們就將那個人拋掉。現在他們榮耀你、歡迎你，但是遲早他們將會找到另外一個表演者，然後就會把你拋掉，這種事發生在每一個生活在群眾觀念之中的人。不要在外在世界求得任何成功，那麼你就不會有任何失敗；不要要求人們來尊敬你，那麼你就不會遭到侮辱。

莊子說：要成為最後的，那麼就沒有人能夠把你往後推。不要跑到隊伍的前面，因為這樣一來每一個人都會成為你的敵人，遲早他們將會懲罰你。每一件事都有它的相反之物。如果他們賞識你，他們將會懲罰你；如果他們尊敬你，他們將會侮辱你。

它的運作過程到底如何？當某人尊敬你，在內在深處他就覺得受到侮辱了，因為在內在深處他已經變得比你更低劣，所以他怎麼能夠原諒你呢？他不可能原諒你。某一天那個帳將必須被軋平。當他彎下身子來碰觸你的腳，就在那個片刻有一個很深的創傷發生在他裡面。他以前比你更低，現在他將必須證明他不是如此。有一天他將會證明他比你更高。試著去了解那個內在的運作過程：那個帳必須被解決，你無法一直維持不平衡。每當你賞識某一個人，就在那個片刻，如果你很警覺，你就能夠發現在你的內在你也想要侮辱他，只是有一個時間差，遲早它將會浮現。一個聰明的人從來不會要求你的賞識，當你帶著花圈去看他，他會說：就此打住，因為以後我將必須歸還。

如果他的行動是在公共場合做、在光天化日之下做，他將會受到人們的懲罰；如果他是在私底下做、在祕密當中進行，那麼他將會受到內在心靈的懲罰。

或許你並沒有當眾在表演，而是私底下在表演。人們已經變得很虛偽，甚至在他們的浴室裡，當他們單獨存在的時候，他們也在偽裝，即使在那種狀態下，他們也不是很真實。偽裝在他們身上已經變得那麼根深柢固，所以無法很容易就將它們擺在一旁，它們一直跟著你。即使在夢中，你也會撒謊，撒謊已經變得那麼根深柢固，甚至在夢中，它們都跟隨著你。如果你想要殺掉你父親，你會在夢中殺死你的叔叔，謊言就是這樣在進行著，你的叔叔並沒有對你做任何事，但他是最接近的，他看起來就好像你的父親，即使在夢中，你也很難殺掉你的父親，那就是為什麼夢變得那麼複雜，而需要佛洛依德和容格來解釋它們。你把叔叔帶上來，然後佛洛依德就必須去了解說那是你的父親，你的叔叔只不過是一個象徵，他是最接近父親的一個象徵。

如果你是在私底下做，那麼按照自然本身，你將會受到懲罰。表演必須受到懲罰，那就是莊子所說的內在心靈，他的意思是說你會被自然本身所懲罰。

如果你不想要被懲罰，那麼就不要成為一個表演者。不管別人怎麼說，你都要保持自然，不要因為他們說什麼而改變你自己。即使他們說你是叛逆的、犯罪的、壞的、罪惡的，你就讓他們這樣想好了；即使他們把你釘在十字架上，你就讓他們這樣做好了，你還是要保持對你自己很真實。當耶穌要被釘在十字架上的時候，他本來是可以逃掉的，比拉多已經決定要原諒他，但他希望由耶穌自己來要求原諒，然而耶穌不要求，因為他對他自己的本性很真實。

當蘇格拉底被雅典人懲罰的時候，他們給了一個條件，他們說：「如果你答應法庭說你將不在街上到處亂講話，如果你將不再討論事情和哲學，如果你保持沉默，那麼我們就原諒你。」蘇格拉底笑著說：「那是不可能的，因為我不能夠對我自己真實的本性不真實。我就是如此，我還是會繼續講話，你們可以把我殺掉，那個由你們來決定。」他接受了毒藥，但是他不接受沉默，他堅持不接受保持沉默。

要對你自己很真實，不要去看別人所說的，這就是到達神性的唯一方式，因為這就是成為自然的唯一方式。

讓每一個人都了解真誠的意義，將自己守好，而不要去展現！

他會跟周遭的人和自己內在的心靈保持和平，他能夠正確地行動，他的行動不會被注意到，他能夠在他自己的孤獨當中正確地行動，在他內在心靈的塔裡正確地行動。

他會跟周遭的人和自己內在的心靈保持和平。如果你對顯示你是誰沒有任何興趣，你將能夠跟自然和人們保持和平。即使他們殺掉你，你也會保持和平。當耶穌被釘在十字架上的時候，他是很和平的。甚至當別人給蘇格拉底毒藥的時候，他也是跟以前一樣和平。你將能夠保持和平。他們怎麼樣有什麼關係呢？它將不會碰觸到你，你會在你的心靈之塔裡保持超然。在你內在的本性裡，你是受到保護的，沒有什麼東西能夠達到那個地方、能夠穿透你。

他會跟周遭的人和自己內在的心靈保持和平，他能夠正確地行動，他的行動不會被注意到，他能夠在他自己的孤獨當中正確地行動，在他內在心靈的塔裡正確地行動。

當莊子說他能夠正確地行動，他所說的正確並不是相對於錯誤而說的，不！他並非意味著錯誤的相反，他只是意味著那自然的。自然的就是對的，容易的就是對的，成為你自己就是對的。成為你自己就是一切你能夠真正存在的，其他每一樣東西都是走入歧途。

第3章 逃離影子

有一個人，當他看到他自己的影子，他就覺得很受打擾，他同時也很不喜歡他自己的腳步，所以他決定要驅除這兩者。

他所想到的方法就是逃離它們，所以他就站起來開始跑。

但是每次他放下他的腳，就產生了另外一個腳步，而他的影子也毫無困難地一直跟上他。

他將他的失敗歸咎於他跑得不夠快那個事實，所以他就跑得越來越快，不停地跑，直到最後，他整個人就癱在那裡。

他沒有了解到，只要他走進陰影裡，他的影子就會消失；如果他坐下來，保持靜止，那麼就不會再有腳步。

「孔子愀然而歎，再拜而起曰：『丘再逐於魯，削跡於衛，伐樹於宋，圍於陳、蔡。丘不知所失，而離此四謗者何也？』客悽然變容曰：『甚矣子之難悟也！人有畏影惡跡而去之走者，舉足愈數而迹愈多，走愈疾而影不離身，自以為尚遲，疾走不休，絕力而死。不知處陰以休影，處靜以息迹，愚亦甚矣！子審仁義之間，察同異之際，觀動靜之變，適受與之度，理好惡之情，和喜怒之節，而幾於不免矣。謹修而身，慎守其真，還以物與人，則無所累矣。今不修之身而求之人，不亦外乎！』」

——《莊子．雜篇．漁父》

因為人一直拒絕他自己、譴責他自己、不接受他自己，因此他就創造出他自己的混亂，然後就產生了一連串的混亂、內在的無秩序和痛苦。為什麼你不能夠接受你本然的自己呢？到底有什麼不對？整個存在都按照你本然的樣子來接受你，但是你卻不接受你自己。

你有某種理想要達成，那個理想總是在未來，它必須如此，沒有理想能夠在現在，然而未來並不存在於任何地方，它還沒有誕生。因為有了理想，所以你就生活在未來，而那只不過是一個夢；因為有了理想，所以你無法生活在此時此地；因為有了理想，所以你就譴責現在的你。

所有的意識形態、所有的理想都帶著譴責的味道，因為如此一來，你的頭腦就會產生一個意象，當你繼續把你自己跟那個意象作比較，你就會一直覺得缺少什麼東西，你就會一直覺得有什麼東西不見了。並沒有缺少什麼東西，也沒有什麼東西不見了。如果可能有完美的話，你現在就是完美的。

試著去了解這一點，因為唯有如此，你才能夠了解莊子的寓言。它是任何人曾經講過的最美麗的寓言之一，它非常深入人類頭腦的運作過程。你為什麼要在你的頭腦裡帶著理想？為什麼就你現在的樣子你是不夠的？就在這個片刻，為什麼你不像神？是誰在干涉？是誰阻擋了你的前進路線？就在這個片刻，為什麼你不能夠享受、不能夠喜樂？障礙到底在哪裡？

那個障礙就是在理想……你怎麼能夠享受呢？你充滿了太多的憤怒，那個憤怒必須先消失。你怎麼能夠喜樂呢？你充滿了那麼多性意念，首先那個性必須消失。你怎麼能夠像神一樣地慶祝這個片刻？你充滿了太多的貪婪、熱情和憤怒，這些東西必須先消失，然後你才能夠像神一樣。

理想就是這樣被創造出來的，因為有了理想，所以你就遭到譴責。當你把你自己跟理想作比較，你將永遠都不完美，那是不可能的。假定你說「如果」，那麼喜樂是不可能的，因為那個「如果」就是最大的障礙。

假定你說：「如果那些條件都被達成，那麼我就會喜樂。」那麼那些條件將永遠不會被達成。其次，即使那些條件被達成，到了那個時候，你也將會喪失慶祝和享受的能力。此外，當那些條件被達成的時候——如果它們能夠被達成的話，因為事實上它們是無法被達成的——你的頭腦將會創造出進一步的理想。

好幾世以來，你就是這樣在錯過生命。你創造出一個理想，然後你想要成為那個理想，然後你就覺得自己比較低劣，你就覺得遭到譴責。因為你具有一個做夢的頭腦，所以你真實的存在就遭到譴責；你的夢一直在打擾你。

我要告訴你的剛好相反，就在這個片刻，你就要像神一樣。讓憤怒存在、讓性存在、讓貪婪存在，但你還是慶祝生命。漸漸地，你將能夠感覺到更多的慶祝，更少的憤怒；更多的喜樂，更少的貪婪；更多的喜悅，更少的性。那麼你就踏上了正確的途徑，其他方式是行不通的。當一個人能夠全然地慶祝生命，所有那些錯誤的就都消失了，但是如果你先要安排讓那些錯誤的消失，它們將永遠不會消失。

它就好像在跟黑暗抗爭。你的房間充滿黑暗，然後你問說：我要如何點一支蠟燭？在我點蠟燭之前，這個黑暗必須先被驅除，這就是你一直在做的。你說貪婪必須先消失，然後才會有三摩地，才會有狂喜，你太愚蠢了！因為這樣你就好像是在說，黑暗必須先消失，然後你才能夠點蠟燭，好像黑暗會阻礙你。黑暗不是一個實體，它什麼東西都不是，它不具任何實質，它只是一個「不在」，而不是一個「在」，它只是光的不在，你點了一盞燈，黑暗就消失了。

慶祝，變成一個喜樂的火焰，然後所有那些錯誤的都會消失。憤怒、貪婪、性，或任何其他你能夠說出來的東西，它們都不具實體，它們只是喜樂的、狂喜的生活的不在。

因為你不能夠享受，所以你就變得生氣，並不是某人引起你的憤怒，而是因為你不能夠享受，你處於極度的痛苦之中，所以你才生氣，別人只不過是你生氣的藉口。因為你不能夠慶祝，因為愛不能夠發生在你身上，因此才有性，影子就是這樣而來的。然後頭腦說：要摧毀這些，然後神才會降臨，這是人類最獨特的愚蠢，也是最古老的愚蠢，它一直跟隨著每一個人。

你很難想像說，就在這個片刻，你就是神，但是我要問你，你缺少了什麼？你是活生生的、你正在呼吸、你是有意識的，其他你還需要什麼呢？就在這個片刻，你要像神一樣。即使你覺得它只是「好像」，你也不必擔心；即使你覺得「我只是在假定我像一個神」，即使只是「假定」，你也不必擔心。就從「好像」開始，然後真實的將會隨之而來，因為你存在於真實之中。一旦你開始像神一樣地存在，那麼所有的痛苦、所有的混亂、所有的黑暗都會消失。變成一個光，而這個變成並不需要你去達成任何條件。

現在讓我們來進入這個很美的寓言：

有一個人，當他看到他自己的影子，他就覺得很受打擾，他同時也很不喜歡他自己的腳步，所以他決定要驅除這兩者。

記住，你就是這個人，這個人存在於每一個人裡面，你就是一直在這樣做，這也是你的邏輯——逃離影子。這個人非常受到他自己的影子所打擾，為什麼呢？那個影子有什麼不對嗎？為什麼你要被影子所打擾？因為或許你曾經聽過，或許一些夢想家曾經說過，神沒有影子。當祂們走路的時候不會產生影子。這個人之所以受打擾就是因為這些神。

據說在天堂裡，當太陽升起的時候，神在走路，但祂們不會產生任何影子，祂們是透明的，然而我要告訴你，這只是一個夢，沒有任何一個地方有任何東西能夠沒有影子而存在。如果它存在，那麼它就會產生影子；唯有當它不存在，那個影子才會消失。

存在意味著創造出一個影子。你的憤怒、你的性、你的貪婪，這些都是影子，但是你要記住，它們只不過是影子。就某種意義而言，它們是存在的，但它們還是不存在，這就是影子的意義，它是非實質的。一個影子只不過是一個不在。你站在那裡，陽光照射過來，因為你的緣故，有一些光線不能通過，然後就會有一個形象產生出來，那個形象就是影子。它只不過是一個不在，因為你阻擋了陽光，因此就產生了影子。

影子是非實質的，「你」才是具有實質的，因為你是具有實質的，所以影子才會被創造出來。如果你就好像一個鬼魂，那麼就不會有影子。天堂裡的天使只不過是鬼魂，他們是你以及你們那些理想主義者所夢想出來的鬼魂。這個人受打擾，因為他聽人家說，唯有當影子消失，你才能夠變成一個神。

有一個人，當他看到他自己的影子，他就覺得很受打擾，他同時也很不喜歡他自己的腳步，所以他決定要驅除這兩者。

你的打擾是什麼呢？如果你深入它，你將只會發現你的腳步聲，你為什麼那麼被你的腳步聲所打擾呢？你是具有實質的，所以一定會有一些聲音，一個人必須接受這一點！

但是那個人聽過神沒有影子的故事，那個人聽說當神在走路的時候沒有腳步聲。這些神只能夠是夢想的產物，祂們只存在於頭腦裡，這樣的天堂不存在於任何地方。每當有什麼東西存在，聲音就會在它的周圍被創造出來——腳步或影子。事情就是如此，你不能夠對它怎麼樣，自然就是如此。如果你試著要對它做些什麼，你將會誤入歧途；如果你試著要對它做些什麼，你的整個人生就會被浪費掉，到了最後，你將會覺得你並沒有達到任何地方。影子還是存在，腳步還是會發出聲音，而死亡正在敲你的門。

在死亡敲你的門之前，你要接受你自己，然後就會有奇蹟發生。那個奇蹟就是當你接受你自己，你就不會逃離你自己。

目前你們每一個人都在逃離你們自己。即使當你來到我這裡，也是你逃離你自己的一部分。那就是為什麼你無法達到我，那就是差距之所在，如果你來到我這裡是在逃離你自己，那麼你就無法來到我這裡，因為我的整個努力是要幫助你不逃離你自己。不要試圖逃離你自己，你不可能成為任何其他人，你有一個絕對的命運和個體性。

就好像你的拇指有一個特定的指紋一樣，它是獨一無二的，它完全是個人的，那種拇指的指紋以前從來沒有存在過，以後也將永遠不會再存在，它只屬於你，永遠不會有別人的指紋跟你的指紋一樣。你整個人的存在也是如此，你整個人的存在是獨特的、個人化的，無法加以比較的，它以前從來沒有存在過，以後也將永遠不會再存在，只有你具有它。慶祝它！某種獨一無二的東西發生在每一個人身上，神給了每一個人一種獨一無二的禮物，而你卻在譴責它！你卻想要某種更好的東西！這樣做你是在試圖比存在更聰明，你是在試圖比「道」更聰明，這樣的話，你就錯了。

記住，部分永遠無法比整體更聰明，任何整體所做的就是最後的東西，你無法改變它，你可以努力去這樣做而浪費掉你的生命，但是你將無法透過它而達成任何東西。

整體是浩瀚的，你只不過是一個原子般的細胞；海洋是浩瀚的，你只不過是它裡面的一個小水滴；整個海洋是鹹的，而你卻試圖想要成為甜的，那是不可能的！但是自我想要做那個不可能的事，想要做那個困難的事，想要做那個不能夠做的事。而莊子說：容易是對的。為什麼你不能夠成為容易和具有接受性的？為什麼不對影子說「是」？當你說是的時候，你就將它忘掉了，它就消失了，即使它仍然停留在你的身體裡，至少它已經從頭腦消失了。

問題到底出在哪裡？影子如何產生問題？為什麼要因為它而製造出一個問題？就你現在的樣子，你從每一樣東西都製造出困難。這個人被他自己的影子所困惑、所打擾。他想要成為一個神，他想要成為沒有影子的。

但你已經像一個神，如果你不是已經如此，那麼你就不能夠成為那樣，你怎麼能夠成為那樣？你只能夠成為那個你已經是的，所有的成為都只不過是移向你的本性，那個本性已經在那裡了。你或許還會逛來逛去，還會去敲別人的門，但那只不過是在跟你自己玩捉迷藏遊戲罷了。你要敲多少人的門，或是要逛多少地方，那都要依你而定。最後你將會來到「你自己的」，而你將會了解到「你自己的」一直都在那裡。自然和道無法從你身上被帶走。

這個人因為他自己的影子而受打擾，他所想到的方式就是逃離它，這也是每一個人所想到的方式，頭腦似乎具有一種惡性的邏輯。

比方說你覺得生氣，你要怎麼辦呢？頭腦會說：不要生氣，發個誓。你會怎麼做呢？你將會壓抑它；你越是壓抑它，憤怒就越會進入你存在的根，那麼你就不會有時候生氣，有時候不生氣，如果你過分壓抑，你將會一直保持生氣，它將會變成你的血液，它將會變成你全身的毒素，它將會散布到你所有的關係裡面，即使你愛上某一個人，那個憤怒還是會存在，然後那個愛就變成暴力的。即使你試圖去幫助某人，在那個幫助當中也會有毒素，因為那個毒素就在你裡面，你所有的行動都會帶著它，它們將會把你真實的內涵反映出來。當你再度感覺到這一點，你的頭腦就會說：你還壓抑得不夠，再壓抑多一點。但憤怒的存在是因為壓抑的緣故，而頭腦卻說：「多壓抑一點！然後就會有更多的憤怒。」

頭腦變成具有性慾是因為壓抑，而頭腦卻說：多壓抑一些。找出一些新的方法和手段來多壓抑一些，這樣才能夠達到無慾，但無慾是無法用這種方式來達到的。透過壓抑，性不僅進入了身體，它還進入了頭腦，它變成大腦的。然後一個人就會繼續一再一再地去想它，因此世界上才會有那麼多色情文學。

為什麼人們喜歡看裸體的女人？難道沒有足夠的女人嗎？女人是足夠的，她們太足夠了！所以為什麼需要色情文學呢？照片總是比真正的女人更性感。真正的女人具有身體和影子，她的腳步會存在，她的腳步會產生腳步聲，而色情畫只不過是一個夢，它完全是心理的、大腦的，它沒有影子。

真實的女人會流汗，她的身體會有一股氣味，但是照片從來不會流汗，也沒有身體的氣味；真實的女人會生氣，但是照片從來不會生氣；真實的女人會變老，但是照片永遠都會保持年輕和新鮮。照片只不過是心理上的。那些在身體上壓抑性的人將會變成心理上具有性慾，然後他們的頭腦就會進入性意念，而那是一種疾病。

如果你覺得餓，那沒有問題，你可以吃！但是如果你一直在想食物，那麼它是一種頭腦的執著，也是一種疾病。如果你覺得餓，而你吃東西來結束那個飢餓，那麼它就沒有問題，但是你從來不以正常的方式來結束任何事情，因此每一件事都進入頭腦。

目拉．那斯魯丁的太太在生病，她動過手術，幾天之前她從醫院回來，所以我問他說：「你太太現在怎麼樣了？她的手術已經復原了嗎？」他說：「不，她仍然在談論它。」

如果你在想什麼東西，當你在想它的時候，它就存在，如此一來，它就更危險，因為身體會復原，但是頭腦會一直一直繼續下去，直到無限。身體或許會復原，但是頭腦將永遠無法復原。

如果你壓抑身體的飢餓，它將會進入頭腦，因此那個問題並沒有被拋掉，它只是被壓進你裡面。只要你壓抑，它就會進入根部，然後頭腦就會說，如果你不成功，那麼一定是什麼事弄錯了，一定是你不夠努力，你必須再多作一些努力。

他所想到的方法就是逃離它們。

頭腦只有兩個選擇：抗爭或逃走。每當有一個難題，頭腦就會說，跟它抗爭，或是逃離它，但兩者都是錯的，如果你抗爭，你還是會停留在那個難題上；如果你抗爭，那個難題還是會繼續存在；如果你抗爭，你就被分裂了，因為那個難題並不是在外在，那個難題是在內在。比方說，如果有一個憤怒，而你抗爭，那麼事情將會怎麼樣？你一半的存在將會跟著那個憤怒，而另一半會跟著這個抗爭的概念。它就好像你的雙手在互相抗爭，誰將會贏呢？你只會散發你的能量。沒有人能夠勝利，你只能夠愚弄你自己說，現在你已經將憤怒鎮壓住了，現在你已經坐在你憤怒的上面，但是如此一來，你將必須一直坐在它上面，一個片刻都不能休息。如果你有一個片刻忘記它，你將會失去你的整個勝利。所以壓抑的人總是坐在那些被壓抑的事情上面，因此他們一直都在害怕，他們無法放鬆。為什麼放鬆變得那麼困難？為什麼你不能夠安然入眠？為什麼你不能夠放鬆？為什麼你不能夠放開來？因為你壓抑了太多的東西，所以你害怕一旦你放鬆了，那些東西將會浮現。你們所謂的宗教人士無法放鬆，他們保持緊張，而他們的緊張是因為他們壓抑了某些東西，而你卻叫他們要放鬆！他們知道如果他們放鬆，敵人將會浮現，他們無法放鬆，他們甚至害怕進入睡眠。

去看你們的聖人，他們害怕睡眠比害怕任何其他東西都更甚，他們在他們的頭腦裡面想，有一天他們將能夠根本不要睡覺。他們繼續縮短他們的睡眠，從八個小時減為六個小時，從六個小時減為五個小時，從五個小時減為三個小時，再減為兩個小時。如果一個老和尚能夠一天只睡兩個小時，這被認為是一項成就，這是愚蠢的，這不是一項成就。這並不是克里希那在《吉踏經》裡面說「當世界在睡覺的時候，瑜伽行者是清醒的」的意思，這並不是他的意思，他的意思是說，身體是放鬆的，身體進入睡覺，但是內在的意識即使在睡覺當中也保持警覺，這是完全不同的一回事，它跟平常的睡覺無關。

事實上，瑜伽行者睡得比你好，他一定能夠睡得比你好，因為他能夠放鬆，他並不害怕，但那些所謂的宗教之士會害怕，因為他們所壓抑的一切會在他們的夢中浮現。甘地曾經在他的自傳裡寫道：「在我醒著的時候，我已經能夠戰勝性，但是在睡覺當中，性夢仍然存在。」它們將會存在，因為壓抑的東西會在夢中浮現。為什麼它會在夢中浮現呢？因為當你進入睡眠，你內在的檢查機構就放鬆下來了，那個與之抗爭的東西就不在了——他在睡覺。因此他的敵人就會跑出來。

頭腦會想，是否要抗爭——如果你抗爭，那麼你就壓抑——或是要逃走，但是你要逃到哪裡去呢？即使你逃到喜馬拉雅山上去，憤怒還是會跟隨著你，它是你的影子；性還是會跟隨著你，它是你的影子。不論你去到哪裡，你的影子都會跟隨著你。

他所想到的方法就是逃離它們，所以他就站起來開始跑。

但是每次他放下他的腳，就產生了另外一個腳步，而他的影子也毫無困難地一直跟上他。

他感到很驚訝，他跑得那麼快，但是影子一點都沒有困難就能夠跟上他。影子很容易就能夠跟上他，絲毫不流汗，也不喘氣。就影子來講，一點困難都沒有，因為影子是非實體的，影子什麼也不是。那個人或許會流汗，他或許會有呼吸上的困難，但是影子一直都跟著他。用迅速跑步的方式，影子無法離開你，不管你是跟它抗爭或是逃跑都沒有用，你要跑到哪裡去呢？不管你跑到哪裡，你都將會帶著你自己，而你的影子就會在那裡。

他將他的失敗歸咎於他跑得不夠快那個事實，所以他就跑得越來越快，不停地跑，直到最後，他整個人就癱在那裡。

一個人必須去了解頭腦的邏輯。如果你不了解，你將會成為它的犧牲品。頭腦是一個惡性的邏輯，它是一個惡性循環，它是循環式的。如果你聽命於它，那麼每一步它都將會引導你越來越進入那個循環。這個人完全合乎邏輯，你無法在他的邏輯裡面挑出任何毛病和任何瑕疵，他沒有漏洞，他跟任何亞里斯多德是同樣完美的邏輯家。他說，如果影子仍然跟隨著他，那表示他跑得不夠快，他必須跑得越來越快，然後有一個片刻會來到，到時候影子就無法跟上他，但影子是你的，影子並不是什麼人，它並不是其他某一個人在跟隨著你，如果它是如此的話，那麼那個邏輯就是正確的。

記住，當有其他人的時候，頭腦總是對的；當你單獨一個人的時候，頭腦總是錯的。在社會上，跟別人在一起，頭腦幾乎總是對的；當你自己一個人，跟外界隔絕，頭腦一直都是錯的，為什麼呢？因為頭腦只不過是跟別人一起存在的一個工具，它只不過是幫助你跟別人相處的一個技巧，它跟你自己無關。因為有了社會，所以才需要頭腦。如果一個小孩生下來不被帶進任何社會，那麼他的頭腦將無法發展，他將不會有頭腦。這種情形發生過很多次。在三、四十年前，在靠近加爾各答的地方，有一個女嬰被狼群帶走，牠們照顧她，使她成長，當她再度被社會抓到的時候，她十四歲，但她只是一個狼的小孩，根本就沒有人類的頭腦，她用四隻腳走路，她非常危險，她需要吃生肉，她非常強壯，即使八個大男人也控制不住她。她具有一個狼的頭腦，她必須跟狼群一起成長，她必須在狼群的社會裡成長，所以她必須培養出一種狼的頭腦，不可能訓練她用兩隻腳站立，她會試兩三步，然後就趴下來用四隻腳走路，她能夠用四隻腳跑得很快，沒有人能夠追得上。

還有一個男孩，大約在十年前，他在靠近拉克腦的烏塔普拉諜西被發現，情形跟上述的情況類似。狼群似乎很喜歡小孩，牠們將那個小孩撫養長大，當他被抓到的時候，他大約十二歲，這一次醫生們很努力地去嘗試，他們將那個男孩關在醫院裡，按摩他，給他藥吃，對他照顧得無微不至。在六個月之內，那個小孩死了，因為他們試圖要使他成為一個人，但是他的整個人都拒絕。當他們抓到他的時候，他非常健康，從來沒有人像他那麼健康。他很野，他是一匹狼，當他們把他關進醫院，開始治療他，他就生病了，在六個月之內，他們將他殺掉。他們試圖要創造出一個人類的頭腦，但那是不可能的，他們只能夠成功地訓練他說一句話，說他自己的名字。他們把他叫做南無，在六個月裡面，這是他們唯一成功的一件事。如果你問他：「你叫什麼名字？」那個狼的小孩就會回答：「南無。」就這樣而已。

頭腦是一種社會的功能，狼需要一種狼群社會的頭腦，而人需要一種人類社會的頭腦。因為這樣的緣故，所以有很多種人類的頭腦形式存在，因為地球上有很多個不同的社會。

印度教教徒跟回教徒具有不同的頭腦；基督徒跟原始部落的人具有不同的頭腦；蘇聯人跟美國人具有不同的頭腦。他們以不同的方式來看事情，他們的觀點不同，他們對事情的解釋也不同，對同樣一件事他們的看法或許會截然不同，為什麼呢？因為要存在於某一個特定的社會，你需要某一種特定的頭腦。在蘇俄，如果你相信神，你會被認為是瘋狂的；在印度，如果你不相信神，你會被認為是瘋狂的。

有一次我在主持一個靜心營，有兩隻狗在看著人們做動態的靜心，看著他們那些動態的表現，然後我聽到其中一隻狗對另外一隻說：當我做這個的時候，我的師父給我蛔蟲藥吃！他以為我發瘋了！

當你進入這個世界，不管你去到哪裡，你都要保持警覺，不要在別人面前做動態的靜心，他們將會認為你發瘋了。

每一個人都定型在一種頭腦，而每一種頭腦都只不過是一個片斷，一個人必須拋棄這個頭腦，唯有如此，那個宇宙的頭腦、那個無所不在的頭腦才能夠發生在你身上。

這個片斷的頭腦只不過是一種方法，是社會的一個功能。你需要頭腦來跟別人講話，你需要頭腦來跟別人關連。記住，當你面對別人的時候使用頭腦，頭腦幾乎總是對的，但是當你開始在你自己身上使用它，它幾乎總是錯的。這個人是對的，如果是其他人在跟隨著他，那麼他是對的，他完全正確，他跑得不夠快，所以別人才能夠趕上他。但他是錯的，因為沒有其他人。頭腦是沒有用的，頭腦是為別人而存在的，而靜心是為你自己而存在的；頭腦是為了別人，沒有頭腦(no-mind)是為了你自己，這就是莊子、禪、蘇菲或哈希德派，以及那些知道的人的整個著重點；是佛陀、耶穌、穆罕默德，以及所有那些知道的人的整個著重點。那整個著重點就是：頭腦是為別人而存在的，「沒有頭腦」是為自己而存在的。

這個人陷入了麻煩，因為他使用頭腦在自己身上，而頭腦有它自己的模式。頭腦說：快一點、快一點！如果你跑得夠快，這個影子就無法跟上你。

他將他的失敗歸咎於他跑得不夠快那個事實。

因為他在跑，所以那個失敗一定會存在，但是頭腦不能夠這樣說，因為頭腦並沒有被教育成這樣。它是一個電腦，你必須輸入一些程式，它是一個運作機構，它不能夠給你任何新的東西，它只能夠給你任何你輸入它的東西。頭腦無法給你任何新的東西，任何它所給你的東西都是借來的，如果你沉迷於一直聽它的，那麼當你轉向你自己，你就會陷入困難，當有了一個轉變，當那個箭頭轉向生命的源頭，你就陷入了困難，那麼這個頭腦是完全沒有用的，不僅沒有用，它還是一個障礙，它是有害的，所以要拋棄它。

我聽說有一次目拉．那斯魯丁的兒子從他的進步學校回來，他帶回來一本性學的書，他的母親覺得很不對勁，所以她就等目拉．那斯魯丁回來。必須想點辦法；這個進步學校太過分了！當目拉．那斯魯丁回來，他太太將那本書拿給他看。

那斯魯丁跑到樓上去找他的兒子，他發現他正在房間裡吻他們的女僕，所以那斯魯丁說：「兒子，做完家課之後，請你下來。」

這是合乎邏輯的！邏輯有它本身的步驟，每一個步驟都會跟著另外一個步驟，它是無止境的。

這個人依照他的頭腦，所以他不停地跑，越跑越快，直到最後他癱了下來。不停地跑，越跑越快，唯有如此，死亡才能夠發生。

你是否曾經觀察過，生命還沒有發生在你身上？你是否曾經觀察過，從來沒有一個生命的片刻發生在你身上？你從來沒有經驗過一個莊子和佛陀所談論的喜樂片刻，而什麼事即將發生在你身上呢？除了死亡以外，其他沒有什麼事即將發生在你身上。你越接近死亡，你就跑得越快，因為你認為如果你跑快一點，你就能夠逃掉。

你跑那麼快是要跑到哪裡去呢？人和人的頭腦總是瘋狂地追求速度，就好像你要去到某一個地方，而速度是需要的，所以我們繼續變得越來越快速，你要跑到哪裡去呢？

不管你走得快或走得慢，到最後你都會到達死亡。

有一個蘇菲的故事。有一個國王夢到說他的死亡即將來臨，他看到一個影子站在夢中，所以他就問：「你是誰？」那個影子說：「我是你的死亡，明天太陽下山的時候我將會來找你。」那個國王想要問說有沒有任何方法可以逃走，但是他問不出口，因為他非常害怕，所以他就從夢中醒過來，那個影子也就消失了，他一直在流汗和顫抖。

在午夜的時候，他召來所有宮中的智者，對他們說：「請找出這個夢的意義。」就你所知道的，你找不出比那些聰明人更愚蠢的人。他們跑回他們的屋子裡，將他們的經典帶出來，那些都是大部的經典，他們開始磋商、討論、辯論、互相爭論。

聽著他們在講，國王變得越來越混亂，他們並沒有在任何一點上達到共識，他們屬於不同的派別。所謂的聰明人一直都是如此，他們不屬於他們自己，他們屬於某些死的傳統。其中一個是印度教教徒，另外一個是回教徒，又另外一個是基督徒，他們各自將他們的經典帶來，他們試了又試，當他們進入討論的時候，他們幾乎發瘋了，他們一再一再地爭論，國王感到很不安，因為太陽已經出來了，當太陽出來，那麼離太陽要下山就不遠了，因為日出事實上是日落的開始，那個旅程已經開始了，在十二個小時之內，太陽就會下山。

他試圖要去打斷他們的討論，但是他們說：「不要打斷我們的話，這是一個嚴肅的問題。」然後有一個老年人，他一生都在伺候國王，他走到國王旁邊低聲對他說：「你最好逃走，因為這些人永遠無法達到任何結論。聰明人從來無法達到任何結論，他們會討論、會辯論，他們的死亡將會來臨，但是那個結論還是不會來臨！我的建議是：既然死亡已經警告你了，你最好逃離這個皇宮！至少你可以這樣做，你可以逃到任何地方去！而且要快一點！」這個勸告吸引了國王，它完全對。當一個人想不出任何辦法，他就會想到要逃走。

國王有一匹快馬，他騎了上去就逃走了，他告訴那些智者：「如果我活著回來，而你們已經有了決定，那麼你們就將那個決定告訴我，但是現在我要走了。」他感到非常高興，他越騎越快，因為那是一個生死關頭。

他一再一再地轉過頭來看，看看那個影子有沒有跟上來，但是他看不到有任何影子，他感到很高興，死亡並沒有在那裡，而他正在逃離。到了太陽下山的時候，他已經逃離首都有好幾百哩路了，他停在一棵大榕樹下，從馬背上跳下來，他感謝那一匹馬說：「就是你，你救了我一條命。」突然間，當他在對那一匹馬講話、在感謝那一匹馬的時候，他感覺到他在夢中夢到的那隻手，他轉過頭一看，那個影子就在那裡，那個死亡說：「我也要謝謝你的馬，牠的確跑得很快，我已經在這棵榕樹下等了一整天，我也在擔心說牠是不是能夠跑到這裡！那個距離很遠，但是這一匹馬真的很了不起，你剛好就在所需要的時間到達。」

你要走到哪裡去呢？你要到達哪裡呢？所有的這些抗爭和逃走將會帶你到那棵榕樹下，你將會感謝你的馬或你的車，同時你也將會感覺到死亡之手拍在你的肩膀上。死亡將會說：「我已經在這裡等你等很久了，你終於來了。」

每一個人都會在正當的時刻來到，一個片刻都不會被浪費掉，每一個人都會在正當時刻到達那裡，從來沒有人會遲到，我聽說有一些人早到，但是我從來沒有聽說有任何人遲到。

有些人早到是因為他們的醫生。

他將他的失敗歸咎於他跑得不夠快那個事實，所以他就跑得越來越快，不停地跑，直到最後，他整個人就癱在那裡。

他沒有了解到，只要他走進陰影裡，他的影子就會消失。

它很容易，它是最容易的！只要你走進陰影裡，走進沒有太陽的地方，影子就會消失，因為影子是由太陽所產生出來的，它是陽光的不在。如果你待在樹蔭下，那個影子就會消失。

他沒有了解到，只要他走進陰影裡，他的影子就會消失。

那個陰影被稱為寧靜，那個陰影被稱為內在的和平。不要聽命於頭腦，只要走進陰影裡，只要走進內在的寧靜，走進陽光照射不到的地方。

你停留在表面上，那就是問題之所在，你停留在外在的光線之下，因此就產生了影子。閉起你的眼睛，走進陰影裡。你一閉著眼睛，太陽就不在那裡了，因此所有的靜心都是閉著眼睛在做的——你走進你自己的陰影裡。裡面沒有太陽，也沒有影子，外面是社會，外面是各種形狀的影子。你是否曾經了解到，你的憤怒、你的性、你的貪婪、你的野心，這些都是社會的一部分？如果你真的走進你自己裡面，而將社會留在外面，那麼憤怒在哪裡呢？性在哪裡呢？但是你要記住，當你開始閉起眼睛的時候，它們並不是真的閉著，你仍然攜帶著來自外在的意象，你將會發現有同樣的社會反映在那裡，但是如果你繼續一直往內移，社會遲早會被留在外面。你在裡面，而社會在外面——你已經從邊緣走入中心。在這個中心有一個寧靜，沒有憤怒，也沒有反憤怒；沒有性，也沒有禁慾；沒有貪婪，也沒有非貪婪；沒有暴力，也沒有非暴力，因為那些都是外在的東西。它的相反之物也是外在的，這一點要記住。在內在，你兩者都不是，不是這個，也不是那個，你只是一個存在，一個很純粹的存在。這就是我所說的意思：要像一個神一樣——一個很純粹的存在，沒有相反之物懸在它的周圍，沒有抗爭，也沒有逃跑！只是存在。你已經進入了陰影。

他沒有了解到，只要他走進陰影，他的影子就會消失，如果他坐下來靜靜地待在那裡，就不會有腳步，它真的非常容易，但是那個容易的對頭腦來講卻是非常困難。頭腦總是覺得逃走和抗爭比較容易，因為這樣才可以有事做。如果你告訴頭腦說「什麼事都不要做」，那是最困難的事情。頭腦將會說：至少給我一個咒語，好讓我在眼睛閉起來的時候可以誦唸嗡、嗡、嗡，或南無、南無、南無……要有一些事做，因為我們怎麼能夠保持什麼事都不做、什麼事都不追求呢？

頭腦就是活動，而存在是完全的不活動；頭腦是在跑步，而存在是坐著不動。周圍在移動，而中心是不動的。注意看牛車在移動——輪子在移動，但是整個輪子繞著它轉動的那個軸是靜止的、完全靜止的、不動的。你的存在是永遠不動的，而你的周圍一直在移動。這是在跳蘇菲舞的時候必須記住的要點。當你這樣做的時候，讓身體成為周圍——身體會移動，而你一直都不動。變成一個輪子，身體變成那個輪子、那個周圍，而你是那個中心。很快地，你將會了解到，雖然身體繼續在移動，移動得越來越快，但是在內在你能夠感覺到你並沒有在移動。身體移動得越快越好，因為這樣的話，那個對照才能夠被創造出來，突然間，身體和你是分開的。

但是你一直跟著身體在移動，所以並沒有分開。坐下來，只要坐下來就足夠了，什麼事都不要做，只要閉起你的眼睛坐下來，一直坐著，讓每一樣東西都定下來。它將需要花時間，因為你沒有定下來已經有好幾世了，你一直試圖創造出各種打擾。它將需要花時間，但是只要時間，你並不需要做任何事，你只要坐著觀照，坐著觀照……禪宗的人稱之為坐禪，坐禪意味著只是坐著，什麼事都不做。

那就是莊子所說的：

> 他沒有了解到，只要他走進陰影裡，他的影子就會消失；如果他坐下來，保持靜止，那麼就不會再有腳步。

不需要抗爭，也不需要逃走，唯一需要的就是進入陰影裡，靜靜地坐著。你一生當中都要這樣做，不要跟任何東西抗爭，不要試著去逃離任何東西，讓事情走它們自己的路線，你只要閉起你的眼睛，向內移到中心，移到陽光照射不到的地方，在那裡沒有影子，事實上，這就是神沒有影子那個神話的意義。並不是說在某一個地方有神是沒有影子的，而是在你裡面的那個神是沒有影子的，因為外在的東西無法穿透到那裡，它無法穿透，它總是在陰影底下。莊子稱那個陰影為道，它是你最內在的本性，它是完全的、絕對的、最內在的本性。

所以要怎麼辦呢？首先，不要聽命於頭腦，它對外在來講是一個好的工具，但是對內在來講，它絕對是一個障礙。邏輯對人們來講是好的，但是對你自己來講是不好的，相反地，信心是比較好的，因為信心是不合邏輯的。信心在社會裡面是危險的，因為它們將會欺騙你。在需要邏輯的地方就需要懷疑。在處理事情的時候，邏輯和懷疑是需要的。科學要靠懷疑，而宗教要靠信心。只要坐著，帶著深深的信任說你內在的本性將會接管。它一定會接管，你只要等待，只需要有耐心。任何你的頭腦所說的，你不必聽信它，因為頭腦會說：放棄它！

頭腦會繼續說一些事情，因為你總是聽命於它，你給了它太多的意義，甚至在它完全沒有用的地方，它還是會繼續建議和忠告。

我聽說有一個銀行正要決定他們是否應該購置電腦以及一些自動化的設備，將它們裝在總行，所以他們請了一個效率專家來作研究和評估，看看哪些人是需要的、哪些人是不需要的，哪些人可以被裁掉。

那個效率專家問一個職員說：「你在這裡做什麼？」那個職員說：「什麼都沒有。」然後他問一個主管說：「你在這裡做什麼？」那個主管說：「什麼都沒有。」那個效率專家感到很快樂，很有勝利的感覺，他向董事們報告說：「我告訴你們，你們的業務有太多的重覆，居然有兩個人什麼事都沒有在做，事情重覆太多了！」

效率專家就是效率專家，他使用邏輯，他是經過訓練的，如果兩個人做同樣的事，那就是重覆，如果有兩個人什麼事都不做，那也是一種重覆，其中一個可以被開除，不做事的人只要保留一個就可以了。

對於外在世界，要聽命於頭腦，但是對於內在世界就不要聽命於頭腦，只要將它擺在一旁，不需要跟它抗爭，因為如果你跟它抗爭，它或許會影響你，你只要將它擺在一旁，信心就是如此，信心就是不要跟頭腦抗爭。如果你抗爭，那麼敵人就會在你裡面留下很深的印象，記住……甚至連朋友都無法像敵人有那麼大的衝擊。如果你一直跟某人抗爭，你將會受到他們的影響，因為你必須使用同樣的技巧來跟他們抗爭，到了最後，你會變得跟敵人差不多。很難對敵人保持超然，很難跟敵人保持分離；敵人會影響你。那些開始跟頭腦抗爭的人變成偉大的哲學家，他們或許會談論「反頭腦」，但是他們的整個談論都屬於頭腦。他們或許會說「要反對頭腦」，但是任何他們所說的都來自頭腦，即使他們對頭腦的敵意也是來自頭腦，你必須保持跟你的敵人在一起。敵人與敵人之間會漸漸妥協，然後他們就變成一樣。

在第二次世界大戰的時候，希特勒幾乎把整個世界變成納粹黨，變成法西斯主義者，即使他的敵人，即使那些跟納粹黨抗爭的人也變成了法西斯主義者，他們必須如此。

一個有趣的事件發生了，希特勒幾乎發瘋，他不聽軍事專家的話，他認為他自己是有史以來最偉大的軍事天才，所以整個戰爭都必須按照他突發的念頭來執行。那就是為什麼在剛開始的時候他一直都勝利，因為那些法國將領、英國將領、美國將領、和蘇俄將領，都無法了解將會發生什麼。如果那個戰爭是由軍事將領來操作的，那麼他們可能會了解，因為他們具有相同的頭腦，那麼他們就能夠知道下一個動作會怎麼樣。

但是他們碰到一個瘋子，碰到一個不相信任何軍事訓練的瘋子，碰到一個不相信任何軍事戰術和策略的瘋子，他不聽軍事專家的話就逕自決定，他的決定方式是怎麼樣呢？他由占星學家來幫他決定！你或許會感到驚訝，當邱吉爾知道了這一件事，他也聘請了一位占星學家，邱吉爾認為這是很愚蠢的，因為他是一個軍人！用占星術來決定要如何打仗簡直是一件愚蠢的事，但如果敵人這樣在做，你要怎麼辦呢？當他也指派占星學家來協助，他就開始贏了，因為如此一來，他們就變成一樣了。

永遠都要記住，不要跟頭腦抗爭，否則你必須對敵人的條件讓步。如果你想要說服頭腦，你必須變得很善變，那就是整個要點之所在。如果你想要說服頭腦，你必須使用文字，那就是整個問題之所在。只要將它擺在一旁，這個將它擺在一旁就是信心。它並不是反對頭腦，它是超越頭腦，它只是將它擺在一旁。

就好像你出門的時候，你要穿鞋子，當你進來的時候，你就將鞋子擺在一旁，沒有抗爭，什麼都沒有。你不對鞋子說「現在我要進來，所以已經不需要你了，因此我將你擺在一旁」，你只是將它們擺在一旁，它們是不需要的。

就好像這樣──容易是對的──沒有抗爭。容易是對的──沒有奮鬥和衝突，你只是將頭腦擺在一旁，進入內在的陰影而坐在那裡，那麼就不會聽到腳步聲，也沒有影子會跟隨著你，你就變成好像神一樣。你只能夠變成那個你已經是的，所以我要告訴你，你就像神一樣，你就是神，不要停留在比祂更少的地方。

不要創造出任何理想，否則你將會創造出衝突和譴責，以及逃走和抗爭，然後你的整個人生將會變成一個謎。人生是一個奧祕，而不是一個謎，它必須被經歷，而不是被解開。

第4章 鬥雞

紀渻子是周宣王的鬥雞訓練師，他在訓練一隻很好的鬥雞，國王一直在問說那隻鬥雞是否已經準備好可以戰鬥。

「還沒有。」那個訓練師說。「牠充滿了火，牠隨時準備要跟另外的雞戰鬥，牠很自負，牠對牠自己的力量很有信心。」

經過了十天之後，他再度回答：「還沒有。當牠聽到另外的鬥雞在啼時，牠就怒氣沖天。」

再過了十天，他說：「還沒有。牠還是面帶怒氣，而且將羽毛豎起。」

再過了十天，那個訓練師說：「現在牠已經快準備好了，當另外的鬥雞在啼時，牠的眼睛一閃都不閃，牠站著不動，就好像一隻木雞，牠已經成為一隻成熟的鬥雞，其他的鬥雞一看到牠就會跑開。」

「紀渻子為王養鬥雞。十日而問：『雞已乎？』曰：『未也，方虛憍而恃氣。』十日又問，曰：『未也，猶應嚮景。』十日又問，曰：『未也，猶疾視而盛氣。』十日又問，曰：『幾矣。雞雖有鳴者，已無變矣，望之似木雞矣，其德全矣，異雞無敢應者，反走矣。』」

——《莊子．外篇．達生》

人類的頭腦總是以自我作為結束，那是他最終的成長，所以要試著去了解人類的頭腦如何變成自我。

自我是一個障礙。你越多，神性就越少；你越少，神性就越能夠進入你。如果你完全空掉，神性就會變成你的客人，唯有當你全然空掉，甚至連你的一個片斷都沒有被留下來，祂才能夠變成客人，那麼你就變成了主人，而祂變成了客人。當你不存在，你就是主人；當你存在，你所有的祈禱都沒有用，你所有的邀請都是假的。當你存在，你還沒有呼喚祂，因為唯有當你不存在，你的呼喚才能夠是真實的，它是一個空的本性存在的寧靜渴望，它是一個已經不復存在的頭腦寧靜無言的祈禱，它是一個已經溶解的自我寧靜無言的祈禱。

有一次目拉．那斯魯丁來到我這裡，他覺得心情很受打擾、很悲傷、很迷惘，他說：「我陷入一個很深的困難，我有一個難題，而我不是一個盲信的人，我是一個有理性的人……」所以我問他：「到底是什麼問題？」他說：「就在今天早上，我看到一隻老鼠坐在《可蘭經》上，坐在神聖的《可蘭經》上面，所以我覺得心情很受打擾。如果《可蘭經》無法保護它自己免於一隻平常的老鼠，那麼它怎麼能夠保護我？我的整個信心都粉碎了，我整個人都受到打擾，現在我已經無法再相信《可蘭經》了，我要怎麼辦？」

我告訴他說：「這是邏輯的思考方式。現在你開始相信老鼠，因為你用你自己的眼睛看到老鼠比神聖的《可蘭經》更強。」

當然，就頭腦而言，力量是唯一的準則，權力是頭腦所要追尋的——尼采這樣說是對的。

我告訴目拉．那斯魯丁：「人只不過是一個追求權力的意志，現在你已經用你自己的眼睛看到一隻老鼠比神聖的《可蘭經》更強而有力。」

他被說服了，當然，他脫離不開邏輯，所以他就開始崇拜老鼠，但是他很快就又陷入了困難，因為有一天他看到一隻貓在抓老鼠。但是這一次他沒有跑來問我，因為他手中已經握有了鑰匙——他開始崇拜貓。不久他又陷入困難，因為他看到一隻狗在追一隻貓，而那隻貓在發抖，所以他就開始崇拜狗，但是他又再度陷入困難，因為有一天他太太打死了一隻狗，所以他再度跑來找我，他說：「現在這太過分了，我能夠崇拜一隻老鼠、一隻貓、或一隻狗，但是我不能夠崇拜我自己的太太。」我告訴他：「那斯魯丁，你是一個有理性的人，根據理智的話，你應該這樣做，你不能夠退回來，你必須接受它。」所以他就說：「那麼我要做一件事，我要拿一張她的照片，不讓任何人知道，然後躲在我自己的房間裡，把門鎖起來，在房間裡崇拜她，請你不要告訴她。」

所以他開始私下祕密地崇拜她。事情進行得還算順利，然而有一天，目拉．那斯魯丁的太太跑來告訴我說：「已經有好幾天了，目拉好像有點不對勁，我們以為他有點發瘋了，因為他剛開始的時候崇拜一隻老鼠，然後崇拜一隻貓，然後崇拜一隻狗，然後最近這幾天，他一直在他房間裡祕密地在進行一些事情，他把房間的門鎖起來，不讓任何人進去，但是今天由於好奇心的驅使，我從鑰匙孔偷看了一下，事情簡直太過分了，令人無法忍受！」我問她：「他在做什麼？」她說：「你來看。」

所以我必須跟著她去看，我必須透過鑰匙孔來看！他全身赤裸地站在鏡子前面崇拜他自己。所以我就敲了門，然後他走出來說：「這是邏輯的結論。今天早上我生氣地打我太太，我想我比她更強而有力，因此現在我崇拜我自己。」

頭腦就是以這樣的方式在走向自我——最終的目標就是「我」。如果你聽命於頭腦，這個目標遲早一定會出現：你將必須崇拜你自己。我不是在開玩笑，整個人類就是這樣在崇拜。所有的神都被拋在一旁，所有的廟宇都變得沒有用，人開始崇拜他自己。

這是怎麼發生的？如果你聽命於頭腦，它將會以很微妙的論點來說服你說：你就是世界的中心、你是世界上最有意義的存在、你是最優越的——你就是神。這種自我主義的態度一定會出現，它是邏輯的最後一步。頭腦會對每一樣東西產生懷疑，但是它從來不會對自我產生任何懷疑。每當頭腦覺得它必須臣服，它就會產生懷疑，它會說：你在幹什麼？臣服於一位師父？臣服於一個神？臣服於一座廟或是一座教堂？臣服於祈禱和愛？臣服於性？你在幹什麼？你在失去你自己。要很警覺，要控制你自己，否則你將會迷失。

每當有機會放掉你自己，頭腦就會產生抗拒。那就是為什麼頭腦會反對愛，因為愛就是臣服。在愛當中，自我無法存在，那就是為什麼頭腦反對師父，因為自我必須臣服，否則師父無法產生作用。那就是為什麼頭腦反對神，因為如果有一個神，那麼你將永遠無法成為最優越的，自我將永遠保持比較低劣，你將永遠無法登上想像中的最高寶座，因此你不能夠讓神存在。

尼采說：對我而言，讓一個神存在是不可能的，因為這樣的話我要怎麼辦？這樣的話，我要擺在哪裡？如果神存在，那麼我就不在了，所以我要選擇我自己，而不要選擇神。那就是為什麼他說：上帝已死，現在人已經自由了，完全自由。尼采為這個世紀立下了那個趨勢，他是這個世紀的先知，他是你們所有人的基礎，不管你認不認識他；他已經深入這個世紀被生下來的每一個人裡面。在你裡面，神已經死了，只有自我還活著。記住：它們兩者無法一起存在。

舊約裡面有一個很漂亮的句子，那個句子是：「你無法活著看到神。」那個意義是一樣的，當你看到神，你必須死，你無法活著看到神。唯有當你死，你才能夠看到神，因為你是障礙、你是牆。

要不然就是自我，要不然就是神，事情就是必須如此，你無法操作兩者，如果你試著去操作兩者，你將會操作自我，而神將會死在你裡面。在存在裡面，神不可能會死，但是在你裡面，神將會死。祂將不會在那裡，你已經將祂推出去，因為你太充滿你自己，你太多了。自我是沒有孔的，它沒有空間容納其他任何人，它非常嫉妒，它是全然的嫉妒，它不允許其他任何人進入你存在內部的聖殿，它想要成為最優越的統治者。

頭腦一直都反對臣服，那就是為什麼當頭腦變得越顯著，所有臣服的層面就都消失了。這個世紀在受苦，因為這個世紀無法臣服。這就是問題之所在，這就是現代頭腦的基礎和關鍵，而你卻一直在問說：我要怎麼樣才能夠愛？頭腦無法愛。頭腦能夠進入戰爭，那是很容易的，但是頭腦無法進入愛，那是不可能的，因為在戰爭當中頭腦能夠存在，它能夠運作得很好；但是在愛裡面，頭腦必須臣服。

愛意味著將權力給予對方，使對方的權力超過你自己，但是這樣做你會害怕，它意味著別人變得非常重要，別人比你重要很多，所以，如果危機來臨時，你會為你的愛人犧牲你自己。愛人被奉到寶座上，而你只是一個僕人、一個影子，這對頭腦來講是很困難的，那就是為什麼愛變得不可能，甚至連性也變得不可能，因為即使在性裡面也有一個你必須失去你自己的片刻——唯有如此，性高潮才能夠發生；唯有如此，整個身體才能夠充滿新的能量、新的震動和新的電能。它能夠變成一個震動的、發光的流——你失去你自己。即使那個也已經變得不可能。

射精並不是性高潮，它只是性高潮的身體部分。性高潮是心靈的、是靈性的。射精是徒然的，它只能夠使身體得到舒解，就這樣而已。它以一個安全活塞來運作：當你有太多的能量，你可以透過射精來釋放它，但那並不是真正的東西，真正的東西就是你達到震動的高峰，你達到狂喜的高峰，從那個高峰，每一樣東西都放鬆下來，你的整個存在都放鬆下來。首先，整個存在都隨著一種新的音樂來震動，它跟宇宙很和諧一致，自我不存在，你只是能量；沒有人在裡面，就好像河流滿溢一樣，只有能量在移動，然後那個滿溢的能量消失了，河流就放鬆下來，你就跟整個宇宙和諧一致，這才是性高潮，性高潮是一種內在的現象。

但是性高潮已經變得不可能。由於缺乏性高潮，有百分之九十的人都以一種很微妙的方式成為神經病的，這就是因為你喪失了到達神性最容易的方法，你已經喪失了跟整體合而為一的自然可能性——雖然只有幾個片刻。整體能夠重新活化你，整體能夠給你生命和能量，整體能夠使你再度變新鮮。老舊的被性高潮所摧毀了，你的整個能量變成新的、新鮮的、年輕的。否則你會變得越來越沒有光彩、越來越死氣沉沉。但是這種事已經因為有了自我而變得不可能。那個問題是一樣的，不管在性的層面、愛的層面、祈禱的層面或靜心的層面，那個問題都是一樣的，你必須臣服，然而自我無法臣服，它只能夠抗爭。

為什麼自我總是準備要抗爭？每一個片刻你都準備要跳到某人身上找藉口來抗爭、來爭論、來生氣。為什麼自我一直要尋求抗爭呢？因為抗爭就是燃料：透過抗爭，自我才會感覺強而有力；透過抗爭，自我才能夠存在；自我是最深的暴力，如果你想要增強自我，你必須一直繼續抗爭。一天二十四個小時，你都必須跟某些東西抗爭。必須有敵人存在，好讓你能夠有一個挑戰和衝突的對象來維持你的自我。自我需要經常的戰爭，為什麼呢？第一，它能夠透過戰爭而累積能量；第二，自我總是在害怕，那就是為什麼它總是準備要抗爭，因為有害怕存在。自我永遠不可能沒有害怕，永遠不可能，為什麼呢？因為它是一個虛假的東西，它是不自然的，它不是道的一部分，它是由人創造出來的一種設計，你必須一直去操作它和維持它。即使只有一個片刻你不去操作它，它就會消失，那就是它的恐懼。所以你都經常保持警覺。

如果你能夠無我地存在二十四個小時，即使只有二十四個小時的時間，你也會感到很驚訝、很不能了解，那個自我到底怎麼了？那個你一直攜帶了好幾世的自我到底怎麼了？即使在二十四個小時之內，它也會消失，因為它需要一再一再地經常添加燃料，它不是一個自然的現象，它裡面不具永久的能量。

存在永遠永遠繼續下去，它具有某種永恆的、耗用不盡的東西。這棵樹或許會死，但是立刻會有另外一棵樹來代替它；那個能量會進入另外一個個體；你的身體或許會垮掉，但是那個能量會進入另外一個身體。在深處，你跟存在其他每一個東西都一樣，都具有某種無法被竭盡的永恆能量。你的身體需要燃料，如果你不吃不喝，你將會死；如果你不吃東西，那麼在三個月之內你將會死；如果你不喝東西，那麼在三個星期之內你將會死；如果你不呼吸，那麼在三分鐘之內你將會死。身體需要經常補充燃料，因為身體不是一個永恆的現象。

但是意識不需要燃料。當這個身體死掉，你的意識就會進入另外一個子宮。意識是永恆的運動，它是無窮盡的能量——沒有起點，也沒有終點，它是無始無終的，那就是為什麼當你跟意識成為一體，就沒有恐懼，唯有當你觸及那永恆的泉源、那不朽的、那不死的，恐懼才會消失。

自我非常脆弱，每一個片刻它都處於垂死的邊緣，任何人都可能殺掉它，只要一個姿勢就能夠殺掉它，只要看它一眼就能夠殺掉它。某人注視著你，你的自我就陷入了麻煩，這個人似乎是一個敵人。只要表現出一個敵意的姿勢，你就會開始顫抖，因為自我是脆弱的，它是虛假的、人造的東西，它必須被維持，那就是為什麼有那麼多的恐懼，在這個恐懼當中，在這個海洋般的恐懼當中，你會試著去創造出一些勇敢的島嶼，否則它就太困難了。

你認為你自己很勇敢。甚至連一個儒夫、一個最懦弱的人，都會認為他自己很勇敢，因為那也是一個非常複雜的問題。自我非常害怕、非常恐懼，因為死亡隨時都可能發生。在愛當中，自我的死亡可能發生；在祈禱當中，自我的死亡可能發生；在任何深入的關係當中，自我都必須一死。即使你不用思想地注視著一朵玫瑰花，自我也必須一死，甚至連一朵玫瑰都能夠殺掉它，它是非常脆弱、非常薄弱、如夢一般的東西，它不具什麼實質。你是那麼地害怕，你在你內心深處經常想到死亡，而你還一直認為你是勇敢的。就是這個勇敢、這個無懼、這個「我不是一個儒夫」，在幫助你的自我。如果你知道自我是一個儒夫，如果你知道「我是一個儒夫」，如果你真正了解到這一點，而且能夠覺知到說這個自我就是恐懼，其他沒有，你將不會去維持它，你將會拋棄它，為什麼要帶著一種病呢？但是那個病是隱藏起來的，所以你認為它不是一種病，你認為它是健康。

有一次目拉・那斯魯丁結婚，他到山上度蜜月，就在當天晚上午夜的時候，有人來敲門，那斯魯丁起來開門，有一個人手中拿著一支手槍，他是一個強盜，他衝進來，但是當他看到目拉・那斯魯丁的太太，他就忘了要搶劫，因為他太太長得年輕貌美，所以他就忘了一切關於搶劫的事情。他對目拉・那斯魯丁說：「你站在那個角落。」然後他畫了一個圓圈在他的周圍，吩咐他說：「你不能走出這個圓圈，只要你踏出這個圓圈一步，你就沒命了，然後他就吻了那斯魯丁的太太，對她做愛。」

當他走了之後，那斯魯丁的太太說：「你到底是哪一種人？你就光是站在那個圓圈裡看著另外一個人和你的太太做愛！」那斯魯丁說：「我不是一個懦夫！他帶著勝利的口氣說：每當那個人背對著我的時候，我就走出那個圓圈，我不只走出一次，我還走出三次！」

自我就是這樣在繼續維持它自己，只是走出那個圓圈。當對方背對著你的時候，當死亡不看你的時候，你就走出圓圈，不只走出一次，你還走出三次！因此你覺得很好。我要告訴你，每一個人都站在角落的圓圈裡，你站在圓圈裡，有時候你走出來，只是為了要讓你自己覺得你不是一個懦夫，但自我就是一個懦夫，它不可能不是，你無法看到一個沒有恐懼的人帶著一個自我，那是不可能的，事情不可能如此。

它為什麼不可能？自我怎麼可能是無懼的？它不可能是永恆的、它不可能是不朽的，死亡一定會發生。自我是一個被創造出來的現象，自我是由你創造出來的一個現象；它將會消失。當死亡那麼確定地存在，你怎麼能夠不害怕呢？有時候你或許會走出那個圓圈，就這樣而已。只要你有自我，就不可能沒有恐懼，所以要記住三個字：第一個就是「懦夫」，另外一個就是「勇敢」，第三個就是「無懼」。怯懼是自我的一部分，是自我較深的部分，是自我實際的東西，而勇敢就是走出那個圓圈三次，它也是怯懦的一部分，但是是隱藏起來的、是加以裝飾的。它是一個創傷，但是有花朵鋪在它上面，那個創傷被花朵掩蓋起來，勇敢只不過是被裝飾的怯懦、更精緻的怯懦，在每一個勇敢的人裡面，你都會發現一個懦夫。甚至你們的拿破崙、希特勒和亞歷山大大帝都是懦夫，他們的勇敢只不過是走出那個圓圈三次，在內在，你將會找到同樣在顫抖的懦夫。為了要隱藏那個懦夫，你就投射了勇敢，那個勇敢只是一個詭計，現在心理學家也已經知道了它。

宗教一直都了解，為了要隱藏某些東西，你必須去投射它的相反之物。如果你是一個傻瓜，你就會試著去投射一些智慧在你的周圍來隱藏那個事實；如果你是醜的，那麼你將會美化你的身體、你的臉和你的頭髮，多多少少用來掩蓋你的醜，你會試著用衣服和裝飾品來隱藏它；如果你的內在是比較低劣的，你將會投射優越感，為的只是要顯示給別人說，我並不是比較低劣的；如果你覺得沒沒無聞——每一個人都會覺得自己沒沒無聞，因為帶著自我，每一個人都是無名小卒——那麼你就會試著去投射，試著去強調說你是某一個顯赫的人物。

怯懦和勇敢是同一個錢幣的兩面：恐懼存在於這兩者裡面，它們是恐懼的兩個面孔。一個是單純而直接的，另一個是狡猾而隱藏的——一個勇敢的人是一個狡猾的懦夫。

我聽說，有一次，一個在前線打仗的士兵變得非常害怕，所以他就開始往後面跑，有一個軍官阻止他，問他說：「你在幹什麼，你要跑到哪裡去？戰鬥正在進行！你是一個懦夫嗎？」但是那個人非常害怕，所以他就沒有回答，他繼續跑。那個軍官跟隨著他，抓到了他，對他說：「你要跑到哪裡去？你為什麼沒有回答我的話？你知道我是誰嗎？我是你的將軍！」那個士兵回答說：「我的天啊！我已經跑這麼遠回來了嗎？」

你們的將軍、你們的領袖，他們永遠都是在背後，他們永遠都不會被殺掉，他們從來不會陷入困難，他們是十足的懦夫，但是他們都擺出最勇敢的姿態。別人為了他們而死，而他們仍然停留在後方。你們的拿破崙、你們的希特勒、你們的亞歷山大都是懦夫，但是他們會投射，他們創造出一個跟他們內在感覺剛好相反的現象，這一點必須被記住，唯有如此，你才能夠記住第三個可能性，那第三個可能性就是無懼。一個沒有恐懼的人既不是一個懦夫，也不是勇敢的，他兩者都不是，他不可能是其中之一，因為他只是毫無恐懼。一個馬哈維亞（耆那教的鼻祖）、一個佛陀、一個莊子或一個耶穌，他們都不是勇敢的人，根本就不是，因為他們不是懦夫。唯有當你是一個懦夫，你才可能勇敢！唯有當你站在那個圓圈裡，你才可能走出圓圈三次，否則你怎麼能夠走出圓圈呢？如果你從來不同意站在圓圈裡，你怎麼能夠走出圓圈三次來顯示你的勇敢呢？

一個無懼的人是一個已經知道他自己裡面的不死的人，是一個已經了解內在、了解那不朽的、了解最內在那永恆的人，那麼就沒有恐懼，也沒有勇敢，因為勇敢只是一種掩飾。這樣的人既不是一個傻瓜，也不是聰明的，因為智慧只不過是一種掩飾，而這個人並沒有被劃分成相反的極端，這個人是一個統一體，他是一體的，他是一個獨一無二的現象，那就是為什麼你不能夠定義他。你不可能去定義一個佛陀，你要怎麼定義他呢？你要說他是懦夫嗎？你不能夠如此！你要說他很勇敢嗎？你不能夠如此！你要說他是一個傻瓜嗎？你不能夠如此！你要說他聰明嗎？不！因為智慧是愚蠢的相反，而勇敢是怯懦的相反。

你要怎麼稱呼一個佛呢？不論你怎麼稱呼一個佛，你的稱呼都將會是錯的。在一個佛的面前，你只能夠保持寧靜，你要稱祂為罪人或聖人嗎？不！祂兩者都不是。你怎麼能夠是一個聖人而沒有罪人在裡面呢？聖人的樣子只不過是一種裝飾、一種掩飾，這就是困難之所在。每當一個佛出現，這就是困難之所在：你無法定義祂，我們無法將祂歸屬於任何一個範疇，你無法給祂一個名稱，你無法將祂擺在任何地方。要不然就是祂屬於每一個地方，要不然就是祂不屬於任何地方，祂超越了所有的範疇，區區小廟並不適合祂，在一個佛的面前，所有的語言都派不上用場，頭腦變得很寧靜，你無法說出任何可能相關的東西。祂是沒有恐懼的，祂是沒有頭腦的，你不能夠稱祂為傻瓜，或是稱祂為智者，因為要成為這兩者都需要頭腦。現在我們來進入這個很美的莊子的故事，這是他最美的寓言之一。

紀渻子是周宣王的鬥雞訓練師，他在訓練一隻很好的鬥雞，國王一直在問說那隻鬥雞是否已經準備好可以戰鬥。

紀渻子這個人不只是一個訓練師，他還是一個道中之人。在中國、在日本、在遠東，他們使用各種東西來作為靜心的墊腳石，那些東西包括：弓箭術、繪畫、劍道，甚至連訓練鬥雞也被用上了，你能夠說出來的任何生活層面，他們都能夠使用它來作為內在的訓練，國王要求紀渻子來為他訓練鬥雞，國王對戰鬥和比賽有興趣，當然他也喜歡他的鬥雞能夠贏得比賽。

我們的自我甚至能夠透過鬥雞來戰鬥，每一樣東西都能夠用在自我上面，甚至連遊戲都摻雜了自我，如此一來，你的興趣就不是在於遊戲，而是在於如何得到勝利，那就是遊戲和比賽的不同。在遊戲當中，你的興趣是在於遊戲本身，比方說像小孩子的遊戲，那麼那個遊戲是很美的，如果你的整個人生都能夠變成一個遊戲，那將是一件很美的事，但是在比賽當中，你的興趣並非在於遊戲本身，你的興趣是在於最終的結果，你的興趣是在於如何取得勝利。當你的興趣是在於如何取得勝利，你就破壞了那個遊戲，如此一來，它就不再是一個遊戲了，它已經變成了一項生意。

從最開始的時候，你們就必須記住紀渚子這個人，他對訓練鬥雞的興趣是一種類型，而國王的興趣又是另一種類型，他的興趣在於戰鬥，而紀渚子的興趣在於另外的東西。

紀渚子在訓練一隻很好的鬥雞，國王一直在問說那隻鬥雞是否已經準備好可以戰鬥？訓練師說：還沒有，牠充滿了火。看……國王會說：如果牠充滿了火，那就是我們所需要的！因為當你跟某人戰鬥，而你充滿了火，那麼你就更可能戰勝，國王一定覺得很迷惑，這個人到底是哪一類型的訓練師？他說：還沒有，因為牠仍然充滿了火，牠隨時準備要跟另外的雞戰鬥，牠隨時都準備要戰鬥——那意味著牠是害怕的，牠還沒有準備好。

當你還在害怕，你怎麼能夠算是準備好呢？注意看那個不同的頭腦，頭腦的邏輯會說：如果你充滿了火，而準備好要跟每一個人戰鬥，那麼你就能夠變成一個偉大的戰士，因為你是準備好的，為什麼還要等待呢？你還在等什麼呢？如果那個火已經準備好，那麼你就戰鬥！因為如果你等太久了，那個火或許會降下來；如果你等太久了，那個能量或許會漸漸消失。

但是對一個「沒有頭腦」而言，情形是完全不同的，那個意識形態是不同的，那個「沒有頭腦」的人說：因為他每一個片刻都準備要戰鬥，所以他還沒有準備好，為什麼呢？因為當你每一個片刻都準備要戰鬥，你就是一個懦夫。戰鬥是一種掩飾，你想要證明你是一個勇敢的人，那個想要去證明的要求和欲望意味著你不是真的勇敢。一個真正聰明的人從來不會以任何方式來找機會證明他是聰明的。一個真正處於愛當中的人、一個已經變成愛的人，將不會試著去證明說他處於愛之中。

當你沒有在愛，你會試著以很多很多方式來證明你在愛。你會帶禮物來，你會繼續談論愛，但是你所有的努力都只不過是在表明相反的東西。如果你真的愛一個人，你甚至不會提到你愛他那個事實，有什麼需要呢？如果對方無法了解你無言的愛，那個愛並沒有任何價值；如果你必須去說它，它意味著某種東西是虛假的。

如果你問戴爾．卡內基，他將會說：即使你沒有感覺到它，你每天早上也要一再一再地告訴你太太說你愛她，每當你白天有任何一個機會，你就不要忘記去重覆這一句話，當你上床睡覺，你也要再度重覆地說，使它成為一種咒語。他是對的，就你現在的樣子，他是對的，因為你的太太依靠語言，你也依靠語言，那就是為什麼每當兩個人墜入愛河，剛開始的時候他們會談論很多關於愛的事情，他們非常富於詩意，而因為他們互相在追求對方，所以有很多羅曼史和夢想，但是它會漸漸消退，因為你無法一再一再地繼續同樣的事情，它會看起來很愚蠢。當它開始看起來很愚蠢，他們就開始覺得有什麼東西不對勁了，現在已經沒有愛了，因為愛是依靠語言的。在剛開始的時候，愛並不存在，你一直談論它，但是它並不存在，你的談論只是一種掩飾。

記住「掩飾」這個字，在你的一生當中，你在每一個層面都這樣在做。卡內基看起來是對的，他很吸引人，他的書暢銷全世界，賣了好幾百萬冊，發行量僅次於《聖經》，但是我要告訴你，你要提防卡內基之類的人，因為他們就是使你變得越來越虛假的人，如果你照他們的話去做，你就無法成為真實的。不需要去說：愛，我愛你。要讓你的整個人來說它。如果你真的有愛，它將會表現出來，根本不需要語言，你在言語之間就能夠表達它，你在行動之間就能夠表達它，你的眼神就能夠表達它，你的整個人都會將它表達出來。

愛是如此的一個具有活力的現象，你不可能隱藏它，曾經有任何人能夠隱藏他的愛嗎？沒有人能夠隱藏它，它是內在如此強烈的一把火，它會發出白熱光。每當有人墜入情網，你就能夠從他的臉和他的眼睛看出來，他已經不再是同一個人，有某種東西已經蛻變了他。一團火已經發生了，一種新的芬芳進入了他的存在，他帶著舞步走路，當他談話的時候，他的談話帶著詩的味道，不僅是對他的愛人如此。當你處於愛之中，你的整個人都蛻變了，甚至連你在跟街上的陌生人講話，你也會表現得不同。如果那個陌生人在他的人生當中曾經知道愛，他就會知道說這個人正在戀愛。你無法隱藏愛，它幾乎不可能，從來沒有人能夠成功地隱藏愛。

但是當愛不存在的時候，你就必須去投射它，你就必須偽裝。

有一個小孩在參觀一個動物園，他來到了鹿園，裡面有很多隻鹿（deer），他問那個管理員說：這些動物要怎麼稱呼？那個管理員說：當你父母早上起床的時候，你母親怎麼稱呼你父親，它們是同一個字。那個男孩說：你是在說牠們叫做臭鼬（skunk）嗎？

當事情變得很虛假，它就酸掉了，它就變成好像一個傷口，它就變得很醜陋，除了虛假以外沒有其他的醜陋，但是你用它的相反之物來隱藏它。

「還沒有。」那個訓練師說。「牠充滿了火。」

那表示牠還在害怕，否則為什麼要充滿著火？你是在對誰展示你的火？有什麼需要嗎？裡面是恐懼，外面是火，那就是投射，牠不必要地想要跟每一隻牠所見到的雞爭鬥，任何人擋住牠的路，牠都準備要戰鬥。

牠很自負，牠對牠自己的力量很有信心。

還沒有，牠還沒有準備好。

當你認為你對你的力量很有自信，你要記得很清楚，你是在對你自己隱藏一些東西，當你說「我很有自信」，你是什麼意思？如果你真的很有自信，那句話是沒有意義的，那句話表示你沒有自信，你只是在偽裝，不僅是在對別人偽裝，你也是在對你自己重覆說：我是有自信的。你在創造出一種自我催眠。如果你重覆夠多的話，你或許會開始感覺到它，但是那個感覺將沒有內在的能量在它裡面。

每一個人都一直在對自己重覆說：我是有自信的。為什麼？你在隱藏什麼？如果你在談論的這個自信真的存在，那麼你就不需要對它說什麼。一個真正有自信的人甚至沒有覺知到它。這一點必須加以了解，每當某件事是虛假的，你就會覺知到它，你就會產生自我意識；每當某件事是真實的，你就會忘掉它。你會記得你在呼吸嗎？如果有什麼事弄錯了，你就會去注意。如果你的肺部呼吸困難或是有什麼不對勁，如果你有感冒或氣喘，你才會記住你的呼吸，但是當每一件事的進行都沒有問題，你就不會去意識到它。當鞋子合腳時，腳就被遺忘了。當你真的很有自信，那個信心就被遺忘了。

人們來到我這裡說他們對我具有絕對的信心，那個絕對是什麼？你是在掩飾什麼東西？是那個信心不夠嗎？什麼是絕對的信心？就是因為它不絕對，所以你才會提到它。你說：「我全然愛你。」這個全然是什麼？你曾經聽過有任何不全然的愛嗎？愛是全然的，但是你為什麼要再重覆同一句話呢？因為在你裡面，你知道它並不是全然的，如果你不這樣說，其他有誰會這樣說呢？你不說的話就沒有人會知道它，因為每一個人都知道它並不是全然的。

全然的愛是一種蛻變；全然的愛是一種死亡和一種新的生命；全然的愛不需要任何人對它說任何東西。

我聽說有一個偉大的鑑賞家，他是一個品酒專家，一個朋友邀他到家裡作客，因為他有一些保存了很久、非常有價值的酒，他想要將他的蒐集品展示給這個人看，他想要得到這個人的讚賞。他給了他一杯他最有價值的酒之一，那個人嚐了一下，但是他保持沉默，一句話都不說，甚至連最起碼的讚美都沒有，那個朋友覺得有一點受傷，然後他再給他一杯非常粗糙的、一般的酒，他嚐了之後說：「非常非常好，好酒！」那個朋友覺得很迷惑，他說：「我感到很迷惑，我剛剛給你最稀有的、最有價值的酒之一，而你卻保持沉默，但是對這一杯平常的、不貴的、粗糙的酒，你卻說非常非常好！」那個鑑賞家說：「對於第一種酒，不需要有人對它說什麼，那個酒本身就為它自己說出了一切，但是對於第二種酒，需要有人來讚美它，否則它將會覺得受傷！」

當你說絕對的信心，你知道說它並不是絕對的，因此你才說它，雖然你本身並沒有意識到這一點。要很有意識，要很小心地使用文字。

「還沒有。」那個訓練師說。「牠充滿了火，牠隨時準備要跟另外的雞戰鬥，牠很自負，牠對牠自己的力量很有信心。」

你在你自己的生活當中也可以觀察這一類的事情，這種事情到處都在發生，你準備要跟每一個人抗爭，你只是在等待機會，或是在等待一些藉口。某人踩到你的腳，你就開始爭鬥，你為什麼那麼隨時準備要戰鬥呢？因為你的內在有煩惱，你知道你是一個無名小卒，所以如果有人踩到你的腳，你就會立刻說：你知道我是誰嗎？事實上，連你自己都不知道你是誰。

經過了十天之後，他再度回答：「還沒有。當牠聽到另外的鬥雞在啼時，牠就怒氣沖天。」

國王一直在問，因為比賽的日子越來越近了，國王的鬥雞一定要贏，而這個人卻一直在延遲，他所說的藉口聽起來很荒謬！

每當你碰到一個道中之人，他的描述都會聽起來很荒謬，他們之所以如此是因為他們不適合你的頭腦，再經過十天之後，他說：

還沒有。當牠聽到另外的鬥雞在啼時，牠就怒氣沖天。

牠還沒有成熟，牠還很幼稚，這不是戰士之道，這是懦夫之道，這不是無懼的人所應該表現出來的，這不是一隻無懼的鬥雞所應該表現出來的，不！這不是那些無懼之士所表現出來的。

當任何一個人——當任何一隻雞在啼時——你覺得它是衝著你來的嗎？你為什麼會覺得說那個挑戰是衝著你來的呢？為什麼你將整個世界都看成你的敵人呢？如果你將整個世界都看成你的敵人，那意味著在你深處的某一個地方，你還沒有觸及那個泉源，否則整個世界將會被感覺成友善的，友善將會是主要的聲音，而如果有敵人的話，那一定是一個例外。現在敵意是主要的聲音，而如果朋友發生的話，那只是一個例外。你永遠無法知道，你甚至永遠無法相信一個朋友，因為你知道了太多的敵意。

有一次，目拉．那斯魯丁被封為和平官，事情必須這樣做，因為有一些壞人，如果他們非常非常壞，你就叫他們當典獄長；如果他們又更壞，你就送他們到國外當大使；如果他們只是當地一般的壞人，你就叫他們當和平官，你必須給他們一些事情做，好讓他們不會做太多壞事。

目拉・那斯魯丁是一個壞人，但不是一個大壞蛋，如果你允許我這樣說的話，我倒喜歡稱呼他為一個小VIP——不是一個大壞蛋，只是一個小嘍囉，所以他們封他為和平官。他將他的客廳變成一個法庭，僱用了一個職員和一個守衛，他早上很早就起來，左等右等，但是都沒有人來，到了晚上，他覺得很沮喪，他告訴那個職員說：「連一個案子都沒有！全鎮都沒有謀殺案、沒有搶劫案、也沒有任何犯罪的案件。如果事情這樣繼續下去的話，這將是一件非常無聊的工作。本來我覺得很興奮，但是連一個交通違規的案子都沒有，什麼事都沒有發生。」那個職員說：「不要感到沮喪，目拉，你要相信人類的本性，遲早一定會有什麼事發生，我對人類的本性具有足夠的信心。」

這個職員在講的是什麼人類的本性？他說他還具有足夠的信心，一定有什麼事會發生，你只要耐心地等待，事情一定會發生。

你們的法庭、你們的法官、你們的政府都依靠你，都依靠你的本性。就是因為你，所以這整個荒謬的事情都一直在發生，而它的基本原因就是你一直準備要跟別人爭鬥。如果社會真的變得越來越自然，政府將會消失，它是一種疾病；法庭將會消失，它們並不是很好的象徵。警察之所以存在是因為有罪犯，這整個結構之所以存在就是因為一件事，就是因為你一直都準備要爭鬥、準備要豎起羽毛。因為有了你的自我，所以才需要政府的存在、法庭的存在和法官的存在。如果自我消失，整個政治都將會消失，所有的政治都是因為有了自我，所以才存在的。

他說：「還沒有。當牠聽到另外的鬥雞在啼時，牠就怒氣沖天。」

再過了十天，他說：「還沒有。牠還是面帶怒氣，而且將羽毛豎起。」

牠變得越來越寧靜，牠有在成長，牠變得越來越成熟，但是還沒有完全準備好，就目前而言，牠還是面帶怒氣，而且將羽毛豎起。在無意識的深處，牠仍然準備要抗爭。在表面上，牠已經變得很鎮定、很寂靜，但是如果有另外的鬥雞經過，牠就會表現出憤怒的樣子，牠的憤怒並不是有意識的，牠的憤怒是無意識的，但是牠有在成長，有在進步，現在那個抗爭已經從牠有意識的頭腦消失，但是還沒有從牠的無意識消失。

再過了十天，那個訓練師說：「現在牠已經快準備好了。」

還沒有完全準備好，但是已經快準備好了。

當另外的鬥雞在啼時，牠的眼睛一閃都不閃，牠站著不動，就好像一隻木雞，牠已經成為一隻成熟的鬥雞，其他的鬥雞一看到牠就會跑開。

牠不需要去戰鬥。當那個戰鬥者已經成熟，就不需要去戰鬥；當那個戰士真的存在，完全沒有恐懼，那麼還需要去戰鬥嗎？牠的「在」就已經足夠了，其他的鬥雞一看到牠就會跑開，這種事有可能會發生。這隻鬥雞被放進戰鬥，牠只是站在那裡，其他的鬥雞很勇敢地過來，牠們走出圓圈，牠們充滿了自我，很自大、很自負，但是當牠們看到這隻鬥雞，這隻鬥雞看起來非比尋常，根本就不屬於這個世界，牠站在那裡就好像一個佛，牠們試圖要使牠生氣，但是牠的眼睛一閃都不閃，牠們又跳又叫，但是都沒有用，因此牠們就開始顫抖，這隻雞並不很自然，這隻雞是一個陌生人，牠不屬於我們。

牠們只是得到一個訊息：這隻雞既不是一個懦夫，也不是一隻勇敢的雞，牠只是毫無恐懼，每當有一隻毫無恐懼的雞在那裡，其他的雞就必須跑開。禪宗的戰士或武士訓練也是一樣的，他必須不帶著憤怒來戰鬥，這似乎很困難，因為你甚至在你的愛裡面都帶有憤怒，而他必須不帶著憤怒來戰鬥。

有一個蘇菲的故事，故事發生在奧瑪（Omar）的一生當中，他是一個偉大的回教戰士，他跟敵人戰鬥了三十年，那個敵人很強，因此那個戰鬥持續很久，幾乎一生都在戰爭，到了最後，有一天，機會來了，那個敵人從馬上跌下來，奧瑪立刻用他的矛頂住他的胸部，再過一秒鐘，那隻矛就會刺穿那個人的心，然後所有的事情就都結束了，但是就在那個非常短的時間空隙裡，那個敵人做了一件事：他打了奧瑪一巴掌，然後那隻矛就停了下來。奧瑪擦了一下他的臉，起來告訴他的敵人說：「明天我們再開始。」那個敵人感到很困惑，他說：「這到底是怎麼一回事？我已經等待這個機會等待了三十年，你也同樣等待了三十年，我一直在等待，希望說有一天我能夠用我的矛頂住你的胸部，然後整個事情就會結束。那個機會從來沒有來到我身上，但是它來到了你身上，你本來可以在一個片刻之內把我解決掉，你到底是怎麼一回事？」奧瑪說：「這不是一個平常的戰爭。我已經發過誓，我已經發過一次蘇菲宗派的誓，我發誓不要帶著憤怒來戰鬥。三十年以來，我的戰鬥都不帶憤怒，但是就在剛剛那個片刻，憤怒出現了，當你摑我的時候，有一下子，我覺得很生氣，然後它就變成個人的事，我想要殺死你，那個自我介入了。直到現在有三十年的時間，它根本都不是一個問題，我們都為了一個目標在戰鬥，你並不是我的敵人。就各方面而言，那都不是一件屬於私人的事，我對殺死你並沒有任何興趣，我只想要那個目標能夠勝利。但是就在現在，我一下子忘記了那個目標，你變成了我的敵人，然後是我想要殺死你，那就是為什麼我不能夠殺你，所以，明天我們再開始。」

但是那個戰爭永遠都沒有再開始，因為那個敵人變成一個朋友。他說：「請你點化我，成為我的師父，讓我成為你的門徒，我也想要不帶憤怒來戰鬥。」

整個奧祕就是不要有自我來戰鬥，如果你能夠不要有自我來戰鬥，那麼你就能夠在做每一件事的時候都沒有自我，因為戰鬥是自我的最高峰，如果你能夠做到那樣，那麼你每一件事都能夠做得到。就在現在，你甚至無法不帶著自我來愛。

所以，這就是日本武士或禪宗戰士的訓練方式：沒有自我地戰鬥，就好像這隻雞一樣。現在牠已經差不多準備好了，但是你要聽好那一句話：「差不多準備好了。」為什麼還不完美呢？因為道說：「完美的無法存在於這個世界，只有那幾乎完美的才能夠存在於這個世界。」當你達到完美的那個片刻，你就消失了，完美無法存在於物質裡面，物質本身就會給予它自己一些不完美。你無法存在於身體而成為完美的，總是會有一點點缺失，那缺失的一點點就是一個連結的環。那就是為什麼你還能夠停留在身體裡，一旦你變成完美的，你就消失了。你會死掉，但是一個完美的人從來不會死，他只是消失。在你的情況，你是離開，但是一個完美的人是消失。離開意味著你很快就會再來臨，因為離開只是一部分，離開是再度來臨的開始，而來臨是離開的開始。你離開了這個世界，為的是要再來，而一個完美的人就只是消失，因為他那麼完美，所以物質無法留住他；他那麼完美，所以身體無法包容他；他那麼完美，所以在這個不完美的世界，他不能夠具有任何形式，他變成無形的，那就是為什麼那個訓練師說：現在牠已經快準備好了。你無法想像說牠如何能夠再準備得更好，這種情況似乎已經是最終的了。

當另外的鬥雞在啼時，牠的眼睛一閃都不閃。

還可能比這個更完美嗎？

牠站著不動，就好像一隻木雞。

還可能比這個更完美嗎？

牠已經成為一隻成熟的鬥雞，其他的鬥雞一看到牠就會跑開。

還可能比這個更完美嗎？有可能。因為牠或許是站著不動，牠或許就像一隻木雞，牠的眼睛或許是不動的，一閃都不閃，其他的雞或許都會跑開，而牠或許會贏得戰鬥，但是牠仍然存在，那就是為什麼牠不是完美的，因為牠仍然存在。

一切牠所做的事情都是透過努力來做的，那就是為什麼牠是不完美的。牠被訓練來做這個，現在牠已經準備好了，牠將會去完成那件事，但是在內在深處牠還是原來的那一隻雞，還是會有一點點顫抖。它無法被測知，沒有人能夠測知它。從外在看來，牠是一個完美的聖人，但是在裡面，牠還是原來的那一隻雞，在內在中心的部分，牠還是一樣，這就是問題之所在。你可以練習宗教，你可以練習很多而變得幾乎完美，但是幾乎完美仍然是不完美的，而你必須成為絕對完美，什麼是絕對完美？絕對完美就是當那個訓練和那個努力都被拋棄。容易是好的，而這隻雞仍然帶著努力，牠仍然在做它，牠是不動的，但是在內在深處，它不是一種無為，牠仍然在做它，牠是被訓練和被規範出來的。

宗教並不是一種訓練，它不是某種要練習的東西，它是某種你要流進它的東西，是某種你要放開來而進入它的東西，它不是某種要被強迫的東西，你並不是要從外在開始，然後強迫它，你必須從內在來幫助它，讓它流動，讓它橫溢到外在，它必須是自發性的。

所以要怎麼做呢？如果你等待那個自發性的，它似乎不會來。如果你練習，你或許會變得就好像這一隻雞，很會戰鬥，這對別人來講是好的，但是對你本身而言，你仍然保持是舊有的。這就是發生在很多所謂聖人身上的情況。你去找他們，他們聖人的風範仍然帶著努力，他們仍然維持努力的狀態。每當你還必須去維持什麼，它就不是真實的，因為那相反的仍然停留在無意識的某個地方。它在任何片刻都可能會跑出來，你一放鬆，它就會跑出來。

有一次一個蘇菲宗派的人來到我這裡，他已經練習了三十年，他真的很努力練習，那是毋庸置疑的，他已經幾乎完美，就好像這隻雞一樣。他有很多門徒，他們告訴我說，不管他往哪裡看，不管他往樹木裡面看、往石頭裡面看、往星星裡面看，他到處都看到阿拉、看到神性。

那個蘇菲宗派的人來跟我住三天，他一直在頌唸阿拉的名字，蘇菲徒稱之為吉格拉（Gigra），即使當他在洗澡，他也會繼續頌唸。我問他：「為什麼？如果你現在到處都可以看到阿拉，你為什麼還要繼續頌唸祂的名字？你為什麼還要再練習？如果阿拉到處都在，神性到處都在，那麼你是在叫誰？這個內在的頌唸者是誰？拋棄它！當你跟我在這裡的這三天裡面，拋棄你一切的練習。」他能夠看到那個要點，他是一個謙虛的人，他能夠看到那個要點說，如果你仍然在練習，那麼它就是還沒有被達成。

他說：「我有絕對的信心說它已經被達成。」所以我說：「那麼你就丟棄它。」當他說「絕對信心」的那個片刻，事情已經變得很清楚，如果他拋棄它，他就會陷入困難。後來他拋棄了，他必須如此。在那三天裡面，我注意看著他，到了第三天早上四點的時候，他衝進我的房間，拉著我說：「你到底做了些什麼？每一樣東西都失去了！現在我已經不能夠再看到神，東西已經開始再出現，一棵樹就是一棵樹，一個石頭就是一個石頭，你到底做了些什麼？你已經把我殺掉，你摧毀了我三十年的努力，你不是一個朋友，你是一個敵人。」

但是我告訴他：要再寧靜一些，坐在我旁邊，讓我們看看到底發生了什麼，我不是你的敵人。因為即使你繼續像這樣練習三十世，也沒有什麼事會發生，你將永遠保持只是幾乎準備好，任何時候，只要你停止那個練習，那舊有的就會再回來，它並沒有消失，它只是隱藏起來，你只是把它壓進去，你的練習只不過是把它壓進去，你一停止練習，它就跑出來了。它就好像一個泉水，你繼續壓它，你認為每一樣東西都沒有問題，但是你一將手拿開，那個泉水就跑出來了，然後每一樣東西就都回到原來的樣子。

所以不要生氣，也不要感到失落，這是一種很大的了解。現在不要練習，不要去看樹木！你不需要把神投射在它上面。這就是一個真實的宗教人士和一個不真實的宗教人士之間的差別。注意看樹木，不要把神強加在它上面，如果你說它是神而繼續重覆它，你可能會來到一個點，使它看起來就像神，但是那個神是虛假的。是你將它強加上去的，它是一個投射。注意看著一棵樹，保持寧靜，不需要將你的神投射在樹木上，樹木已經具有足夠的神性，不需要將你的神強加在它上面，你只要靜靜地跟樹木在一起，然後漸漸地，當你變得越來越寧靜，你將會了解到樹木隨著你的寧靜而改變，有一天你將會了解到每一樣東西都是神性的，沒有人能夠從你身上帶走那個神性，它不是一件練習出來的東西，它已經發生了，「那真正的」並不是透過文字，而是透過寧靜而發生。

這個訓練師說，現在牠已經幾乎準備好，因為牠練習了很多，牠被強迫練習，有很多所謂的聖人就是這樣在被訓練的，就是用這種方法而變得「完全」準備好，它們展示出來很好看，但是就內在而言，一點好處都沒有，一個真正的聖人就是一個自發性地生活的人，他所有的經驗都沒有任何頭腦的投射。

所以要怎麼做呢？在剛開始的時候，你將必須去練習，否則那個自發性或許不會出現，由於你強迫它進入深處而隱藏起來，它或許不會浮現，它或許不會跑進你的意識裡。所以要怎麼做呢？首先你必須練習，要練習得很徹底，好讓你來到一個我能夠告訴你說「現在你已經幾乎準備好了」的點，然後下一步就是放棄所有的練習，只要注意看在發生什麼。如果你放棄練習，那麼每一樣舊有的東西都會再度來臨，現在只要成為一個觀照而看著它。如果你能夠觀照，它將會竭盡它自己，你不需要做任何事。

你的練習只是將那個彈簧壓到最底部，然後會怎麼樣呢？你用一個彈簧來試試看，當你將它壓到最底部，然後放開來，它不僅會鬆開來，它還會跳起來，如果你用你的整個存在盡可能地去練習，這種事將會發生。你永遠不可能真的用你的整個存在，你只是盡可能去練習。

你的頭腦就好像一個彈簧，它被壓向牆壁，然後你繼續一直一直推它。我告訴你的所有這些靜心就好像將頭腦往牆壁壓，壓到最盡頭，當我看到說現在已經不可能再往前壓了，那個彈簧已經不可能再壓了，你已經幾乎準備好，我就會說：放掉它！那個彈簧不僅會釋開來，它還會從你跑出來。一旦頭腦從你跑出來，你就免於它了，那麼就不需要再練習，那麼就只是一個片刻接著一個片刻去生活、去慶祝，一個片刻接著一個片刻去感謝，每一個片刻都很喜樂、很狂喜。

第5章 猴山

吳王乘著一隻小船到猴山，那些猴子一看到他都驚慌而逃，躲到樹林裡面去。

然而有一隻猴子仍然停留在那裡，完全不在乎，從一根樹枝盪到另外一根樹枝，那是一種超乎尋常的炫耀。

吳王拿起一把箭射過去，但是那隻猴子很靈巧地將那支箭接住。

然後吳王就命令他的隨從一起射箭，那隻猴子立刻被很多支箭射中，從樹上掉下來而死。

然後吳王就轉頭過來告訴他的同伴顏不疑：「你有看到這整個事情嗎？這隻動物展現了牠的靈巧，牠信任牠自己的技術，牠認為沒有人能夠抓到牠。記住！當你跟人交往的時候，不要依靠你的卓越和才能！」

當他們回到家裡，顏不疑成為聖賢董梧的門徒，藉以去除每一樣使他突出的東西，他放棄了所有一般的快樂，他學會了隱藏他的每一種卓越。

很快地，在他的王國裡，沒有一個人知道要怎麼樣來面對他，因此他們對他保持敬畏。

「吳王浮於江，登乎狙之山。眾狙見之，恂然棄而走，逃於深蓁。有一狙焉，委蛇攫搔，見巧乎王。王射之，敏給搏捷矢。王命相者趨射之，狙執死。王顧謂其友顏不疑曰：『之狙也，伐其巧恃其便以敖予，以至此殛也！戒之哉！嗟乎，無以汝色驕人哉！』顏不疑歸而師董梧以助其色，去樂辭顯，三年而國人稱之。」

——《莊子．雜篇．徐無鬼》

這個故事帶著「道」裡面最奧祕的鑰匙之一。道說：任何你裡面美好的東西，要將它隱藏起來，永遠不要將它表現出來；任何在你裡面真實的東西、有價值的東西，要將它隱藏起來，因為每當一個真理隱藏在內心裡，它就會好像一顆種子藏在泥土裡一樣地成長。不要將它丟出來。如果你將一顆種子丟在街上，讓每一個人都能夠看到，它將會死掉，而且死得沒有目的，它就這樣死掉，不會再被生出來。

對待所有真、善、美的東西，必須像對待一顆種子一樣，給它一些土壤，讓它隱藏在內心裡，不要展示它。但是每一個人所做的都跟這個相反：任何錯誤的東西，你就將它隱藏起來，你不希望別人知道它；任何醜陋的東西，你就將它隱藏起來，而任何美的東西，即使它並非真的那麼美，你也會試著去廣告它、誇張它、展示它，因此就產生了痛苦，因為如此一來，那個醜的就會成長，而那個美的就失去了；那個不真實的就會成長，它變成一顆種子，而那個真實的卻被拋開。

珍貴的東西被拋棄，而那些雜七雜八的東西卻成長，你就變成好像雜草一樣。沒有花朵會來到你的生命，因為你從來沒有做對事情，因為你從來沒有將花的種子藏在裡面。它的相反才是正確的途徑，我說這就是「道」最奧祕的鑰匙之一。

一個生活在「道」裡面的人保持很平凡、非常平凡，沒有人知道他是誰，沒有人知道他在他裡面攜帶著什麼，沒有人知道他在他裡面攜帶著什麼寶物，他從來不廣告，他從來不去試圖展現。我們為什麼要廣告呢？因為我們有自我。你對自己不滿意，唯有當別人賞識你，你才會覺得滿意。一顆大鑽石還不夠；你或許有一顆很有價值的寶石，但是那還不夠，必須有別人來賞識它，別人的意見比你自己的存在更有價值。你洞察別人的眼睛，就好像他們是鏡子，如果他們賞識你，他們對你鼓掌，你就覺得很好。

自我是一個虛假的現象，它是別人意見的累積，它不是自己的知識。你所謂的自己事實上只不過是自我，事實上只不過是一些映象的累積，因此你總是會有恐懼。別人或許會改變他們的想法，而你一直都在依靠他們。如果他們說你好，你就必須遵循他們的規則來保持你的好，你必須遵循他們，才能夠在他們的眼中認為你是好的，因為一旦他們改變了他們的意見，你就不再是好的了。你跟你的存在沒有直接接觸，它是經由別人而來的，所以你不僅會廣告，你還會誇大它，將它虛假化。你或許具有一點真理，或是一點美，但是你就誇大它，使它變得很可笑。

我記得——我永遠不會忘記——當別人第一次將目拉．那斯魯丁介紹給我的時候，那個朋友介紹我們互相認識，那個朋友說：「目拉．那斯魯丁具有多項才能，他是一個作家。」然後他就微笑，好像頗為同意的樣子，所以我問目拉．那斯魯丁說：「你在寫些什麼？」他說：「我剛完成《哈姆雷特》。」我簡直不能相信我的耳朵，所以我再問他：「你有沒有聽過莎士比亞那個傢伙？」目拉．那斯魯丁說：「事情很奇怪，因為以前我寫馬克白的時候，也有人問我同樣的事情。」然後他問說：「莎士比亞這個人是誰？好像他一直都在抄襲我，任何我寫的東西他也都在寫。」

你認為每一個人都在抄襲你，而真正的情況是，你一直在抄襲其他每一個人，你是一個影印本，你不是一個真實的人，因為一個真實的人從來不需要任何炫耀。

我聽說有一次在一家山站大旅館的草坪上，有三個年長的女人在玩牌，然後有第四個人來，她問說她能不能加入她們，她們說：「當然歡迎，但是有一些規則。」她們遞給她一份印好的卡片，上面寫著四條規則，第一條是：永遠不要談到貂皮大衣，因為我們已經都有了；第二：永遠不要談到孫子，因為我們都已經當了祖母；第三：永遠不要談到珠寶，因為我們都擁有從最好的地方買來的珍貴珠寶；第四：永遠不要談到性，因為以前是怎麼樣就已經是怎麼樣了！

每一個人都想要談論他自己——他的貂皮大衣、他的珠寶、他的小孩、他的性。每一個人都用這種無聊事在煩別人。如果你忍受這些厭煩，你之所以能夠忍受它們是因為那是一種相互了解：如果他煩你，他也會讓你煩他。你只是在等待，當他停止他的炫耀，你就可以開始你自己的炫耀，然後整個生命就變成一個連續性的、虛假的炫耀。透過它你能夠達成什麼呢？只不過是一個虛假的感覺，覺得你是重要的、不平凡的。

擁有貂皮大衣怎麼能夠使一個人變成不平凡？擁有價值昂貴的珠寶怎麼能夠使一個人變成不平凡？只是藉著做這個或是做那個，一個人怎麼能夠變成不平凡？不平凡跟你所做的無關，它跟你是什麼才有關。你已經不平凡，每一個人都是獨一無二的，不需要再去證明它。如果你試著去證明它，你就會變成它的相反；如果某事已經是這樣，你怎麼能夠去證明它？

如果你試圖去證明它，那只是表示你還沒有覺知到那個已經發生在你身上的獨特性。

所以如果你想要證明什麼，那表示你對它仍然具有懷疑，你想要藉著別人的眼睛或別人的意見來摧毀你的懷疑。你並沒有真正相信你是一個很美的人，你想要別人來說你很美。

在一個小村子裡，那個村子的牧師有一個習慣，每當他主持一項婚禮，他一定會吻新娘，那是一個舊有的傳統。有一個即將要結婚的女人覺得很擔心，她認為她自己非常美，每一個女人都這樣想，這是女人的天性，這不是什麼新鮮事。事實上，每一個女人都這樣想，甚至連最醜的女人也會這樣想。她認為她自己非常美，因此她非常在意、非常擔心，她一再一再地告訴她的未婚夫——她的新郎：「你去告訴牧師說，在結婚儀式終了時，我不想被吻。」

就在結婚儀式之前，她再度問新郎說：「你有沒有將那件事告訴牧師？」新郎很傷心地說：「有。」新娘說：「那麼你為什麼看起來那麼傷心？」新郎說：「我將那件事告訴牧師，他覺得非常高興，他說：如果是這樣的話，我只要算你半價就好了。」

你可以繼續認為你自己是一個漂亮的人，但是沒有人會對你這樣想，因為每一個人都關心他自己的美，而不會去注意到你的美，如果有任何人點頭說：「是的，你很美。」那麼他或她只是在等你點頭說他或她很美，這是一種相互交易：你滿足我的自我，我就滿足你的自我。我知道得很清楚，你並不美，你也知道得很清楚，我並不美，但是我滿足你的自我，所以你也滿足我的自我。

每一個人似乎都有一種想要覺得自己很獨特的需要，那意味著你還沒有碰觸到你自己的本性存在──它是獨特的，不需要任何證明。記住：只有謊言需要證明。那就是為什麼你無法證明神，因為祂是最終的真理。只有謊言需要證明，真理不需要證明；它本來就是，它就是這樣。

我要告訴你，你是獨一無二的，你是不平凡的，不要試圖去成為如此，那是荒謬的，你只會淪為笑柄，當你轉過頭去，每一個人都會笑你。如果你不相信你自己的獨特，誰會相信呢？信念是超越證明的，它是怎麼來的呢？它是透過自我了解而來的。

所以有兩種方式：知識──直接的知識，直接而立即地知道你自己，那是正確的方式；而錯誤的方式就是透過別人、透過別人所說的來知道你自己。如果你不知道你自己，他們怎麼能夠知道你？他們離得非常遠，你是要去知道你自己最接近的人，如果你不知道你自己真實的存在，別人怎麼能夠知道？

但是因為我們缺乏自我了解，所以我們需要代替品，自我就是那個代替品，自我經常在炫耀。你就好像市面上的展示櫥窗，你已經變成一項商品，你使你自己成為一項展示的商品，你總是在炫耀，你總是在乞求別人對你說：你很好、你很美、你很神聖、你很偉大、你很不平凡。

道反對這個，因為道說：你就是這樣在浪費你的生命。同樣的能量能夠直接進入你的本性。當你的本性顯露出來，它就是不平凡的。

所以一個找尋自我了解的人在別人的眼裡看起來將會保持很平凡，他不會擔心，他會隱藏他自己，他不會炫耀，他不會展示，他不會成為一個舞台表演者。他會保持沉默，靜靜地生活，靜靜地享受生活。他不希望任何人來打擾他，因為每當有人打擾你，或是想關於你的事，事情就變得很複雜、很困難，那麼自我了解就變得越來越難。

你必須單獨去到那裡，如果你注意看著群眾，如果你認為群眾必須跟隨著你，那麼你將永遠無法到達。

如果你是一個一直想要展現的人，那麼你將會保持是一項商品、是一個物品，而永遠無法變成一個人，因為「人」深深地隱藏在存在的隱蔽處，它是整個存在最深的可能性。你是最大的深淵，其他沒有人能夠跟你去到那裡，你必須單獨一個人去，如果你過分顧慮到別人，顧慮到別人所說的、別人所想的，那麼你將會停留在邊緣部分，這是一件事。

第二件事是：當你在炫耀的時候，你就隱藏了任何醜陋的東西，你試圖將任何醜陋和錯誤的東西隱藏在衣服裡、在文字裡、在姿勢裡、在面具裡、在行動裡。你這是在幹什麼？這個錯誤將會變成你裡面的一顆種子，而它將會成長，你越是將它壓進去，你就越會將它丟往所有能量的源頭，然後它就會被增強，而你所丟出的那些美好的東西將永遠不會成為一顆種子。

你的做法要跟這個相反，如果你有某種醜陋的東西，當你將它顯示給別人，它就發散掉了。如果你是一個容易生氣的人，那麼你就告訴每一個人說：我是一個容易生氣的人，不要愛我、不要跟我做朋友。我是很壞的人，我很醜、我沒有道德、我很貪婪、我有很多性慾。說出任何你醜陋的一面，不僅將它說出來，而且還要很真實地用行動表達出來，你將會感到很驚訝，每當有什麼東西被丟出來，它就發散掉了。

隱藏是很美的，讓它深入，好讓它能夠在你的存在裡面生根，然後它將會成長，但是你的做法剛好跟上述的相反。

現在讓我們試著來了解這個故事：

吳王乘著一隻小船到猴山。

莊子一直都在觀察猴子，他對猴子有很深的興趣，因為他們是人類的祖先。你裡面隱藏著一隻猴子！整個世界只不過是一個猴山，到處都是猴子。

猴子的特性是什麼呢？猴子最深的性格特質是什麼呢？就是抄襲。戈齊福常說：「除非你停止作為一隻猴子，否則你無法成為一個人。」他這樣說是對的。有人問他：「猴子最深的特性是什麼？」他說：「是抄襲、是模仿。」

猴子是一個完美的模仿者，整個人生你都在做些什麼呢？你都在做一個人或是一隻猴子？你模仿，你只是到處看，然後跟著別人做；跟著別人做，你就變成虛假的。你看到某人以某種特定的方式在走路，你就試著以那種方式來走路；某人穿著一件特別的衣服，你就想要去買那種衣服；某人有一輛車，你也想要擁有那種車——什麼東西都是如此！

你從來沒有注意看你需要什麼，如果你有真正注意看你的需要，生活可能會變成一個喜樂的存在，因為需要並沒有那麼多。模仿會引導你走上一條路，而當你繼續往那一條路走，到了最後，你什麼地方也到不了。需要並不多，需要總是很少；如果你照顧你的需要，你就能夠被滿足。滿足是很容易的，因為真正的需要有多少呢？真正的需要其實很少，但是如果你模仿，那麼就會產生無數不必要的需要，那麼就沒完沒了，因為世界上有成千上億的人，而你會想要去模仿每一個人，因此事情就變得不可能，你會開始去過每一個人的生活，然後你就忘記說你來此是要做你自己的事情，但你卻變成一個模仿者。

你在此是要履行你自己的命運，而那個命運是個人的，不是任何其他人的。這個存在把你生下來是要你履行一個特定的命運，而那是無法由其他任何人來履行的，沒有一個佛能夠做它，也沒有一個耶穌能夠做它，只有你能夠做它，而你卻在模仿，那就是為什麼印度教教徒說：除非你停止模仿，否則你將會一再一再地被丟進存在，那就是輪迴的理論。你將會一再一再地被丟進世界，除非你履行了你的命運；除非你已經開花，否則你將必須再回來。如果你模仿，你怎麼能夠開花？你看到一個音樂家，你就想要成為一個音樂家；你看到一個演員，你就想要成為一個演員；你看到一個醫生，你就想要成為一個醫生。你想要成為除了你自己之外的每一樣東西——你就只能夠成為那樣，其他沒有，其他不可能，然而其他沒有人像你，所以沒有一個人能夠成為你的理想。

愛一個佛，佛是很美的，但是不要模仿，否則你將會錯過。耶穌是很棒的，但他已經不再被需要，存在已經履行了那個命運，那個工作已經完成了，他已經開花了。那就是為什麼每當一個人開花之後，他就永遠不會再回來。喜愛耶穌，但是不要成為一個模仿者，否則到了最後你還是沒有履行你的命運，你將會以痛苦和不幸收場。你無法真正跟隨任何人。你可以接受暗示，但是這樣的話你就必須非常警覺，暗示不應該變成盲目的模仿。

如果你看到一個佛，了解他如何開花，以此來作為一個暗示，那個方法是什麼？他一直在做什麼？試著去了解它，讓那個了解被吸收，漸漸地，你將會開始感覺出你的途徑，它永遠不會像佛陀，它永遠不可能如此，但是專心於佛陀將能夠有所幫助。你必須以你自己的方式來成長，但是專心於他將會使你更加了解，這就是真實的門徒和虛假的跟隨者之間的不同。

門徒與跟隨者截然不同，我要告訴你：要成為我的門徒，不要成為我的跟隨者。規範（discipline）是什麼？規範就是學習，「規範」這個字的字根來自學習，它跟自我控制無關，完全無關。門徒（disciple）是一個準備去學習的人，門徒是一個準備去吸收的人，門徒是一個敞開而具有接受性的人，門徒是一個準備要變成子宮的人。他不是敵對的，他並沒有在抗爭和爭辯，他只是試著去了解，當你試著去了解，頭腦就停止運作。因為頭腦只能夠做兩件事，不是抗爭就是模仿，它能夠成為一個盲目的跟隨者，或是一個盲目的敵人，但是它永遠不能夠成為一個門徒。

門徒是完全不同的，因為他不是頭腦指向的，門徒是以心為指向的，他喜愛師父，吸收他，然後走他自己的路線。

它是一種非常間接、非常微妙的事情，它不是直接的，你不能夠只看師父，而做任何他所做的，如此的話，你就會變成一個跟隨者。你不能夠學了他的話，然後就開始重覆那些話，因為如果你這樣做，你就會變成一個跟隨者，那麼那個努力就是來自頭腦，而頭腦就是問題之所在。

每當你沒有在抗爭，沒有在模仿任何人，你的意識就從頭掉進心，那麼你就是敞開的，那麼你就只是處於愛之中。信心和信任所指的就是這個意思，它既不是相信，也不是不相信。

不要把信任或信心想成相信，它不是。相信是在頭腦裡，不相信也是在頭腦裡，而信任是在心裡，它跟相信或不相信無關，相信或不相信根本就不是你所關心的，你只是愛。

你看到一朵玫瑰花，你相信它或不相信呢？你什麼事都不做，你只是看著它。在這個看當中，沒有一個跟隨者，也沒有一個人在反對。太陽在早晨升起，你要怎麼做？你是一個相信者或是一個不信者，或是你整天都跟隨著太陽的途徑，因為你是一個跟隨者？不管你用這兩個方式其中的任何一個，你都會發瘋。你只是享受，你只是吸收早晨的氣氛——它的新鮮、它的年輕、它的嶄新。隨著太陽的升起，每一樣東西都變得活生生的。你享受那個生命，你透過它而變得更加活生生。你注意看一朵玫瑰，玫瑰裡面的某些東西碰觸到了你的心，玫瑰在外在開花，而你的心開始在內在開花。當你接觸一個師父、一個佛陀、一個耶穌或是一個莊子，你要怎麼做？你的做法只要剛好像你面對一朵玫瑰或是面對日出一樣就可以了，你不需要去跟隨，也不需要不去跟隨，你只要吸收。

耶穌最後對他的門徒所講的話是：吃我，讓我成為你的飲料和你的食物，讓我流進你的血液裡，吸收我。當他說「吃我」，他是意味著吸收我、消化我；不要從外在跟隨我，要消化我，那麼你就會有你自己內在的光。

一個真正的師父從來不會給你規則，他會給你眼睛，他從來不會告訴你前進的路線，他從來不會告訴你說這就是你要走的路，你只要照著走就可以了。他只是給你光，然後告訴你說：「現在帶著這個光進入黑暗，這個光將會顯示出你該走的路。」

一個虛假的師父總是會給你一張地圖，他會告訴你說：「這就是地圖，不要走錯路了，要按照這張地圖走。」他從來不會給你光。如果你具有那個光，那麼就不需要地圖了，你將會找出你的路。

每一個人的路都不同，因為每一個人都不同。讓這個了解深入你的內心：沒有兩個人是類似的，不可能如此。存在不是重覆的，存在還沒有被竭盡，存在一直以嶄新而獨特的方式在開花。每一個人都是不平凡的，不需要去證明它。如果你想要證明，你將會變成一隻猴子，而不是一個人。停止模仿，模仿很容易，了解比較困難，那就是為什麼一個人會模仿，因為它非常容易，只要遵循規則就可以了，你不需要對它有任何了解，只要給你一個很明確的規則讓你去遵循。人們來到我這裡說：「給我們明確的規則，好讓我們能夠遵循。」他們是在說：「我們將不會成長，我們將不會自己變成熟，你只要給我們明確的規則：要吃什麼，不吃什麼，清晨什麼時候要起床，什麼時候要上床睡覺，只要給我們明確的規則，好讓我們能夠遵循。」你想要變成一隻猴子，而不是一個人。

一個人永遠不會要求明確的規則，他會要求了解，好讓他能夠找出他自己的方式，好讓他能夠進入廣大的世界。他不需要帶著一張地圖，他不需要任何羅盤。只要有你內在的光，就能夠顯示出你的路。

這是很美的，因為這樣很自由。如果沒有自由，就沒有美。枷鎖和奴役是世界上最醜陋的事。

吳王乘著一隻小船到猴山，那些猴子一看到他都驚慌而逃，躲到樹林裡面去。然而有一隻猴子仍然停留在那裡，完全不在乎，從一根樹枝盪到另外一根樹枝，那是一種超乎尋常的炫耀。

那隻猴子一定是猴子的領袖，一定是一隻猴王，或是一隻猴子的宰相，當所有的凡夫俗子都逃走，身為一個領袖怎麼能夠跟他們一樣？身為一個領袖、一個偉大的領袖，怎麼能夠跟隨那些平凡的猴子？他必須展現他自己，展現他自己的厲害，否則在那些猴子的眼裡，他的聲望將會消失。它不是要展現給吳王看的，它是要展現給其他猴子看的。如果你想要保持是一個領袖，你就必須很厲害；如果你想要保持是一個領袖，你就必須繼續炫耀。

所有的政治領袖都一直在炫耀，你從來不知道他們的真面目，沒有人知道，甚至連他們自己的太太和孩子都不知道他們的真面目。他們偽裝得非常成功，沒有人知道他們是誰，他們都一直繼續在展示。據說如果一個政客說「是」，它意味著「或許」；如果他說「或許」，它意味著「不」；如果他說「不」，那麼他根本就不是一個政客。每當一個政客說「是」，他從來不是真正意味著「是」，他從來不直接說出他真正意味的。透過政客，你可以了解到你自己，因為他只是一張你的放大照片，領袖只是跟隨者的一張放大照片，在一張放大的照片裡看東西總是比較容易。當你用了放大鏡，你就可以看得更清楚。

試著去了解人類的領袖是很好的，因為他們是偉大的猴子。你認為你在跟隨他們嗎？基本上，在內在深處，他們是在跟隨你，一個領袖一直都是他自己跟隨者的跟隨者，因為他總是必須注意看你要走到那裡、你要做什麼，他必須預先知道風要吹向那裡，好讓他自己能夠走在前面。

有一次目拉・那斯魯丁坐著他的驢子要到某一個地方去，那隻驢子跑得很快，有一個朋友問說：「那斯魯丁，你要去哪裡？」那斯魯丁說：「說真的，我不知道，不要問我，問這一隻驢子。」那個人覺得很困惑，他說：「這是什麼意思？」目拉・那斯魯丁說：「你是一個朋友，所以我必須對你坦白、對你真實。這隻驢子很死心眼、很固執，就好像所有的驢子一樣，牠會給我製造難題。當我經過一個市場或是一個城鎮，如果我堅持說我們應該走這一條路，牠就堅持要走另外一條路，在大庭廣眾之下，它變得很荒謬，因此我變成一個笑柄，人們說：甚至連你的驢子都不跟你走！所以我定下一個規則：不管牠要走到哪裡，我就跟著牠走。自從我這樣做之後，每一個人都認為是驢子在跟著我，但事實並非如此，驢子覺得很快樂，而我的聲望也沒有問題。」

每一個偉大的領導者都只是在繼續跟隨他的跟隨者，他一直在看風吹向哪裡，他必須永遠趕在前面，那就是成為一個偉大領導者的奧祕，你必須能夠知道人們想要什麼。在他們覺知到他們想要什麼之前，你必須給他們一個口號，那麼他們就會跟隨你。

這隻猴子一定是一個領袖，牠必須表現出牠並不害怕，即使在一個國王面前牠也不害怕。其他那些可憐的、平凡的猴子都逃走了，但牠不是一隻平凡的猴子，牠本身也是一個王，牠必須停留在外面，牠必須停留在那裡，這樣牠才能夠在其他猴子的眼中獲得更多的聲望。

然而有一隻猴子仍然停留在那裡，完全不在乎，從一根樹枝盪到另外一根樹枝，那是一種超乎尋常的炫耀。

吳王拿起一把箭射過去。

你們的國王跟這隻猴子並沒有太大的不同，這對國王是一種侮辱，這隻猴子的表現是一種侮辱。所有的猴子都逃走了，那是很自然的。但是現在那隻猴子所面對的是一個偉大的國王。在國王的眼裡看來，牠只是一隻平凡的猴子試著在展現牠自己，在表現牠自己的厲害。不，這是不能夠被允許的，因為國王也有他自己的跟隨者，國王必須顧慮到那些人的想法，如果連一隻猴子對他都不害怕、不介意，那麼他的隨從們將會怎麼想。這隻猴子必須被殺死。不管你是一個人或是一隻猴子，那個邏輯都是一樣的。

吳王拿起一把箭射過去，但是那隻猴子很靈巧地將那支箭接住。
然後吳王就命令他的隨從一起射箭。

因為這隻猴子顯得太傲慢了、太膨脹自我了。看……國王能夠看到猴子的自我，但是他看不到他自己的自我。

這種事到處都在發生。在每一個關係裡，你總是能夠看到別人的自我，但是看不到你自己的自我，別人也是一直看到你的自我。這是由人所寫下來的一個故事，假設由猴子來寫這個故事，那麼牠的描述將會完全不同。假設由猴子裡面的莊子來寫這個故事……那麼牠一定會寫說那個國王非常傲慢、非常固執，在不必要的情況下使用暴力。因為那隻猴子並沒有做錯任何事，牠只是在享受牠自己，國王為什麼要覺得受到冒犯呢？為什麼他會覺得這隻猴子必須被殺死？那個國王一定是一個非常非常自我主義的人。他試圖要去殺那隻猴子，而那隻猴子只不過是在保衛牠自己，牠並沒有做其他的事。

如果你從猴子的觀點來看這個故事，它將會完全不同，但那個基礎是一樣的，這種事一直都在發生。一個具有智慧的人總是同時由別人的觀點來看每一個問題。如果你只有一個觀點，那麼你不可能是聰明的，有時候要試著站在別人的鞋子裡，試著從那裡來看。

有很多配偶來到我這裡，太太和先生，他們之間有很大的問題，最大的問題，因為夫妻是人生的基本單位。有很多緊張、很多自我、很多虛假一直一直在繼續著，它變成一個地獄。有很多夫妻來到我這裡，我總是建議他們用一天的時間試著扮演對方的角色，讓太太變成先生，而先生變成太太。用二十四小時的時間來嘗試對方的角色，這樣做將會很容易可以了解對方，即使在一個小時的對話裡，你們也可以扮演對方的角色，從對方的觀點來回答，這樣做你們將能夠消除雙方的緊張而覺得很放鬆。

一個人必須具有足夠的彈性去看出別人在那個片刻怎麼感覺。先生回到家裡，他說了一些事情，他覺得沒有什麼，但是太太覺得被冒犯了，他不能夠了解到底是怎麼一回事，他覺得他並沒有說什麼。要靜心一點，站在太太的立場，把你自己想成太太，然後先生回家說了同樣的話，你會怎麼感覺？這樣做的話，你就能夠立刻了解太太為什麼會那樣感覺。如果你能夠了解對方，你就能夠了解你自己更多。別人總是看到你是一個自我主義者，但是你從來不會看到這一點，你對你自己是盲目的。

那個國王也是盲目的，他能夠看到這隻猴子在炫耀，但是他不能夠看出為什麼他自己會覺得被冒犯。讓牠炫耀好了，猴子總歸是猴子，讓牠去享受好了；牠並沒有對任何人做出任何事，牠只是從一根樹枝跳到另外一根樹枝，牠只是在那裡擺盪、玩遊戲。讓牠玩，那個國王為什麼要這麼在意呢？他覺得受到侮辱，他覺得這隻猴子好像是在說：你並不算什麼，我對你一點也不在意。你或許是人類的國王，但是猴子不理睬你。我也是一個國王，你在我的面前並不算什麼，你能夠像我一樣從一根樹枝盪到另外一根樹枝嗎？

據說當達爾文發現人類是由猴子進化而來的時候，有人反駁他說：「你要先問一下猴子。」我也是持同樣的看法，如果我們問猴子，牠們一定不會說人類是一種進化。他是一種退化，是從猴子退化而來的。看……猴子比你更強，牠們能夠做一些你不能夠做的事，牠們比你快樂很多，牠們比你更享受生命，所以你透過你的進化得到什麼呢？一些靈巧的機械裝置嗎？或是你們的武器或原子彈？你為什麼認為它是一種進化、一種成長、或是一種發展？如果你去問猴子們，牠們將會覺得好笑，牠們會說你是傻瓜。你甚至連用四隻腳走路都做不到，你不能夠像猴子一樣爬樹。

猴子和國王都坐在同一條船上。

吳王拿起一把箭射過去，但是那隻猴子很靈巧地將那支箭接住。

吳王比那隻猴子更暴力，因為那隻猴子的炫耀只是在問：你為什麼要殺我？然而人類比任何動物都更暴力。

在東京有一座動物園，如果你去到東京，一定不要錯過那座動物園，你一定要去看！那裡各種野生動物都有，那裡有好幾百個籠子，最後一個籠子上面有一塊告示牌寫著：「最危險的動物。」但是那個籠子是空的。如果你去找——你一定會去找——那隻最危險的動物，你一定會找到他，因為那裡有一面鏡子。

猴子在牠們的自我裡面仍然是天真的。猴子具有牠們的自我，但牠們仍然是天真的，牠們並沒有那麼暴力。但人是暴力的，人似乎是唯一暴力的動物。老虎會殺其他動物或人，獅子也會殺其他動物或人，但是牠們只是為了要吃，從來不為其他原因。然而人們殺動物或人並非只是為了要吃，他們還會去享受那個「殺」，打獵對他們來講是一種遊戲。他「殺」只是為了「殺」的目的。世界上沒有任何動物會殺牠自己的兄弟姊妹，從來沒有！獅子不會殺另外的獅子；猴子不會殺另外的猴子；人是唯一會殺另外的人的動物。每一種動物都具有與生俱來的保護作用；動物學家說：「每一種動物都帶著一種不殺同類的天性。」但是人類似乎誤入了歧途，他會殺他的同類。在動物世界裡，沒有像戰爭這一類的事，雖然牠們有各別的爭鬥。動物具有更多的了解性。如果兩隻狗在打架，遲早在幾分鐘之內，牠們就會達到一種了解。而人從來不會達到這種了解；除非他殺，否則似乎沒有其他方式可以解決。甚至連狗都比人更聰明。如果兩隻狗互相在吠，露出牠們的牙齒，跳到對方身上，那只是一種展示，牠們只是試著在感覺那個氣勢，看看誰比較強，那是一種虛假的戰鬥，牠們還沒有真正開始。當其中一隻覺得牠並沒有那麼強，那麼牠就知道打下去也是沒有用的，所以牠會擺動牠的尾巴來叫停！然後那個事情就結束了，牠們已經達到一種了解。那個階級就確立了，當然是那個比較強的會贏，所以為什麼要進行不必要的爭鬥呢？

只有人是愚蠢的、是最愚蠢的動物，因為他從來不相信較弱的會被打敗，而較強的會勝利。這是很平常的算術，較強的會勝利，所以為什麼要爭鬥？沒有這個需要。希特勒可以向史達林大聲吠，史達林也可以向希特勒大聲吠，他們兩個可以請來他們的數學家，算算看誰有較多的飛機和較多的炸彈。幾分鐘之內事情就可以解決，然後你也可以搖尾巴來叫停，不需要進入戰爭，因為戰爭只能夠證明出那個在桌子上可以做的——那就是：誰最強。為什麼要浪費，為什麼要浪費那麼多人？

然而事情不可能如此。人類太過於自我主義了，甚至連那個比較弱的也認為他或許會贏。沒有其他動物會如此地自我欺騙，牠們只需要用虛假的戰鬥來判斷誰比較強，然後事情就結束了。你會說那隻搖尾叫停的狗是一個懦夫，不，牠並不是懦夫，牠只是比較聰明。牠比較弱，所以再打下去有什麼用呢？它已經被證明了，它很單純地被證明而不需要任何流血。即使透過爭鬥也只能證明出同樣的事情，為什麼要不必要地進入戰爭？這樣做是比較經濟的。

然後吳王就命令他的隨從一起射箭。

注意看那個愚蠢！只是為了要殺死一隻猴子，吳王竟然動用那麼多人一起射箭，很多人從四面八方來攻擊那隻猴子。

那隻猴子立刻被很多支箭射中，從樹上掉下來而死。

吳王一定覺得心情很好，因為他完成了一件事。但是你看看那個愚蠢，那麼多人一起射，吳王一定至少有一百個隨從，用一百個人來殺死一隻猴子，然後覺得很好、覺得勝利，那些猴子一定會取笑這種做法。

那隻猴子立刻被很多支箭射中，從樹上掉下來而死。

然後吳王就轉頭過來告訴他的同伴顏不疑……

你看，甚至在我們愚蠢的行為裡，我們也證明說我們是聰明的。吳王不必要地殺死了一隻猴子，這種做法再怎麼說也不能算是一種勝利。只是為了要殺死一隻猴子，就動用一百個人帶著弓箭齊射，而那隻猴子沒有任何武器，全身赤裸裸的，沒有任何保護。

這是一種勝利嗎？這根本不是一種勝利，這甚至連外交手腕都談不上，即使在平常，如果我們要跟一個戰士戰鬥，我們也會給對方一個武器，他必須也有一把劍，他必須也有同樣的保護，在兩個人都具有同樣保護的情況下戰鬥。然而，一隻無辜的、沒有受到保護的動物卻被殺死了。

吳王很愚蠢，你聽聽看他的勸告——甚至當我們很愚蠢，我們還是一直覺得我們很聰明。他說了些什麼呢？他告訴他的同伴顏不疑說：

你有看到這整個事情嗎？這隻動物展現了牠的靈巧，牠信任牠自己的技術，牠認為沒有人能夠抓到牠。記住！當你跟人交往的時候，不要依靠你的卓越和才能！

這是最微妙的事情之一，必須加以了解。當我們在勸告別人的時候，我們總是很聰明，但是當我們陷入同樣的陷阱、同樣的困難或同樣的危機，我們就沒有那麼聰明了。如果別人帶著一個難題來找你，你就能夠給他一個很好的勸告，而那個勸告可能是對的。但是如果你有同樣的難題，你就無法給你自己同樣的勸告，為什麼呢？因為當那是別人的問題時，你是超然的。

吳王告訴他的同伴：

你有看到這整個事情嗎？這隻動物展現了牠的靈巧，牠信任牠自己的技術，牠認為沒有人能夠抓到牠。記住！當你跟人交往的時候，不要依靠你的卓越和才能！

他能夠看到猴子的愚蠢，但是他卻看不到他自己所作所為的愚蠢，而且，就我的感覺，他所做的事情比猴子還愚蠢。

他也一樣在炫耀他的技能，他也一樣在展現他的才能，他不僅對人這樣做，而且還對猴子這樣做。他在炫耀他是誰：他不是一個平凡的人，他是一個不平凡的國王。他不是泛泛之輩。然後他勸告他的朋友：

當你跟人交往的時候，不要依靠你的卓越和才能！

但他的勸告是對的。

這種事有可能發生，它已經發生過很多次了——那個朋友接受了這個勸告之後，整個人就改變了，而吳王還是保持一樣。所以，如果你真的能夠學習，你也能夠從一個愚蠢的人那裡學到東西；如果你無法學習，即使一個佛也是沒有用的，你也無法向他學習。有時候那個給你勸告的人仍然保持一樣，而如果你能夠學習，你就能夠蛻變你自己。

有時候老師被留在後面，徒弟卻進步很快而達到目標。並不是因為你能夠給予別人很好的勸告，就表示說你已經達到了那個真理。

這是好的，那個勸告是很美的，「道」也是這樣說。「道」也是給予同樣的教導，但是「道」的教導跟吳王的頭腦是不一樣的，莊子把他的教導放進吳王的口中，但是吳王只是好像一個學者或是一個博學家，他將那些文字表達出來，但是他並沒有去經驗它，它不是一個活生生的經驗，它只是一個教條。吳王一定是從什麼地方聽來這一句話，或許是從某個道家的來源，因為這是他們重要的訣竅之一。

你有看到這整個事情嗎？這隻動物展現了牠的靈巧，牠信任牠自己的技術，牠認為沒有人能夠抓到牠。記住！

不要炫耀、不要展現，否則你將會遭到不必要的麻煩，你將會引來不必要的難題。你甚至還會因為過分涉入它而丟了你的命。

當你跟人交往的時候，不要依靠你的卓越和才能！

這個勸告來自吳王的口中。那個朋友真的是一位智者，他並沒有去顧慮吳王本身是否遵循他自己所說的。在你的人生當中，你也應該不要去顧慮那一點，只要接受那個勸告來蛻變你自己，然而你通常會去顧慮。

去想瓶子有什麼用呢？只要取出那個內容物就好了；去問那個容器有什麼用呢？只要去嘗那個內容物就可以了。如果那個內容物是好的，你就把那個容器忘掉。吳王跟猴子的心態是一樣的，甚至比猴子的心態更糟糕，但是他道出了道家教導的奧祕之一。他或許讀過它，他或許有被教過這樣的事情，突然間那個情況引出了他的知識，所以他就告訴他的同伴說：不要炫耀！不要變成一個表現者，否則你將會陷入麻煩，當你跟人交往的時候，不要依靠你的卓越和才能，為什麼呢？因為每一個人都是一個自我主義者。如果你依靠你的才能，你將會陷入麻煩，因為你將會製造敵人；如果你依靠你的卓越，你將會陷入麻煩，因為在你的周圍將會產生很多敵人，沒有人希望你比他們更優越。

有一次目拉·那斯魯丁來找我，他非常興奮，他說：「現在你必須幫助我！」我問他說：「到底是怎麼一回事？」他說：「我覺得很恐怖、很糟糕，最近我一直在產生自卑感，幫助我！想想辦法！」所以我說：「再描述清楚一點，你為什麼會產生自卑感？」他說：「最近我一直覺得每一個人都跟我一樣好。」

每當你展現出你的才能，你就是在表示說別人沒有你好——別人會因此而被冒犯。記住，只是一隻猴子在樹上盪來盪去，吳王就被冒犯了……

如果你展現你的卓越，如果你說你很了不起，如果你試圖以很微妙的方式來展現你的才能，每一個人都會被冒犯，他們無法原諒你，他們將會採取報復，對於每一個突出的人，群眾都會採取報復。耶穌被釘在十字架上也許就是因為群眾無法忍受他的優越感——他的確比較優越。他們無法忍受這個具有高品質的人，他是不平凡的，他們必須殺死他。雅典人無法忍受蘇格拉底，他是很稀有的，他是曾經被生下來最獨特的頭腦之一，他的頭腦非常具有穿透力，沒有人能夠比得上，雅典人無法忍受他，每一個人都覺得被冒犯。

莊子說：當你跟人交往時，不要依靠你的才能。要隱藏起來！必須記住，道家的師父從來沒有被釘在十字架上或是被毒死，從來沒有，因為他們從來不依靠才能，他們從來不說他們跟你不一樣，他們從來不說他們比你更高、比你更神聖，不，他們從來不說任何東西，他們以這樣的方式來舉止，使得他們周遭的每一個人都覺得他們比道家師父更優越。

莊子本身過著一種非常平凡的生活、一種很美的生活，甚至沒有人察覺有一個生活在不平凡層面的人在那裡。當他走過一個村子，那個村子裡面的人也不知道說莊子走過去。

有一次，國王從某一個來源知道莊子，謠傳說他是一個非常聰明的人。所以他就派宰相去找他，但是要去哪裡找他呢？他沒有家、沒有地址，他是一個流浪漢。莊子常說，如果你停留在一個地方，你就很難隱藏起來，人們將會開始察覺。因為你具有某些東西，他們將會察覺，漸漸地，他們將會知道。所以在他們知道之前，你就要離開他們，否則你將會陷入麻煩。所以他經常在流浪——沒有地址、沒有家，要去哪裡找他呢？

但他們還是試著去找他，國王下了命令，他們就必須去找，他們問了很多道家的師父說：「我們要到哪裡才可以找到莊子？」他們說：「非常困難，沒有人知道，他的行動又像雲、又像風；來無影、去無蹤，但是如果你去找他，如果有一些村民說：這裡有一個人，他的生活極為平凡，那麼你就去抓那個人，他或許就是莊子。」他們就是這樣找到他的。

在一個村子裡，有人說：「是的，有一個人剛剛來到我們這個村子，他極為平凡。」你無法找到一個比他更平凡的人，當他問他們說他在那裡，他們說：「他在河邊釣魚。」他們去到那裡告訴莊子說：「國王問到你，所以我們一直都在找你，你想不想跟我們入宮？你想不想成為宮中的一員？你想不想成為國王的顧問？」

莊子說：「等一等，讓我想一想。」當他們隔天跑來問他，他已經不在那個村子了，他已經逃走了，因為人們已經察覺他，他們已經知道他了。

一個道中之人不論做什麼事都完全不標榜自我，為什麼呢？因為如果你展現才能，人們就不會原諒你，人們可以原諒愚蠢的人，但是他們不會原諒聰明的人，那就是為什麼耶穌被釘在十字架上、蘇格拉底被毒死。站在一個耶穌或一個蘇格拉底的面前，你會覺得非常自卑，因此你怎麼可能原諒他們！你們將會群起而攻之，那是很自然的，你們將會一起攻擊他，將他殺死，這樣你們才會覺得釋下重擔。

耶穌是那麼地高超，他只要站在你的身旁，你就會覺得自卑。他必須隱藏他自己。這個教導是非常基本的，國王將這些話告訴他的侍從顏不疑。

當他們回到家裡，顏不疑成為聖賢董梧的門徒，藉以去除每一樣使他突出的東西，他放棄了所有一般的快樂，他學會了隱藏他的每一種卓越。

很快地，在他的王國裡，沒有一個人知道要怎麼樣來面對他，因此他們對他保持敬畏。

有很多件事：顏不疑這個人真的是一位智者。他不管那個訊息是誰給他的，他不去管那個工具，他只是接受那個訊息。

記住……你總是在顧慮那個工具。如果我告訴你一些什麼，你就開始去想關於我的事，這個人是否可靠，這個人是否已經達成他所說的。首先你會想被我的一切所說服，但那是不可能的。任何我所說的，你要注意去聽，完全把我忘掉，至於我有沒有達成，那是我的事，那不關你的事。為什麼你會去顧慮它呢？任何我所說的，如果你能夠感覺它的芬芳，那麼你就去嘗試那個藥，而不要去嘗試醫生。不要去顧慮醫生，要關心那個藥，因為到頭來還是要由藥物來治療你。即使從一個庸醫那裡，你也可能找到正確的藥，相反的情形也可能，從一個好的醫生那裡，你也可能拿到錯誤的藥，真正的重點在於藥本身。

顏不疑這個人一定是一個非常聰明的智者，否則他一定會想說吳王這個笨傢伙，他竟然還敢勸告我，他自己本身都帶著「分別」來生活，他自己都過著一種展現主義者的生活。

沒有人像國王一樣地在生活，他們總是在王位上炫耀，他們總是要讓每一個人都很清楚地了解說沒有人像他們一樣，他們在一般人和他們自己之間創造出一個距離、一個差距。你不能夠將你的手放在國王的肩膀上，不！他將會覺得被冒犯：你在幹什麼？你是在說你跟我平等嗎？你將會被殺頭。

據說希特勒從來不讓任何人將他的手放在他的肩膀上，從來不可以！沒有一個朋友可以這樣做，沒有人可以直呼他的名字「希特勒」，人們必須稱呼他為元首，沒有人被允許使用他專有的名字，因為那會聽起來好像是在叫一個朋友。他從來沒有愛過任何女人，因為很難去愛一個女人而不使她跟你平等，那是不可能的，而女人非常聰明、非常狡猾，如果你愛她們，她們不僅會試著跟你平等，她們還會試著要比你更優越，她們甚至還可以證明它。他從來沒有愛過一個女人，他跟女人有過一些關係，但那從來不是一個愛的關係，只是性的關係，他對待女人就好像在對待僕人，不僅是好像在對待僕人，而且是好像在對待奴隸。

他跟一個女人生活在一起很多年，有一天發生了一件小事，那個女人想要去看她的母親，因為她的母親生病躺在醫院裡。希特勒說：不！他非常獨裁；如果他說不，他就是真的不。那個女人想，她不想再討論了，她想說利用希特勒上班的時間去看她的母親，幾分鐘之後就回來，這樣就不會有問題。

希特勒上班去了，那個女人跑去看她的母親，然後在希特勒下班之前就回來了。在門口他問說他的女朋友有沒有出去過，他問說她有沒有去過醫院，守門者告訴他說有，然後他進到屋子裡，一句話都沒有問，就將她殺死，他立刻開槍打死她，這算是那門子的愛？這種事只有奴隸能夠忍受。

愛使你們平等。一個自我主義的人不能夠愛，因為愛會使你們平等。只有兩種力量會使你們平等：一個就是愛，另外一個就是死。當你愛一個人，你就變成跟那個人平等，如果你真的愛，在那個愛的片刻，你將覺得整個存在都是平等的，沒有一個人是較低的，也沒有一個人是較高的，每一個人都是獨一無二的，每一個人都是不同的，但是沒有一個人是較低的，也沒有一個人是較高的。

在愛當中，你會感覺到跟整個存在有一種溝通，每一樣東西都變得很平等，都變得同樣很有價值。死亡是最大的能夠使你們平等的東西，當你死的時候，所有的分別都消失了，一個死的希特勒就好像一隻死狗，沒有什麼差別，你可以看出一隻死狗和一個死的希特勒或甚至一個死的佛之間有什麼差別嗎？它們之間沒有差別，那個屍體都是一樣的：灰塵覆蓋在灰塵之上。那些能夠愛的人會變成跟整個存在平等，會感覺到跟整個存在平等，甚至跟石頭都平等。

如果你處於愛之中，你將會感覺到有一個震動，那個震動使你感覺到每一樣東西都平等，即使一塊石頭跟你也是平等的，那麼就沒有死亡，因為如此一來你就不會死——你已經感覺到跟存在的合一，這個合一將會持續。形式將會消失，身體將不復存在，但是最內在的合一將會繼續保持下去，你將會以一個新的波浪升起，你將會以新的樹木開花，你將會以新的人來歡舞，不管怎麼說，你都將會繼續下去。

這是最似非而是的事情之一——你是獨一無二的，但同時跟你存在是一體的。這個矛盾是不能夠被解釋的，你必須去經驗它。你是獨一無二的，但同時你跟整個存在是一體的。

當他們回到家裡，顏不疑成為聖賢董梧的門徒。

他不去顧慮吳王是否將他自己所給出的勸告放在他自己心上。吳王仍然按照舊有的方式行事，但是顏不疑卻因為那一句話而改變了他的整個存在，他回去之後就成為聖賢董梧的門徒。如果你想要改變你的人生，你就必須變成一個門徒，因為單獨一個人真的非常困難，單獨一個人幾乎不可能，你需要得到一些已經知道的人的幫助，你必須信任一個走在你前面的人。

修行意味著從某一個人那裡學習，臣服於某一個人，對某一個人具有接受性；不是去遵循或模仿，而是去吸收他的了解，好讓你自己內在的火焰能夠被點燃；靠近一個已經被點燃的火焰，好讓你自己的火焰也被點燃，然後你就可以自己行動，然後你自己就可以變成一個宇宙，但是在這之前很難找到正確的途徑、很難去行動、很難去達到正確的途徑。

當你靠近一個聖人，有很多事都會變得可能，有很多不可能的事都會變得可能，因為聖人是世界上唯一的奇蹟。他生活在肉身裡，但他已經不再是那個肉身，他在這裡跟你在一起，但是他已經不再跟你在一起；他碰觸你，但是你和他之間存在著一個非常大的、無限大的距離。聖人是唯一的奇蹟。如果你生活在他的周圍，只要靜靜地吸收他的一切，喝他的酒，很快你就能夠感覺到那個奇蹟，它將會開始改變你。

它就好像當你生病的時候，你去到瑞士，瑞士能夠做什麼呢？但是那裡的整個氣氛都是健康的，在那個健康的氣氛之下，你的疾病不可能再持續下去。你的疾病需要支持，但是在那裡沒有什麼東西可以支持它，所以它就垮掉了，沒有支持，它就垮掉了。

靠近一個聖人，你就改變了你的氣氛。你跟那些和你一樣無知的人生活在一起，你會感受到有一種氣氛、一種環境，然後你去接近一個聖人，那個氣氛就改變了，你就好像去到了喜馬拉雅山、去到了阿爾卑斯山、去到了瑞士。如此一來那個氣氛就不同了，現在他將不會支持你的疾病，他會漸漸帶走所有的支持，沒有那些支持，疾病就垮掉了。當沒有疾病，你自己的健康就會開花。

一切所需要的就是移開那些疾病——健康已經在那裡了，它不需要再給予，只要移開疾病，健康就會開花。靠近一個聖人，那個氣氛就改變了，但是你必須敞開。如果你去到瑞士，但是你還用鐵甲包住你自己，你將不會被改變，因為你的鐵甲將會在它裡面帶著它自己的氣氛。去到一個聖人那裡，不要有任何鐵甲、不要有任何防衛，這就是臣服的意思。

當他們回到家裡，顏不疑成為聖賢董梧的門徒，藉以去除每一樣使他突出的東西。

看……我們一生當中所做的就是學習要如何變得很突出，如何在班上爭取第一名、如何在大學裡名列前茅、如何贏得金牌、如何贏得諾貝爾獎、如何在某一方面表現突出——任何一方面都可以。

有一次目拉・那斯魯丁敲一個大馬戲團經理的門，他說：「你必須注意看我，我會一個很棒的表演！我是一個侏儒。」經理看著那斯魯丁，他有六呎二吋高，而他卻說：「我是一個侏儒！」所以那個經理說：「你在說些什麼？你看起來好像有六呎二吋高！」那斯魯丁說：「是的，你說得對，我是全世界最高的侏儒。」

頭腦一直在找尋一些方法要成為突出的。如果你不能夠成為其他任何東西，至少你能夠成為最高的侏儒，但是不論如何都要成為某號人物。整個教育、文化和文明都教你要成為突出的，而道說：不要成為突出的，放棄一切突出；只要成為平凡的、只要成為簡單的。容易是對的，成為平凡的就是對的，因為成為平凡的，你就會很容易。如果你想要成為不平凡的、突出的，你將永遠都會保持不安和緊張，因為你必須去證明某些東西，你必須去說服別人，那麼你的整個人生都將會永遠保持猶豫不決，當你猶豫不決，你的內在就會搖晃或顫抖。

……顏不疑成為聖賢董梧的門徒，藉以去除每一樣使他突出的東西，他放棄了所有一般的快樂，他學會了隱藏他的每一種卓越。

很快地，在他的王國裡，沒有一個人知道要怎麼樣來面對他，因此他們對他保持敬畏。

道說，當沒有人知道要用你來做什麼——你是那麼地平凡，沒有人知道要用你來做什麼，沒有人知道你有任何用途，你無法被使用，你是那麼地平凡，沒有任何才能——那麼，他們說，這樣真正的奧祕才會透過你而顯示出來，那麼你就變成了真正的奧祕。當你不能夠被使用，你就變成好像神一樣。它的意義是什麼？每當你被使用，你就變成一件物品；每當你不能夠被使用，你就變成一個人。

一個人並不是一個實用物，東西才是一個實用物。如果某人問你：你是誰？你說：我是一個醫生。你是意味著什麼？你是意味著社會把你當成醫生來使用。它是一種功能，而不是一個人格，它不是你的人，不是你的存在，它是一種實用物——社會以一個醫生來使用你。

某人是一個木匠，另外某人是一個鞋匠，這是你整個人的存在嗎？或者它只是社會的一個實用物。社會把你當成一樣東西來使用。你越有用，社會就越會珍視你，但是如果你放棄所有的才能，如果你變得非常平凡，沒有人知道要把你當成什麼，沒有人能夠使用你，那麼你就超越了社會，如此一來，你就不再是一樣東西，你已經變成一個人。這並非意味著你什麼事都不做，你還是會做事，但是沒有人會使用你，你會自己去做，它將會是你的開花。

玫瑰花開，但它並不是為了那些經過的人而開的，它並不是為了那些要看的人而開的，它並不是為了那些要聞到花的芬芳的人而開的，不，它是自己開花的。一個道中之人依靠他自己的力量開花，他就好像一朵玫瑰花，他不是一個實用物。一個不知道他自己最內在本性的人一直都好像是一樣東西，一直都好像是在櫥窗裡展示的東西，一直都在等待別人來使用他，他具有很多證書和特殊才能，他一直在喊著：來使用我，使我成為一樣東西，我是一樣非常有價值的東西，你將無法找到任何比我更好的東西，來使用我！這就是你的整個吶喊。如果這就是你的整個吶喊，你將會變成一樣東西。

一個道中之人會放棄所有特別的東西，他會燒掉所有的證書，他會毀掉所有的橋，他會停留在他自己裡面，他會變成一朵花，而這個開花是沒有目的的，它不具實用性。有很多人會從它得到好處，但它並不是在為他們，它是在為那個人自己，他已經達成了他自己的命運，那麼滿足就會產生。

如果你成為一樣東西，你將永遠都不會滿足，因為你必須成為一個人、一個真實的人。你不要成為一樣東西，不要成為一個先生，因為成為一個先生是一樣東西；你不要成為一個太太，因為成為一個太太就是成為一種實用的東西。只要成為一朵花，那麼你就能夠愛，但是不需要去成為一個先生，也不需要去成為一個太太。你可以分享，但是不需要去宣揚。花兒開花，它不需要任何宣揚，如果某人分享了它的快樂，那是沒有問題的；如果某人經過了那個地點，那也是沒有問題的。當你為你自己開花，每一樣東西都沒有問題，沒有一樣東西是錯的。當你是為了其他人；當你只是在櫥窗裡面等著；當你被貼上標籤、被定下價錢、被擺在目錄裡、被廣告，你將永遠無法達到滿足，因為東西是死的，只有人才是活生生的。

要成為活生生的，要成為一個人。如果你繼續模仿別人，你將永遠無法成為如此；如果你一直停留在猴山，你將永遠無法成為真實的，你將會繼續成為虛假的。放棄所有的虛假、展現和炫耀。只要成為你自己，只要成為平凡的、獨一無二的，然後滿足你的命運。其他沒有人能夠為你去做它。你可以吸收我，但是你不能夠跟隨我所說的，我從來沒有跟隨過任何人，我有我自己的途徑，你也將會有你自己的途徑，你將會在一個從來沒有人走過的途徑上移動，而這個途徑也將不會有人再去走。

靈性的世界並沒有留下任何腳印，它就好像天空，一隻鳥飛過，沒有留下任何腳印，沒有人能夠跟隨。只要對我產生興趣，快快樂樂地跟我在一起，你就能夠吸收，那將會變成你裡面的一個光，那將會顯示給你一個途徑，但是不要模仿，不要相信或不相信，不要一直用頭腦，不要成為一隻猴子，要成為一個人。

第6章 讓海鳥聽交響樂

你不能夠將很多東西放進一個小袋子裡，你也不能夠用一條短的繩子從一個很深的井取水。

你有沒有聽過一個故事？有一隻海鳥被吹到內陸，降落在魯國首都的外面。魯王下令為牠開一個很隆重的歡迎會，他在聖區的「太廟」擺下宴席，請那隻海鳥喝酒，他召來樂師，奏出非常美好的交響樂，他宰了羊來滋養牠。被那些交響樂弄得頭昏眼花，那隻悶悶不樂的海鳥就失望地死了。

你要如何對待一隻鳥呢？是要把牠當成你自己來對待，或是要以一隻鳥來對待牠？一隻鳥不是應該築巢在森林裡，或是飛過草原和沼澤嗎？牠不是應該在河裡或池塘裡游泳，以鰻魚和魚類為生，跟其他水鳥成群結隊一起飛翔，然後在蘆葦裡休息嗎？

一隻水鳥被人類所包圍，被他們的聲音所驚嚇，這已經是糟透了！這樣還不夠！他們還用音樂來殺死牠！

魚需要水，而人需要空氣，他們的本性各有不同，需要也各有不同。因此年老的智者不用一個尺寸來衡量所有的東西。

「顏淵東之齊，孔子有憂色。子貢下席而問曰：『小子敢問：回東之齊，夫子有憂色，何邪？』孔子曰：『善哉汝問！昔者管子有言，丘甚善之，曰：「褚小者不可以懷大，綆短者不可以汲深。」夫若是者，以為命有所成而形有所適也，夫不可損益。吾恐回與齊侯言堯舜黃帝之道，而重以燧人神農之言。彼將內求於己而不得，不得則惑，人惑則死。且女獨不聞邪？昔者海鳥止於魯郊，魯侯御而觴之于廟，奏九韶以為樂，具太牢以為膳。鳥乃眩視憂悲，不敢食一臠，不敢飲一杯，三日而死。此以己養養鳥也，非以鳥養養鳥也。夫以鳥養養鳥者，宜栖之深林，遊之壇陸，浮之江湖，食之鰌鰷，隨行列而止，委蛇而處。彼唯人言之惡聞，奚以夫譊譊為乎！咸池九韶之樂，張之洞庭之野，鳥聞之而飛，獸聞之而走，魚聞之而下入，人卒聞之，相與還而觀之。魚處水而生，人處水而死，彼必相與異，其好惡故異也。故先聖不一其能，不同其事。名止於實，義設於適，是之謂條達而福持。』」

——《莊子．外篇．至樂》

並沒有一種人類的本性，而是有很多人類的本性，每一個個人本身都是一個宇宙，你無法做出任何通則，所有的通則都會變成虛假的，這一點必須被深深地記住，因為在這個途徑上，你很可能會開始遵循一些規則，一旦你成為那些規則的犧牲品，你就永遠不會知道你是誰。

唯有在完全自由的情況下，你才能夠知道你自己，那些規則是枷鎖。那些規則是枷鎖，因為其他沒有人能夠為你製造規則；他或許透過這些規則而發現了真理，但那些只是適合他的規則。本性因人而異——某些規則能夠幫助他，但是它們將無法幫助你；相反地，它們將會阻礙你。

所以，讓了解成為唯一的規則。

學習、在了解的方向上成長，但是不要遵循規則，規則是死的，了解是活的；規則將會變成一個枷鎖，而了解能夠給你無限的天空。每一個人都背負著規則的重擔，每一種宗教都變成只有規則。因為耶穌達成了、因為佛陀達成了，因此他們的生活就變成其他每一個人都要遵循的規則，但別人並不是喬達摩佛、別人並不是耶穌基督，所以最多你只能夠變成一個裝出來的複製品，你永遠都無法成為你真正的自己。如果你過分遵循耶穌所說的，你將會變成一個基督徒，但是你永遠無法變成一個基督，那是很危險的。變成一個基督徒而錯過了基督，那是不值得的。你可以變成基督，但是要變成基督的話，耶穌不能夠成為你的規則，只有你自己的了解才是你所要遵循的法則。

耶穌並沒有遵循任何人所說的話，他有一個師父叫做施洗約翰，但是他從來沒有遵循任何規則。他感覺他的師父，他跟師父在一起，他注意看著師父的火焰，他吸收了師父，他接受師父的洗禮，但是他從來沒有遵循任何規則，施洗約翰的其他跟隨者反對耶穌，他們說：這個人出賣了你。他以他自己的方式在做，他並沒有嚴格地遵循規則。沒有一個具有了解性的人能夠很嚴格地遵循規則，只有那些死氣沉沉的人能夠很嚴格地遵循規則，因為沒有一個規則是為你而做的，你才是你自己的規則。了解、從別人那裡學習，這些只是要找出你自己的規則，但是你要記住，永遠不要將那些規則強加在別人身上——那是暴力，你們所謂的聖雄一直在將那些規則強加在別人身上，因為透過那些規則，他們能夠扼殺和摧毀，他們能夠享受那個暴力。他們的暴力非常微妙，他們不直接殺你，他們非常間接地殺你。如果某人直接攻擊你，你會保衛你自己。但是當某人打著為你著想的旗子而間接攻擊你時，你就變成了一個十足的犧牲者，你甚至無法保衛你自己。

有很多師父只不過是在使用暴力，但是他們的暴力非常微妙，所以每當你靠近一個人，他想要將他的規則強加在你的生活上，想要給你一個固定的框框，想要給你一個窗子，讓你透過那個窗子來看真理，那麼你就要逃離他，他是危險的。一個真正的師父不會給你一個窗子，叫你透過那個窗子來看真理，他會把你帶到天空下，他不會給你一個模式來作為生活的依循，他只會給你那個感覺和了解，而了解將會幫助你去行動；了解是自由的，而且是你自己的。

記住……因為你不想去了解，因為了解是困難而且費力的，因為了解需要勇氣、了解需要蛻變，所以你就變成那些想要給你規則的人的犧牲品。規則是代替品，你可以很容易得到它們，你可以很容易使你的生活變成一個有規範的生活，但這將會是一件虛假的事，你也許可以演戲或偽裝，但這不可能是真實的。

我想要告訴你一個猶太教的故事。耶穌一定聽過這個故事，因為這個故事比耶穌來得古老，而當時每一個人都知道這個故事，他一定從他的母親瑪麗，或是從他的父親約瑟夫那裡聽過這個故事。這個故事很美，或許你也聽過。

這個故事就是，有一個所謂的智者，幾乎可以稱得上是一位猶太教的法學專家……我說「幾乎」，因為他雖然是一個猶太教的法學專家，但是要成為一個真正的猶太教法學專家是很困難的。成為一個真正的猶太教法學專家意味著你已經成道了，然而事實上他只是一個教士，他什麼事都不知道，但是人們知道他，人們認為他是一個智者。有一次他從鄰村要回家，在途中他看到一個人帶著一隻很漂亮的鳥，他將那隻鳥買下來，然後開始自己想：「回到家裡我一定要將這一隻鳥煮來吃，這一隻鳥很美。」突然間那隻鳥說：「不要有這樣的想法！」那個法學專家變得很害怕，他說：「什麼！我是不是聽到你在說話？」那隻鳥說：「是的，我不是一隻普通的鳥，在鳥類的世界裡，我也幾乎是一個法學專家，如果你答應釋放我，使我自由，我可以給你三個勸告。」那個法學專家告訴他自己說：「這隻鳥能夠說話，牠一定是一個有知之士。」

我們就是這樣在決定的——如果某人能夠說，那麼他一定知道！說是非常容易的，但是知道是非常困難的，它們之間根本沒有關連，你可以不知道而說，你也可以知道而不說，它們之間沒有關連，但是對我們來講，那個說的人就變成一個知者。

那個法學專家說：「好，你給我三個勸告，我就釋放你。」那隻鳥說：「第一個勸告就是，永遠不要相信任何荒謬的事，不管那是由誰說出來的。他或許是一個偉人，全世界都知道他，他或許有很高的聲望、權力和權威，但是如果他說出一些荒謬的東西，你也不要相信它。」那個法學家說：「對！」那隻鳥說：「這是我的第二個勸告——不論你做什麼，永遠不要去嘗試那個不可能的，因為這樣的話你將會成為一個失敗者。所以，永遠都要知道你自己的限度，一個知道他自己限度的人是聰明的，一個所作所為超出他自己限度的人會變成一個傻瓜。」那個法學專家點點頭說：「對！」那隻鳥說：「我的第三個勸告就是，如果你做了什麼好事，永遠不要懺悔，唯有當你做了壞事才需要懺悔。」

這些勸告很棒、很美，所以那隻鳥就被釋放了，那個法學專家覺得很高興，他開始往家裡的方向走，他在頭腦裡面想：這是他可以用來講道很好的材料。下個禮拜我要在教會講道，我就可以講出這三個勸告，我要將它們寫在我家的牆壁上，我要將它們寫在我的桌子上，好讓我能夠記住它們，這三個規則能夠改變一個人。

然後，突然間，他看到那隻鳥停在一棵樹上，那隻鳥開始笑得很大聲，那個法學專家說：「這到底是怎麼一回事？」那隻鳥說：「你這個傻瓜，我肚子裡面藏著一顆非常寶貴的鑽石，如果你殺了我，你就會變成全世界最富有的人。」那個法學專家打從心裡開始懺悔：「我真的很愚蠢，我到底是怎麼了，竟然會相信這隻鳥。」

他將他手上所拿的那本書丟掉，開始往樹上爬，他是一個年老的人，一生當中從來沒有爬過樹，他爬得越高，那隻鳥就飛得越高，飛到另外一根樹枝上，最後那隻鳥到達了最頂端，那個年老的法學專家也爬到了最頂端，然後那隻鳥就飛走了，就在他快要抓到那隻鳥的時候，牠飛走了，他一個錯步，就從樹上跌下來；他開始流血，兩隻腳都骨折，幾乎快要死了，那隻鳥再度飛到較低的樹枝上說：「現在，你先相信我說一隻鳥能夠在牠的肚子有一顆寶貴的鑽石，你真是一個傻瓜！你曾經聽說過這麼荒謬的事嗎！然後你去嘗試那個不可能的——你從來沒有爬過樹。當一隻鳥能夠自由飛翔，你怎麼能夠赤手空拳去抓牠，你不是一個傻瓜嗎？而你在你的內心懺悔，你覺得你做錯了事，然而你所做的是一件善事，你釋放了一隻鳥！現在你回家去寫下你的規則，下個禮拜到教會去傳布那些道理。」

但那就是所有傳教士在做的，他們缺乏了解，他們只是攜帶規則——規則是死的東西。了解沒有什麼重量，你不需要去攜帶它，它會帶領你，它會變成你的翅膀，它根本就不是一個重量，你甚至不需要去記住它。如果你了解一件事，你並不需要去記住它，它會變成你的血液、你的骨頭，它就是你。任何你所做的事情，你都透過那個了解來做，它是一個無意識的現象。

規則是有意識的，了解是無意識的，而莊子一直都贊成無意識的，整個道家的傳統都贊成那個無意識的。不要強迫你自己去遵循規則，只要試著去了解事情。如果你將規則強加在你自己身上，你將不會醒悟，你的內在仍然會保持無知，只是外表加上一些裝飾罷了。

耶穌以前常說：「我注意看著你，我覺得你好像是粉刷過的墳墓——裡面是死的，外面是一道粉刷過的白色的牆。」它或許看起來很美、很乾淨，你所有的規則都能夠給你一個外在的乾淨，但是內在你仍然保持舊有的愚蠢。記住，只有傻瓜才會遵循規則，聰明的人會試著去了解，然後忘掉規則。聰明的人能夠自由行動，而一個遵循規則的人無法行動，他必須一直遵循規則，然而生命每一個片刻都在改變，一個片刻接著一個片刻，它一直都在改變，它不會等你，或是等你的規則。每一個片刻都是新的，而如果那個規則是舊的，你將會一直錯過你的腳步，你將會一直不適應。每當有一個遵循規則的人，他在到處都會成為一個不適應的人，因為生命繼續在流動，而你卻陷住在規則裡。

當我看進你們裡面，你們都陷住在一些規則裡。在你們的孩提時代，大人給你們規則，你們就陷住在那裡，從那個時候開始，你們就從來沒有向前移動，你們或許在原地跑步，但是從來沒有向前走。你們或許會變老，變成七十歲，但是在內在深處，你們還是被陷住。整個朝向成道的努力就是要如何不被陷住，如何向前移動，如何再度變成一個流，不要凍結在那裡，不要像冰塊一樣，凍結在那裡，要像水一樣、像河流一樣，成為流動的。規則永遠無法使你成為那樣。記住，生命繼續在更新它自己，只有了解能夠對它自然反應。

目拉．那斯魯丁一直以負向的言詞來說話，所以我告訴他：「要變得正向一點，為什麼要用負向的眼睛來看人生？這樣的話你將只能夠找到荊棘，而看不到花朵。」所以他說：「好，現在我將要使它成為一個規則，永遠都保持正向。」

隔天他太太上街購物，她叫他照顧小孩，當她回家的時候，她立刻發覺有什麼東西不對勁，整個屋子都顯得很悲傷，小孩沒有在跑來跑去——沒有噪音，她變得很擔心，然後她注意看目拉．那斯魯丁，他坐在門口那裡，她立刻覺得事情真的不對勁了。

她害怕地問：「那斯魯丁，不要告訴我任何不好的消息，只要告訴我好消息。」那斯魯丁說：「我已經發誓不要再說負向的話，所以妳不需要提醒我，妳知道我們那七個小孩，其中六個都沒有被公車壓死！」

他變成正向的就是如此。

你可以改變話語，但是在內心深處，你還是保持一樣；你可以改變行為，但是在內心深處，你還是保持一樣。真正的事情就是如何改變你的存在——不是你的行為、不是你的話語、不是你的衣服——而是如何改變你的存在。一個遵循規則的人會在外圍改變他自己，而一個了解的人會先改變他自己，然後外圍就會自動跟著改變。當中心改變，外圍就會跟著改變，它一定會改變，但是當外圍改變，中心不一定會跟著它改變。

規則能夠做什麼呢？它們能夠告訴你什麼事要做，什麼事不要做，但是它們不能夠改變你，它們只能夠改變你的行為，但行為並不是你。行為來自你，但是你比你的行為更深。規則能夠改變你的行為——行為意味著你跟別人的關係——但是它們不能夠改變你，唯有當你完全單獨的時候，你才是處於你自己的本性存在，在關係當中你並沒有處於你自己的本性存在。

莊子說本性因人而異。

有一個人來到我這裡，他一直在做瑜伽的倒立，書上寫說倒立是非常有幫助的，因為它非常有幫助，所以他一直在做它，已經做了一段很長的時間。現在他的內在覺得很混亂，幾乎快發瘋了，所以他問我說到底有什麼地方不對勁。他是一個遵循規則的人，他一字不漏地遵循派坦加利的話：節食、睡覺、時間。這些事情都嚴格地被遵循，他是一個非常有規則的人，所以他想不出他到底做錯了什麼，我叫他告訴我他的整個例行公事。他早上倒立一個小時，晚上倒立一個小時。他一直在等待、在期待成道隨時會發生，然而它並沒有發生，相反地，他卻發瘋了。

倒立適合某些人，一個人越愚蠢，倒立就越適合他，對一個聰明的人來講，倒立是很危險的，那個人越聰明，倒立對他來講就越危險，因為它不只是一個姿勢，它會改變你整個身體的化學。

人類達到了聰明才智，但是其他動物並沒有達到聰明才智，為什麼？因為人類用兩隻腳站立，那就是整個要點。如果小孩子繼續用四隻腳走路，他將永遠無法變成一個人，他永遠無法達到人類的聰明才智。當你的脊椎骨跟地面保持平行，血液就會很均勻地流遍整個身體，它流到腳的數量會跟它流到頭的數量一樣，那麼頭部就無法發展出精微的神經，無法發展出精微的神經系統。你的頭腦結構非常精微，它是全世界最精微的東西。

你頭的重量只有一點五公斤，即使是愛因斯坦的頭——一個偉大天才的頭，也是只有一點五公斤重。在這個小小的頭腦裡有七千萬個細胞，每一個細胞都能夠攜帶好幾百萬點資料。腦細胞非常精微，如果血液流得太快，細胞將會死掉，不可以有太多的血液流進頭部，否則它將會洗掉那些精微的結構。所以如果某一個人是愚蠢的、白痴的、低能的，倒立對他來講是最好的東西，因為它不會對他造成任何傷害，他將會覺得非常好。它將不會造成任何傷害，他將會覺得非常好，因為會有很多血液流到頭部，而當那些血流退下來，每一樣東西都會放鬆下來，他將會覺得非常好，就好像你洗了一次澡，你也會覺得非常好，但是如果你非常聰明，那麼倒立是很危險的，你可能會陷住在它裡面，那麼你頭部精微的結構就會被破壞。就身體而言，你或許會覺得很好，但是就心理而言，它將會是破壞性的。所以如果一個很聰明的人去做它，他或許會發瘋，而如果一個不聰明的人去做它，他或許會變得更健康。

再來就是時間的問題，要做多久？如果只做幾秒鐘，那麼甚至對一個聰明的人來講或許也是好的，只是做幾秒鐘，只是將血流湧進頭部幾秒鐘，然後就退回來，那麼就不會有什麼東西被摧毀，頭腦裡面的每一樣東西都會變得更活生生，但是那必須由師父來決定，而不是由你來決定。你不能夠根據書本來做它，只有一個活的師父能夠決定幾秒鐘對你來講是足夠的，否則你將會進入危險。然而人類的頭腦非常幼稚，如果你的手錶裡面有什麼不對勁，第一個傾向就是將它打開，看看裡面有什麼不對勁，想辦法做些什麼。請你不要做任何事，否則將有更多會被你弄錯，因為手錶是一個很精微的機械裝置，只有對它具有了解的專家才可以打開它，你不可以擅自修理它，因為你或許會破壞它，到頭來它會變得幾乎不可能修理。手錶並不算什麼——在一個頭腦的面前，手錶並不算什麼。不要透過書本來做任何事，書本不能夠有所幫助，一個能夠看穿你的頭腦，看穿你的整個頭腦系統的人是需要的，一個能夠感覺出你內在的頭腦如何運作的人是需要的，只有他能夠決定要倒立幾秒鐘，只有他能夠決定它是否對你有益。

這只是一個例子，有很多人一直透過書本來嘗試事情。生命是非常複雜的，書本只能夠給你死的規則，如果你按照書本來做，那麼你就進入了一個危險的區域，與其要做錯什麼，倒不如什麼事都不做，最好保持平凡——停留在平凡的生活裡。如果你無法找到一位活的師父，如果你無法信任某一個人，那麼你就不要去做它，至少你還能夠保持心智健全，否則你將會發瘋。

你生物能的內在系統是非常複雜的，跟它相比，整個宇宙也不算什麼，整個宇宙都依非常簡單的路線在運行。

人是最複雜的存在，那就是為什麼從來沒有獅子會發瘋，但是人類總是處於發瘋的邊緣，幾乎任何一個片刻你都可能會發瘋，它是這麼複雜的一個現象，一個人進入它的時候必須非常警覺。了解是需要的，而不是需要規則。透過書本、經典和規則，你能夠擁有知識，但是你不會有了解。每一個人都不同：男人跟女人不同，每一個個人都跟其他人不同，不僅如此，你每天都跟前一天不同。昨天你是一個人，今天你就變成了另外一個人，明天你將會再度變成另外一個人。一個非常深入的了解是需要的，規則不能夠成為這個了解的代替品。

現在我們來進入經文：

你不能夠將很多東西放進一個小袋子裡，你也不能夠用一條短的繩子從一個很深的井取水。

但是每一個人都這樣在做：試圖將很多東西放進一個小袋子裡。你從來不去管那個袋子，或者你有多少能力。第一件事就是要知道你的限度，然後再去想你的成就。你的能力如何？你能夠做什麼？你固有的能力是什麼？沒有人去管它。如果一個沒有音樂細胞的人一直試圖要變成一個音樂家，那麼他的整個人生都將會被浪費掉，因為音樂家是天生的，而不是做出來的。一個沒有感覺的人一直試圖要變成一個詩人或一個畫家；如果一個沒有眼睛的人試圖要成為一個畫家，他將會失敗，因為畫家具有不同的眼睛——幾乎是第三眼。當你看樹木，你會看到一種綠色，但是當一個畫家看樹木，他會看到千千萬萬種綠色，而不只是一種，每一種樹木都具有它本身的綠色，他能夠去感覺那個顏色，顏色對他來講具有一個脈動，整個世界對他來講只不過是顏色。

印度人說整個世界就是聲音。那些寫下《優婆尼沙經》的少數人，他們都是詩人和音樂家，他們對聲音非常敏感，所以整個宇宙就變成一種聲音。一個從來沒有愛過音樂的人繼續使用AUM這個咒語將不會有什麼事發生，他可以繼續在他裡面頌唸，但是將不會有什麼事發生。他會去找這個師父或那個師父，但是他從來不去想關於他自己的能力。

如果你具有一對很敏感的音樂耳朵、如果你具有一顆能夠了解音樂的心——不僅了解，而且能夠感覺——那麼咒語將能夠對你有所幫助，因為這樣的話，你就能夠跟內在的聲音成為一體，那麼你就能夠跟著那些聲音進入越來越微妙的層面，然後有一個片刻會來臨，當所有的聲音都停止，而只有宇宙的聲音被留下來，那就是AUM。那就是為什麼印度人說整個世界就是由聲音所組成的，這是不對的，這不是一個絕對的真理，這是音樂家的真理。

記住，沒有所謂絕對的真理，每一個真理都是個人的——它是你的真理。沒有一個客觀的真理，你的真理對我來講或許不是真理，而我的真理對你來講或許也不是真理，因為真理並不是客觀的。我在這裡，我涉入它，我的真理意味著我，你的真理意味著你。

當佛陀達到、當耶穌或莊子達到，他們都達到了同樣的宇宙源頭，但他們的解釋是不同的。

一個佛根本就不是一個音樂家，他在那裡沒有找到聲音，他不是一個畫家，他在那裡沒有找到顏色。他是一個非常寧靜的人，寧靜就是他的音樂，那就是為什麼他找到一個無形的空——尚雅（shunya）——每一樣東西都是空的，那就是他的真理。他來到了同樣的源頭，那個源頭只有一個，但是到達的人是不同的。他們看，但是他們以不同的方式來感覺，那就是為什麼有那麼多哲學、那麼多宗教產生。當蜜拉（Meera）來到了同樣的源頭，她開始跳舞，你無法想像佛陀在跳舞，你無法想像耶穌在跳舞！蜜拉開始跳舞，她來到了愛人的懷裡。一顆女人的心，那個愛的感覺——然後那個源頭就變成了她所鍾愛的，她來到了她愛人的懷裡。那個源頭是相同的，那個最終的真理是一樣的，但是一有人將它說出來，它就變得不同。記住，沒有一個人的真理可以成為你的真理，你必須自己去揭開它。

第一件事就是要記住你的能力，但是你非常混亂，你無法感覺出你有多少能力，因此需要一個師父來測量你的能力、來感覺你有多少能力。你或許會繼續在錯誤的方向上作很多努力，但是沒有什麼結果。你只能夠以某種特定的方式來達成，你只能夠透過你自己來達成。

你不能夠將很多東西放進一個小袋子裡，你也不能夠用一條短的繩子從一個很深的井取水。

知道你自己的能力——那是第一個要點。如果你能夠正確地知道你自己的能力，你就算已經踏出了第一步，那麼最後一步就離得不很遠了；如果第一步走錯了，那麼你或許會一直走好幾世，而什麼地方都到不了。

你有沒有聽過一個故事？有一隻海鳥被吹到內陸，降落在魯國首都的外面。

這是一個多麼美的寓言——一隻海鳥被吹到內陸，降落在魯國首都的外面。一隻很美的鳥。

魯王下令為牠開一個很隆重的歡迎會，因為國王就是國王，他認為鳥中之王來到了。就好像其他的國王也是這樣被歡迎，所以這隻那麼美的鳥也必須以同等待遇被歡迎，但是要如何來歡迎一隻鳥呢？國王有他自己的方式。

魯王下令為牠開一個很隆重的歡迎會，他在聖區的「太廟」擺下宴席，請那隻海鳥喝酒，他召來樂師，奏出非常美好的交響樂，他宰了羊來滋養牠。被那些交響樂弄得頭昏眼花，那隻悶悶不樂的海鳥就失望地死了。

雖然他們做盡一切努力來迎接那個貴賓，但是沒有人去管說那個貴賓是誰。主人按照他自己的方式來迎接貴賓，而不是按照適合貴賓的方式來迎接貴賓，這種做法殺死了那隻可憐的鳥。

你們之中有很多人都是因為主人而變得死氣沉沉，沒有人注意看「你」。一個小孩子被生下來，父母開始想說要如何來照顧他，甚至當他還沒有被生下來，他們就開始在想了。

有一次我住在一個朋友的家，那個朋友是一個大學教授，他太太也是一個教授，他們兩個人都非常聰明，都拿了博士學位，而且還拿了很多金牌和證書。我看到他們的女兒——他們只有一個女兒——哭喪著臉在彈鋼琴，所以我問她的母親說：「這到底是怎麼一回事？」她的母親說：「我一直都想要成為一個音樂家，但是我的父母始終不允許，我不希望這種事再度發生在我女兒身上，她必須成為一個音樂家。因為我的父母不允許我當音樂家，所以我因此而受了很多苦，他們強迫我成為一個教授。我將不要強迫我的女兒成為一個教授，她將成為一個音樂家！」

而她的女兒卻在那裡哭喪著臉！

因為別人的緣故，所以你變得非常混亂：你母親想要你成為什麼，而你父親想要你成為另外的什麼。事情一定會如此，因為他們的意見從來不會一致，父親和母親的意見從來不會一致。

目拉·那斯魯丁的兒子告訴我：「我想要成為一個醫生，但是我母親堅持說我必須成為一個工程師，我要怎麼辦？」我說：「你做一件事，你散布謠言說你父親想要你成為一個工程師。因此他現在是一個醫生。」

父親和母親總是互相對立，他們的對立會深入你裡面，它變成了你內在的衝突，你父親和你母親或許已經過世了，或許已經不在這個世界上，但是他們仍然停留在你的無意識裡繼續爭鬥，他們永遠不讓你處於和平狀態。任何你所做的，你父親會叫你去做它，而你母親會說不要。你內在的衝突就是你父母的衝突，其他還有你的叔叔伯伯、你的兄弟姊妹，以及很多親戚，你只是單獨一個人生活在很多對你有很好期望的人當中，他們都按照他們自己的方式想要你成為什麼，他們會因此而摧毀了你，然後你的整個人生就變成一個混亂，你不知道你想要成為什麼，你不知道你想要去哪裡，你不知道你在做什麼，而你為什麼要做它，然後你就會覺得很痛苦。如果你無法長成一個自然的人，如果你無法按照你自己的意思來成長，那麼你就會有痛苦。

這種事發生在那隻海鳥身上，這種事也發生在所有的海鳥身上，你們都是海鳥。有一天你降落在魯國首都的子宮裡，他們用很壯觀的儀式來迎接你，他們會請占星學家來決定要怎麼做，他們會請音樂家用他們的音樂來迎接你，父母會用他們的愛來迎接你，他們將這一切加在一起而使你發瘋，不可能有其他結果。

一個智者不會按照他自己的方式來迎接你，他會按照適合你的方式來迎接你。海鳥被那些音樂家用優美的交響樂殺死。國王所做的每一件事都是對的：一個貴賓就是要以這種方式來迎接。

你要如何對待一隻鳥呢？是要把牠當成你自己來對待，或是要以一隻鳥來對待牠？

永遠都要讓別人有機會成為他自己，那就是所謂的了解，那就是所謂的愛。不要將你自己強加在別人身上。你的希望或許是好的，但是那個結果將會是不好的。只有一個好的希望本身是不夠的，它或許會變成有毒的，真正的重點不在於你美的希望，真正的重點在於給別人自由去成為他自己或她自己。

讓你太太成為她自己，讓你先生成為他自己，讓你的小孩子成為他自己——不要強迫。我們都是海鳥，我們互相都不知道對方，我們都是陌生人，沒有人知道你是誰，最多我們只能夠幫助你成為任何你將要成為的。未來是未知的，它不能夠被強迫，我們無法知道未來，占星學並不能夠有所幫助，這些都是愚蠢的方法。人們會去依靠那些東西，因為人們是愚蠢的。占星術之所以繼續存在是因為我們一直想要知道我們的未來，好讓我們能夠計畫。生命是不能夠計畫的，它是一個沒有計畫的洪流——它沒有計畫是好的。如果它是有計畫的，那麼每一件事都會變得死氣沉沉，而且很無聊。沒有人能夠預測未來，那是好的；未來仍然保持未知、保持不能預測，那是好的，因為這樣才有很大的自由。如果未來變成已知，那麼就沒有自由了，你將會好像一個能夠預測的機械人在行動，然而那就是我們想要的，那就是我們試著在做的。

如果你具有一些了解性，那麼你就給你周遭的人自由去成為他們自己，同時也不要讓任何人來干涉你的自由。不要使任何人成為你的奴隸，也不要使你自己成為任何人的奴隸。門徒就是如此，這就是我對門徒的定義，門徒就是一個決定不去奴役任何人，同時不讓任何人奴役的人；一個決定保持對他自己很真實的人，不論這個真理引導他到哪裡，他都準備要去。

這就是勇氣，因為它或許會引導你進入不安全，而你想要成為更安全的，所以你將會聽別人的話，你將會按照他們給你的期望，然後他們的交響樂就會殺死你。事實上他們已經將你殺死了。為什麼你要聽別人的話呢？因為你覺得他們知道得更多。

我聽到一個小孩在問他哥哥一些事情，那個小孩五歲，他哥哥十歲，那個小孩對他哥哥說：「你去告訴媽媽，請她讓我們去看電影。」哥哥說：「你為什麼不自己去？」那個小孩說：「你認識她比我認識她的時間更長。」

這是一個老問題。你聽你母親的話，因為她認識這個世界的時間比你更長；你聽父親的話，因為他知道這個世界的時間比你更長，但是你認為只是因為在這個世界的時間比較長，他就知道一切嗎？你認為時間能夠給你了解嗎？你認為年長就是智慧嗎？那麼你可以去到政府的辦公室，去那裡找年長的人。在政府的辦公室裡，年長或許是智慧，但是在人生裡，它並非如此。

生命並不是透過時間來了解的，它是透過靜心來了解的，它是一種向內走。時間是一種外在的移動，時間停留在周圍，一個人可以活一千年，但是仍然保持愚蠢。事實上他將會變得更愚蠢，因為他將會成長，如果你有一個愚蠢的種子在你裡面，那麼在幾千年之內，你將會變成一棵大樹，那麼就有無數愚蠢的人能夠在你底下休息。任何你所擁有的東西都會成長，沒有一樣東西是靜止的，每一樣東西都在成長，所以一個愚蠢的人會變得更愚蠢，一個聰明的人會變得更聰明，但是時間跟了解沒有關係。

了解並不是塵世的，它並不是更多的經驗，並不是經驗的數量使你變聰明，而是經驗的品質。如果你能夠將覺知的品質帶進經驗裡，那麼只有一次經驗就能夠帶給你比你在很多世裡所得到的更多的智慧。一個人或許曾經跟很多女人做過愛，跟千千萬萬個女人做過千千萬萬次愛，你能夠因此而認為他知道愛嗎？那只是數量！如果你問一個拜倫，或是一個唐璜，你可以找到數量。唐璜之流會作一些記錄，他們繼續在數說他們征服了多少女人。他們有數量，但是他們知道愛嗎？如果你將品質帶進愛裡面，那麼只要一次愛就能夠給你智慧，那個品質必須由你帶進來，那個品質是什麼呢？那個品質就是覺知，如果你只跟一個女人做愛一次，但你是整個人投入、完全警覺，那麼你就知道愛是什麼，否則你可以一直繼續下去，但它只是一種重覆，那麼你就不需要再做什麼，那個輪子會自己重覆，它變成自動的。

唯有當你將覺知帶進任何經驗裡，才會有智慧發生，覺知和經驗的會合就是智慧，經驗加上覺知就是智慧。如果只是經驗加上更多的經驗，再加上更多的經驗，那麼數量是有了，但是沒有品質……只有品質能夠使你自由，使你達到真知。

每當一個小孩被生下來，如果母親愛那個小孩，如果父親愛那個小孩，他們將不會把他們自己的意思強加在他身上，因為他們知道他們本身也無法成為他們父母對他們所期望的，所以為什麼要以同樣的模式來對待這個小孩？為什麼要再度摧毀另外一個生命？但是讓我們仔細看時下的愚蠢，父母親想要他們的小孩遵循他們的途徑，他們本身並沒有達成什麼，他們知道在內在深處，他們是空虛的，但是他們卻再度強迫小孩走上同樣的道路，去達到同樣的空虛，為什麼呢？因為知道說「我的小孩跟著我走」，父母親的自我就會覺得比較舒服。

你或許並沒有達成什麼，但是如果你的兒子跟隨著你，它能夠給你一種很好的感覺，好像你已經達成了，而你的小孩在跟隨著你。如果你不能夠透過小孩來達到滿足，那麼你也許會找一些跟隨者或門徒。世界上有很多人一直準備要掉進別人的陷阱裡，因為人們自己太不滿足了，所以他們隨時都準備要遵循別人的勸告，然而實際上的問題是因為有了別人的勸告，所以他們才不滿足，但他們卻還一再一再地想要得到別人的勸告。頭腦是非常錯誤的。因為你一直在遵循別人的勸告，所以你變得非常空虛，但你還是一直在尋求別人的勸告。什麼時候你才會覺知到說，是因為你沒有按照你內在的心聲走，所以你才錯過了人生的真理？

所以師父無法給你規則，如果師父給你規則，那麼你就可以清楚地知道說他是一個假的師父，你要逃離他！一個師父能夠給你了解，能夠讓你知道如何了解你自己，然後規則自然會出現，但那些規則是來自你的了解。

你要如何對待一隻鳥呢？是要把牠當成你自己來對待，或是要以一隻鳥來對待牠？一隻鳥不是應該築巢在森林裡，或是飛過草原和沼澤嗎？牠不是應該在河裡或池塘裡游泳，以鰻魚和魚類為生，跟其他水鳥成群結隊一起飛翔，然後在蘆葦裡休息嗎？一隻水鳥被人類所包圍，被他們的聲音所驚嚇，這已經是糟透了！這樣還不夠！他們還用音樂來殺死牠！

每一個人都被音樂殺死，那些音樂來自很好的期望，來自一些祝福的人，來自一些行善的人，這整個事情似乎非常荒謬、非常瘋狂。如果你種一千棵樹，而只有一棵樹會開花，其他九百九十九棵都死了，那麼有人會稱呼你為園丁嗎？有人會為了那一棵開了花的樹來榮耀你嗎？他們將會說那棵樹並不是因為你而開花，因為你殺死了九百九十九棵，你不能夠因為其中一棵開花而得到讚賞，那棵開了花的樹一定是逃過了你的扼殺！它一定不是來自你的經驗和你的智慧。在成千上億的人裡面，只有一個人成佛而開花，這到底是怎麼一回事？為什麼有那麼多樹必須不開花而活著？注意看樹木，當它們沒有開花的時候，當花朵沒有來到它們身上的時候，它們顯得多麼悲傷。它不能夠笑、它不能夠唱、它不能夠歡舞。要歡舞需要花。你怎麼能夠歡舞呢？如果我叫你歡舞，你怎麼能夠歡舞？因為歡舞是一種洋溢的喜悅，它是如此的一種洋溢，你身體的每一個細胞都開始歡舞，你變成了一個歡舞的宇宙。但是你怎麼能夠如此呢？你的能量並沒有在流動，你的能量並沒有浮現，你只是拖著你自己在過日子，你怎麼能夠歡舞呢？當樹木具有很多而能夠給予的時候，它就會開出花朵，花朵是一種禮物、一種分享。樹木是在告訴整個宇宙：我比我所需要的來得更多。它是一個歡唱，樹木是在說：現在我進入了奢侈的世界，我的需要被滿足了。樹木具有比它所需要的更多的東西，然後它就開出花朵。

你是那麼地不滿足，甚至連你所需要的都還不夠，你怎麼能夠歡舞？你怎麼能夠歡唱？你怎麼能夠靜心？

靜心是最終的開花，靜心是一種狂喜，唯有當你能量洋溢，當你有非常多的能量，多到你坐不住，你只能夠歡舞；當你有非常多的能量，多到你無法保存，而只能夠分享，只能夠邀請貴賓來分享你的能量和你的喜悅、分享你的歡唱和你的歡舞，唯有到那個時候，狂喜才會發生。

有一次，我一個大學的老師來看我，他說：「你一定記得我是你的老師。」我告訴他：「是的，我記得，我怎麼會忘記？我沒有藉著你的力量而成為我自己，你無法透過我來達成你的心願，你曾經這樣嘗試，但是我一直感謝你，因為你失敗了。你不可能成功。」

他真的很愛我，他試著以各種方式強迫我進入學術領域。他非常愛我，非常關心我，每當有考試，他早上就會開車來接我，帶我到考試廳，因為他一直擔心我或許不會去參加考試，或者我也許會在靜心。在考試之前他一定會跑來告訴我：「要讀這個，要讀那個。他總是一再一再地提醒我：那個你讀過了沒有？他一直在擔心我沒有聽他的話。」

他很愛我，你的父母也很愛你，你的老師也很愛你，但他們都是無意識的，他們不知道他們在做什麼，即使他們愛你，他們也會做錯事情，他們做錯的部分就是他們試著按照他們自己的方式來給你什麼。他想要我成為一個偉大的大學教授，在某一個有名的大學任教，成為一個系主任，或是一個教務長，或是一個副校長。他一直在想像這一類的事情，我總是笑著問他：「透過這些我能夠得到什麼呢？你本身得到了些什麼呢？你本身是一個系主任，一個教務長，擁有很多學位——榮譽的文學博士學位，這個和那個——你得到了些什麼呢？」他會很有知地微笑說：「你只要等著，做任何我所說的。」因為當我問他：「你得到了些什麼呢？」他總是會覺得有一點困惑和混亂。

他能夠說什麼呢？他並沒有得到什麼，而現在他已經接近死亡了，他想要將他的野心透過我來運作，他想要我繼承他的遺志。

一個父親在還沒有滿足的時候就過世，但是他希望說至少他的兒子能夠達到目標，事情就是這樣在繼續著，但是從來沒有人達到。只有愛是不夠的，還需要覺知。如果只有愛而沒有覺知，它會變成一種枷鎖，如果有愛而且有覺知，它就變成自由，它會幫助你成為你自己。

一隻水鳥被人類所包圍，被他們的聲音所驚嚇，這已經是糟透了！這樣還不夠！他們還用音樂來殺死牠！

魚需要水，而人需要空氣，他們的本性各有不同，需要也各有不同。因此年老的智者不用一個尺寸來衡量所有的東西。

你不能夠像東西一樣被處理。東西可能會類似，但是靈魂不可能類似，你可以做出一百萬輛同樣的福特汽車，你可以用一輛福特汽車來換另外一輛福特汽車，而不會有困難，但是你不能夠替換一個人。當一個人消失，他所占的那個位置將永遠永遠保持不被占據，沒有人能夠占據它，不可能去占據它，因為沒有人能夠剛好跟那個人一樣，每一個人都是獨一無二的，所以無法定下規則。

年老的智者……但是如果你去到現代的智者那裡，你將會找到一些規則和規定，以及諸如此類的東西——一個架構。他們會使你變成一個軍人而不是變成一個門徒。軍人是一個死氣沉沉的人，因為他的整個功能就是將死亡帶進世界，他不被允許成為活生生的，否則他怎麼能夠帶來死亡？死亡只能夠來自一個死氣沉沉的人，他必須去殺戮，在他殺別人之前，他必須透過規則完全把他自己給殺掉，所以整個軍隊的訓練就是要殺掉一個人活生生的部分，殺掉一個人的意識，使他成為一部自動機器，所以他們一直告訴他：「向右轉，向左轉，向右轉，向左轉。」整年都這樣在轉來轉去！這是多麼荒謬的事！為什麼要向右轉？為什麼要向左轉？但這樣做是有目的的，他們想要使你成為一部自動機器。向右轉——這種事你每天必須做上幾個小時，它變成一種身體的現象，當他們說：「向右轉！」你根本不需要去想它，身體就會移動，當他們說：「向左轉！」身體就會移動，如此一來，你就變成一部機器，當他們說：「向後轉！」你就開始射擊；身體會自動移動，但意識不會加以干涉。

全世界軍事訓練的整個要點就是，將意識從你的行動切除，好讓你的行動變成自動的，好讓你變得更有效率、更熟練，因為意識總是會擾亂……如果你在殺人的時候有思想介入，你就會錯過那個時機。如果你想說為什麼要殺這個人？他並沒有對我怎麼樣，我甚至不知道他是誰，他是一個陌生人。如果你想，你也會有那個感覺說，你家裡也有一個母親、一個太太和一個小孩在等你，而對方的情形可能也是一樣。一定有一個母親在什麼地方等他，有一個太太在祈禱說她的先生將會回來，有一個小孩在希望說他的父親將會回來。為什麼要殺死這個人？為什麼要扼殺他的小孩、太太、母親、父親、兄弟姊妹和朋友們的希望？為什麼要殺死這個人？

而他並沒有對你做錯什麼，只不過是兩個政客在發瘋罷了，他們兩個人可以自己去爭鬥來解決事情，為什麼要透過別人來解決？

如果你很警覺、很有覺知，那麼你就不可能去射殺，所以整個軍隊就是要將覺知和行動分開，將它們切斷而造成一個空隙，好讓覺知自己持續，而行動也自己持續，使它們變成兩條平行線，從來不相交。

門徒的訓練剛好與之相反：它就是要摧毀存在於意識和行動之間的差距，將它們兩者連在一起。它們不應該成為平行線，它們應該成為一個整體，它就是要使你在每一個行動當中都變成有意識的，而不要成為一部機器。當你所有的自動化都消失，你就成道了，那麼你就是一個佛。

這種狀態無法透過規則來達成。你能夠透過規則而成為一個軍人，但是你無法透過規則而成為一個門徒，所有的規則都必須被拋棄，而代之以了解，但是你要記住，拋棄規則並不是意味著你要變成反社會的，拋棄規則只是意味著，因為你存在於社會，所以你必須遵循某些規則，但它們並不是什麼其他的東西，它們只是一些遊戲規則。

如果你在玩牌，那麼你就必須有一些規則：某一張牌是國王，另外一張牌是皇后。你知道這是愚蠢的，事實上沒有一張牌是真正的國王，也沒有一張牌是真正的皇后，但是如果你想要玩那個遊戲，你就必須遵循某些規則。它們是遊戲的規則，它們並不是最終的什麼東西。你必須遵循交通規則。

記住，整個道德律只不過是交通規則，你生活在一個社會裡，你在那裡並不是單獨一個人，還有很多別人，因此你必須遵循某些規則，但那些規則並不是最終的，在它們裡面沒有終極性，它們就好像靠左邊走一樣。在美國，如果你靠右邊走，那麼就沒有問題，如果你遵循交通規則而靠右邊走，那麼就沒有問題，而如果那個規則是靠左邊走，然後大家都遵循同樣的規則，那也沒有問題，兩者的情形是一樣的，但是其中之一必須被遵守。如果兩個規則一起施行，那麼就會有交通阻塞，就會有困難，而那個困難是不必要的。

當你跟別人生活在一起，你們的生活必須遵循某些規則，那些規則既非宗教的，亦非道德的或神聖的，它們只是由人定出來的，一個人必須覺知到這一點，一個人必須知道它們的相對性，它們是形式上的。

你不需要打破所有的規則，沒有這個需要，因為這樣的話，你將會陷入不必要的困難，這樣做你不但不能成為一個門徒，你反而會成為一個罪犯，這一點務必要記住！一個門徒並不是一個軍人，一個門徒並不是一個罪犯，一個門徒必須知道那些規則只是一個遊戲，他並不反對它們，他超越了它們，他會使他自己免於那些規則的束縛，他遵循那些規則是為了別人，但是他不會變成一部自動機器，他仍然會保持有意識，保持完全警覺。有意識就是目標。

那就是為什麼莊子說：因此年老的智者不用一個尺寸來衡量所有的東西。事實上他們並沒有定下任何尺度，他們透過很多方式和方法來喚醒你。你睡得那麼熟，我可以聽到你在打鼾！要如何來喚醒你呢？要如何來震憾你，使你朝向覺知？當你醒悟過來，那些規則就不需要了，你還是會遵循規則，但是你已經知道不需要規則，你不會變成一個罪犯，你會超越那些東西而變成一個門徒。

第7章 秋天的洪水

秋天的洪水來臨了，有千千萬萬個急流湧入黃河，洶湧的波濤淹沒了整個河岸，當你往對岸一看，你根本分不清對岸的動物是一隻牛或一隻馬。

然後河神笑了，祂很高興地認為，世界上所有的美都納入祂的掌握。

所以祂就隨著河流往下游漂盪，最後祂來到了大海，祂一眼望過去，直接看到了東方的地平線，然後祂的臉就拉了下來。

注視著遠方的地平線，祂開始有了一些感覺，祂對海神低聲耳語：好啊！那個格言是對的。一個本身擁有一百個概念的人認為他比其他任何人都知道得更多，我就是這樣的一個人，直到現在，我才了解到「廣袤的一片」意味著什麼！

海神回答說：你能夠跟一隻井底之蛙談論海洋嗎？你能夠跟一隻蜻蜓談論冰天雪地嗎？

你能夠跟一個哲學博士談論人生之道嗎？

「秋水時至，百川灌河，涇流之大，兩涘渚崖之間，不辯牛馬。於是焉河伯欣然自喜，以天下之美為盡在己。順流而東行，至於北海，東面而視，不見水端，於是焉河伯始旋其面目，望洋向若而歎曰：『野語有之曰「聞道百以為莫己若者」，我之謂也。且夫我嘗聞少仲尼之聞而輕伯夷之義者，始吾弗信，今我睹子之難窮也，吾非至於子之門則殆矣，吾長見笑於大方之家。』北海若曰：『井鼃不可以語於海者，拘於虛也；夏蟲不可以語於冰者，篤於時也；曲士不可以語於道者，束於教也。……』」

——《莊子．外篇．秋水》

人生是經驗，而不是理論，它不需要解釋，它一切的榮耀都是要讓你去經驗、讓你去享受、讓你去感到高興的。它不是一個謎，它是一個奧祕。謎是一個能夠被解答的東西，而奧祕是一個永遠不能夠被解答的東西，你可以跟奧祕成為一體，你可以溶入它，這樣你本身也能夠變成奧祕的，這就是哲學和宗教的不同，哲學認為人生是一個謎，你必須去解決它，你必須找到解釋、理論和學說。哲學認為事情終究會有一個答案，他們認為生命是一個問號，一個人必須很努力去探討它。當然，如果你把生命看成一個問號，你的努力就變成智性的。認為生命是一個問題的假設，會把你引導到越來越多智性的努力，在找尋答案的過程中，你會去決定一些理論。

宗教說：把生命當成一個問題基本上是虛假的，它不是一個問題，它是存在的，但是沒有問號，它以一個公開的祕密存在，它是一種邀請，你必須變成一個客人，你必須進入它，它已經準備好在歡迎你，不要跟它抗爭！它不是一個問題，不要試著去解決它！它不是一個謎，當你來跟它成為一體，你就會知道它，那個「知」將會來自你的全然性，而不是來自理智，理智只是一個部分的努力，生命需要你完全跟著它，需要你跟著它流動，你必須完全跟它成為一體，而無法感覺出什麼是什麼，你無法感覺出你在什麼地方結束，而生命在什麼地方開始。整個生命都變成了你，而整個你都變成了生命，所謂的救贖就是如此，它不是一個解答，它是一個救贖。

這就是印度教所稱的「莫克夏」(moksha)，它不是一個理論、一個結論，它是一種跟存在生活在一起完全不同的方式，它不是頭腦指向的，事實上你必須變成沒有頭腦的，你喪失了所有的區分，那個周圍溶解了，你就好像一滴水滴入大海裡，你喪失了你的界線，但是你得到了宇宙的界線，而那是無限的。

第一件事就是不要把生命當成一個問題。一旦你把它當成一個問題，你就陷入了困難，你就已經走在錯誤的途徑上，它將會導入死巷，你將會被陷住在某一個地方的某一個理論。每一個人都陷住在某一個理論的某一個地方，然後就很難拋棄那個理論。你執著於它，因為那個問題會使你害怕，至少一個理論具有某種慰藉作用，至少你會覺得你知道，然而事實上你是不知道的。頭腦無法知道，頭腦只能夠理論化，它能夠繼續編織文字，編織得越來越快，它能夠玩弄那些文字、安排那些文字，但它們都只不過是解釋，而不是那真實的，只是你對它的解釋。

它就好像一個地圖。你看過印度的地圖嗎？你可以一直帶著那個地圖，你可以一直想說你在口袋裡攜帶著印度，但那個地圖並不是印度這個國家。你能夠擁有關於玫瑰的理論，關於玫瑰是什麼的理論，你甚至還能夠有玫瑰的照片，但照片只不過是照片，它並沒有帶著玫瑰活生生的現象。

注意看一個小孩子，他還沒有發展出頭腦，他才剛剛張開他的眼睛來看世界，你將一朵玫瑰花拿到他的面前，他不知道它的名字，他無法稱呼它，無法將它歸類，無法說出它是什麼，但那朵玫瑰還是存在，它的顏色會淹沒那個小孩，它的美會包圍著他，它的芬芳會達到他的內心。他不知道它是什麼，但是他會經歷一個活生生的片刻。你告訴那個小孩說：「這是一朵玫瑰。」那麼那個經驗就不再相同了，那個小孩就永遠不會再經驗到玫瑰的奧祕，現在，每當一朵玫瑰呈現在他的面前，他就會說：這是一朵玫瑰。現在他會攜帶著那個文字。

你使他變得很貧乏——他本來是很富有的。整朵玫瑰都在那裡，他只能夠去經驗它，沒有其他方式可以用來描述它、定義它。一朵玫瑰就是一朵玫瑰，就是一朵玫瑰。你不能夠說它是什麼，你不能夠說它是這個或是那個。那個小孩是寧靜的，他的頭腦沒有產生作用，頭腦不存在，因此沒有障礙。玫瑰的心融入小孩的心，小孩的心融入玫瑰的心，那個小孩甚至不能夠說他在哪裡結束，而玫瑰在哪裡開始，或者玫瑰在哪裡結束，而他在哪裡開始——沒有界線。在那個驚畏的片刻，他們變成一體，有一個片刻，他們兩個並不是兩個，他們兩個變成一個。但是你告訴他：這是一朵玫瑰。如此一來，那個經驗就永遠不會再出現。當一朵玫瑰在那裡，他的頭腦立刻就會說：這是一朵玫瑰，那麼那個神祕就喪失了，而代之以一個答案，現在那個小孩已經知道了，這種情形是多麼地荒謬！現在你會說小孩的知識在成長，但事實上情形剛好相反。

在你告訴他什麼是什麼之前，他是知道的，他用他的整體來知道，那不是知識，那是經驗，但你認為他是無知的，而現在你認為他知道，因為他攜帶著一個字在他的頭腦裡。「玫瑰」這個字並不是玫瑰，「神」這個字並不是神，「愛」這個字並不是愛，但是我們繼續在累積這些文字，然後有一些聰明的頭腦會來安排這些文字，將它們化為解釋、理論和論點。你越爭論，你就變得越理論化，你就離玫瑰離得越遠。

那麼即使一些回聲也變得不可能，沒有什麼東西會真正來到你身上，你從來不會真正進入什麼東西，你只是生活在頭腦裡，你只是在安排那些文字。

我聽過一個趣聞：有三個猶太人去做晨間散步，他們是老朋友，他們在一起討論很多事情。有一次他們看到市長的大車經過，市長揮著他的手說：「哈囉！」現在問題來了，第一個說：「不要那麼高興，他是在向我說『哈囉』，他必須如此。」第二個問道：「你這是什麼意思？」第一個說：「我向他借了一萬塊，所以這兩年他一直在等，他必須對我說『哈囉』。」

另外一個說：「你錯了，那個『哈囉』是在對我說的，他必須如此，原因就是我借給他一萬塊，因為他欠我錢，所以他總是在怕我，他一看到我就趕快跟我打招呼，他必須如此。」

第三個終於笑了，其他兩個人都轉向他說：「你是什麼意思？你為什麼笑？」他說：「他必須對我說『哈囉』，而不是對你們說，你們兩個都錯了，他既不欠我錢，我也不欠他錢，他為什麼不該給我一個沒有牽掛的『哈囉』呢？」一旦你透過頭腦來看真象，每一件事都會變成一個難題，然後自我就會開始解釋，那麼你就會只有解釋，你或許還可以證明你的解釋，而那些證明或許看起來是合理的，但那只是對你而言，而不是對其他任何人而言，因為那是你的自我在給予那些解釋，而你會越來越固定在你的解釋上，因為你已經對它們有太多的投資。

如果某人說了一些反對基督教的話，一個基督徒就會覺得受到傷害；如果某人說了一些反對印度教的話，一個印度教教徒就會覺得受到傷害，為什麼呢？如果你真的是一位真理的追求者，就好像那些宗教之士說他們是真正的真理追求者，那麼你為什麼要覺得受到傷害？你應該去探尋，他或許是對的，但是自我會涉入，問題不在於印度教是對或錯，問題在於你是對或錯，你怎麼能夠是錯的？如果你是錯的，那麼你的形象就會開始動搖——你不可能是錯的。那麼就為了一些小事情，為了一些非常小的事情，你就會開始抗爭和爭論。但是真正的抗爭以及所有抗爭的基礎就是你在跟生命抗爭，你試圖用你的答案來征服生命，你試圖用你的理論來操縱生命，你認為如果知道理論，你就能夠成為主人。

你透過知識來增強你的自我，所以如果有人說：透過頭腦無法得到真正的知識，那麼自我根本不會去聽那一套，它永遠不會去聽那一套，因為那是危險的。頭腦會說：這也是一種理論。頭腦說：即使反哲學也是一種哲學，即使莊子也是一個哲學家，那麼每一件事就都解決了，你會再度進入你的解釋，但是你要記住，莊子並不是一個哲學家，我也不是一個哲學家。

哲學是一個朝向生命的態度，態度意味著一種選擇，而選擇只能夠是片斷的，一個神祕家從來不選擇，他看著整體，但是他本人沒有任何選擇，他不會變成一個選擇的人。如果你選擇，那麼立刻就會產生問題，因為生命是矛盾的，生命透過矛盾而存在，生命以一種很美的方式來處理那些不可能的事。白天和黑夜比鄰存在，事實上它們並不是比鄰存在，白天溶入黑夜而變成黑夜，黑夜溶入白天而變成白天。愛和恨一起存在：愛融解而變成恨，恨融解而變成愛；生和死一起存在：生命繼續融入死亡，而死亡繼續融入生命。存在是矛盾的，但是在相反的兩極之間有一個很深的和諧。

對頭腦而言，這個看起來不可能，這個根本不可能存在，相反之物怎麼能夠一起存在呢？生和死之間怎麼能夠有一個和諧？愛和恨之間怎麼能夠有一個和諧？頭腦會說：愛永遠不可能是恨，而恨永遠不可能是愛。頭腦會說：A就是A，B就是B，A永遠不可能是B。頭腦是合乎邏輯的，而生命是矛盾的，那就是為什麼它們從來不會合，所以如果你說這個人是好的，你就無法相信說這個人也是壞的，但生命就是如此：罪人存在於聖人裡面，而聖人存在於罪人裡面，只有邏輯是明確的、有界線的、有定義的。

生命不是明確的，它會進入相反的極端，只要注意看……你可以在這個片刻是一個聖人，然後下一個片刻變成一個罪人，這對生命來講有什麼困難呢？你可以在這個片刻是一個罪人，然後下一個片刻你可以提昇而變成一個聖人，這有什麼困難呢？

注意看內在的現象，事情如何融入另一個極端，相反的兩極如何一起存在。你本來很快樂，快樂得像一朵花，快樂得像一顆星星，突然間你變得很悲傷，看……這個悲傷跟你的快樂是分開的嗎？或者那個同樣的能量變成悲傷？是誰在快樂，而又是誰在悲傷？是有兩個人在你裡面，或是同一個人具有不同的心情？是同樣的能量繼續在移動，有時候他是悲傷的，有時候他是快樂的，如果你了解這一點，那麼你就不會在兩者之間創造出矛盾，那麼你的悲傷就具有快樂的味道，而你的快樂也具有悲傷的深度。

如果一個佛是悲傷的，你可以在他的悲傷裡看到一種喜樂的感覺，你可以在他的悲傷裡看到一種慈悲的暗流。他的悲傷是很美的，如果一個佛是快樂的，而你深入觀察他，你將會發覺他的快樂有一個深度，那個深度就好像悲傷一直都有的深度。他的快樂不是膚淺的。對你而言，那個難題是：每當你是快樂的，你就是膚淺的，但是每當你是悲傷的，你或許就會比較深、比較不膚淺，那就是為什麼笑聲是膚淺的。如果你笑，似乎你只是在周圍的部分笑，但是當你哭，你就打從心底哭出來，裝笑是很容易的，但是要裝哭就很困難。如果眼淚沒有來臨，那麼你很難將它們帶出來，你可以強迫微笑，但是你無法強迫流眼淚，你越強迫，你就越覺得它們流不出來，眼睛反而會變得越來越乾。你的悲傷具有一種深度，而你的笑卻是膚淺的。

但是當佛在笑，祂的笑跟哭一樣深，當祂在哭，祂的哭跟微笑一樣美，那個矛盾已經失去了它的「矛盾性」，而變成了一體。那就是為什麼了解一個佛是困難的，因為祂已經變得跟存在本身一樣矛盾，祂是一個荒謬，祂就是神祕本身。

一個宗教之士在找尋真理，而一個哲學家在找尋解釋。

我聽說有一次在一個男士俱樂部，有三個哲學教授在進行小組討論，討論說女人最美的部分是什麼，其中一個哲學家說：「眼睛——眼睛攜帶著女人的全部，它們是女性身體裡面最美的部分。」第二個說：「我不同意，頭髮是女性的臉和身體裡面最美的部分，它讓人覺得很美、很神祕。」第三個說：「我不同意你們所說的，你們兩個都錯了，女人最美的部分是她的腿，女人走路的那個樣子，她腿部的曲線，她腿部那如大理石般的感覺，那是她整個女性美的重點。」

有一個女人，一個年老的女人，她很仔細在聽這個討論，她揚起鼻子說：「在你們這些小孩子說出真理之前，我必須離開這裡！」

女人不是一個哲學家，她沒有理論，她只是知道。

一個宗教之士具有一種直覺的掌握，它不是智力，它是他的整個存在，他是用感覺而不是用頭腦去知道，感覺能夠打擊到他的中心，所以你們要記住一件事：透過哲學你們將永遠無法達到真理，你們將永遠只是在那裡繞圈子。

奧瑪．卡雅姆（Omar Khayyam）在他的《魯拜集》（*The Rubaiyat*）一書當中曾經提到：「當我年輕的時候，我常常去拜訪一些博士和聖人，他們會一直在理論上打轉，然後我就從我進去的同一個門出來。」他拜訪過很多哲學家、很多聖人，但是他們都一直在談論又談論，而他們也必須從同一個門出來。

並沒有得到什麼東西，只是生命被浪費掉了。你越早警覺越好，你越早覺知而能夠脫離哲學的陷阱越好。因為生命移動得很快，它不會等你和你的理論，死亡很快就會發生，而你將會在手中握著理論而死，而那些理論將無法幫助你，它們只是一些死灰。莊子說：生活，但是不要想！所有那些知道的人總是在說：生活，但是不要想！放棄思想，變成一個人的本性存在，要這樣的話，你必須全然投入。當你在研究科學，你必須使用頭腦，那沒有問題；當你在從事藝術，你必須使用你的心，那也沒有問題；但是對宗教而言，你必須全然投入。如果只有頭腦在運作，它會產生出乾枯的理論，如果只有心在運作，它會創造出小說和夢。你的全然性是需要的。當你全然運作，你就達到了全部，那個全部就是宇宙——你變成跟宇宙一樣，只有類似的東西可以知道它。如果你在你的小圈圈裡變得很全然，那麼梵天那個巨大的圈圈就會準備接受你。這是第一件事。

在我們進入這個寓言之前的第二件事就是：頭腦總是被制約了。它不可能沒有被制約。本性存在是沒有被制約的，而頭腦是一種制約，頭腦總是被你所生活的社會訓練成某一個樣子，被你所經歷過的經驗訓練成某一個樣子，所以一隻青蛙就有一種青蛙的頭腦，牠生活在井裡，那就是牠的整個宇宙。你也具有一種青蛙的頭腦，因為你也生活在井裡，生活在印度教教徒的井裡、回教徒的井裡、基督徒或猶太教教徒的井裡。你有一個界線——它或許是看不見的，但是這樣的話，它反而更危險，因為你可以很容易跳出那個可以看得見的界線，但是那個看不見的界線……你從來沒有感覺到它們在那裡，所以它們就會黏住你。青蛙很容易可以走出牠的井，但是你要走出你的印度教或基督教就沒有那麼容易了。它非常困難，因為那口井是看不見的。一隻青蛙生活在一個固定的井裡，牠可以跳出它。你生活在一個你攜帶在你周圍的井裡，它就好像一種氣氛，總是包圍著你，它是你看不見的人格，不論你走到哪裡，你都帶著你的井跟你走，你停留在它裡面，不論你看任何東西，你都透過它來看。

所有的解釋都是來自制約，而只有那個沒有被制約的能夠看到那真實的，能夠知道真理。一個印度教教徒無法知道神，一個基督徒或是一個猶太教教徒無法知道神——因為這些都是頭腦，只有一個能夠了解他既不是一個印度教教徒，也不是一個回教徒，也不是一個基督徒的人才能夠知道真理。

一個印度人無法知道真理，一個日本人無法知道真理，一個中國人也無法知道真理，因為真理沒有界線。國籍會產生制約，它們必須被拋棄。在真理面前，一個人必須變成完全赤裸裸的，沒有衣服、沒有制約；既不是一個印度教教徒，也不是一個印度人，也不是一個回教徒，也不是一個中國人——只是一個人，一個不帶任何色彩的純然的人。那麼你就走出了那口井。如果你執著於那口井，你怎麼能夠到達大海？如果你攜帶著那口井的制約，那麼即使大海在那裡，你也不會去相信它，你也不會去看它，因為你的眼睛將會無視於這個巨大的現象。你的眼睛只能夠知道那個狹窄的，那個好像井一樣狹窄的東西。

第二件必須記住的事就是：頭腦總是想要跟較低劣的生活在一起，它總是害怕那個較優越的。所以每一個人都繼續在找尋那個較低劣的——朋友、太太、先生——只找那些比你更低劣的，這樣你才能夠感覺到優越感。

在印度，他們有一個格言：一隻駱駝永遠不想走到喜馬拉雅山，那就是為什麼牠生活在沙漠裡——在那裡，牠就是喜馬拉雅山。如果牠接近喜馬拉雅山，那麼牠的自我將會怎麼樣？那就是為什麼每當自我有任何恐懼，你就逃走了。如果你來到一個佛那裡；你將會逃走，因為一隻駱駝永遠不會想要走到喜馬拉雅山。你喜歡你的沙漠，至少你在那裡是某一號人物。據說蕭伯納曾經講過：如果我不是第一個上天堂的，那麼我就不想去那裡；如果我是第一個到達的，那麼即使地獄也是令人喜歡的。如果我必須在天堂裡面排第二，那麼它不適合我。

他是在說某些關於你的事。只要想想，如果你在天堂裡不是第一的，你能夠覺得很安然嗎？或者你無法安然？因為耶穌會在那裡，佛陀也會在那裡，他們已經占去了隊伍前面的位置，而你將會排得很後面。但是在地獄裡，你有可能成為第一個，而它也比較容易。你可以生活在痛苦裡，但你就是喜歡第一，喜歡那個最前面的，喜歡成為某號人物，你不喜歡成為喜樂的而沒沒無聞，這就是難題之所在：只有沒沒無聞的人能夠是喜樂的，顯赫的人物永遠都會處於痛苦之中，因為那個「我必須成為某號人物」的感覺就會產生出痛苦。那麼你就處於競爭和痛苦之中，你跟每一個人之間都會有一種持續的緊張——其他每一個人都是敵人。頭腦總是在尋求那個較低劣的，它總是喜歡被較低劣的人所包圍，那麼你就變成至高無上的。

注意看這個傾向。如果它一直持續下去，你將會一直繼續往下掉，再往下掉，無止境地往下掉。如果你真的在尋求真理，那麼你永遠都要尋求較高的，因為真理是最高的。如果你尋求低劣的，那麼到了最後你將會走到某種最終的謊言。

如果你真的想要走入神性，那麼你就要尋求較高的，因為那個較高的就是對神性的一個瞥見。永遠都要尋求較高的，但是要這樣的話你必須很謙虛，你必須彎下腰來，你必須臣服，這對自我來講或對頭腦來講都是一個難題。頭腦總是尋求較低的，那就是為什麼頭腦永遠無法達到那最高的，永遠無法達到生命的最高峰。到了最後，頭腦將會達到地獄——頭腦就是地獄，而「沒有頭腦」就是天堂。

現在我們試著來深入了解這個優美的寓言：

秋天的洪水來臨了，有千千萬萬個急流湧入黃河，洶湧的波濤淹沒了整個河岸，當你往對岸一看，你根本分不清對岸的動物是一隻牛或一隻馬。

然後河神笑了，祂很高興地認為，世界上所有的美都納入了祂的掌握。

所以祂就隨著河流往下游漂盪，最後祂來到了大海，祂一眼望過去，直接看到了東方的地平線，然後祂的臉就拉了下來。

注視著遠方的地平線，祂開始有了一些感覺，祂對海神低聲耳語：好啊！那個格言是對的。一個本身擁有一百個概念的人認為他比其他任何人都知道得更多，我就是這樣的一個人，直到現在，我才了解到「廣袤的一片」意味著什麼！

黃河是世界上的大河之一，也是最危險的河流之一。當然，在河流氾濫的時候，在秋天洪水來臨的時候，有千千萬萬個急流、普通的河流、小河流和小溪都會流進它裡面，然後它就氾濫了，它本身就變成一個小的海洋。河神想，現在已經沒有人能夠跟我比了，世界上所有的美都納入了我的掌握，現在我是廣大的，是無與倫比的廣大，其他沒有人有這麼廣大，這就是發生在每一個自我的情形。每一個自我都是一條黃河。當你是一個小孩，你是一條小河流——只是剛開始，還沒有很大、很廣，然後其他河流進入了它，你蒐集了很多經驗、很多知識、證書、金錢、財富、聲望和尊敬。你一直都在蒐集，有千千萬萬個急流流入，然後那條河流就變得越來越大、越來越廣，這就是你年輕時來臨的秋天的洪水——然後你認為沒有一個人能夠跟你相比，你是無與倫比的。那麼你就充滿了自我，你就膨脹了。每一個人在年輕的時候都會自我膨脹，那就是秋天的洪水。然後他想：現在整個世界的美都已經納入了我的掌握。你去問任何一個人，你不要聽他所說的話，你只要看著他說話的樣子，他或許會說他是一個謙虛的人，但是你注意看他的眼睛，他是在說：「我是最謙虛的人，沒有人能夠跟我比。」他或許是在說他並沒有別人那麼美，但是你注意看，他是在等你反對他的話，他是在等你說：「不，你錯了。」而如果你傻傻地點頭說：「是的，你是對的。」那麼你就多樹立了一個敵人，他只不過是在玩弄外交手腕，事實上他想要說的是另外一回事，但是他希望它是從你的口中說出來。

年輕的時候，每一個人都在氾濫，整個外表都染上了自我的色彩。不論你的走路、你的談論、你的舉止，或是你跟別人的應對，在在都染上了自我的色彩。當然會有很多痛苦的事發生，因為你把你自己想成不是你的一個人，你相信影子。那個洪水很快就會退潮，秋天不會永遠持續下去，你將會變老，那些急流就不會流入你裡面，那些小溪也會乾枯，河岸將會出現，夏天將會來臨，而這個看起來很廣大的黃河就變成只是一條很小的河流，你或許會變成只是一個乾枯的河床，其他沒有。

這種事會發生在老年的時候，然後一個人就會覺得被激怒、被欺騙，好像存在欺騙了你。事實上並沒有人欺騙你，你只是很愚蠢地膨脹了你自己。是你的自我創造出這整個問題，而你覺得被騙了。你無法找到一個雖然年紀已老，但仍然是快樂的人。如果你能夠找到一個這樣的人，那麼你就去跟他生活在一起，他是一個智者。你可以找到快樂的年輕人，那並不算什麼，如果你能夠找到一個快樂的老年人，那才是了不起。當夏天來臨，秋天的洪水已經不復存在，而一個老年人還能夠很快樂，那麼他已經知道了某些其他的東西，他已經找到了某些永恆的泉源。

當你還年輕的時候，你的腳步輕盈，這並不算什麼，這只是氾濫的洪水。當你變老，每一樣東西都從你身上被帶走，甚至沒有人記得你，沒有人理你，你被忽視了、被遺忘了，就像垃圾一樣地被拋棄，在這種情況下，如果你仍然能夠保持快樂……

佛陀曾經說過，當你找到一個老年人能夠跟一個年輕人同樣地快樂，那麼你就可以確定他具有某些智慧，你必須向他鞠躬、向他學習。在印度有一個傳統，每當我們發現一個老年人很快樂、在歡舞，我們一定會奉他為師父。他會進入森林，他會在他的周遭創造出一所小的大學——一個師父的社區——然後有很多門徒會從全國各地蜂湧而入。

在印度，我們從來沒有尊奉一個年輕人為老師，只有老年人能夠成為老師，那是對的，或許也有例外，但是一般而言，那是對的，只有老年人能夠成為一個老師，只有一個經歷過人生各種酸甜苦辣的人，一個經過了各種歷練而仍然保持快樂和喜樂的人，才能夠成為一個老師。當河水氾濫的時候你覺得快樂，那並沒有什麼特別，那是很平常的，但是當河流快要乾掉了，只有沙被留下來；當一個人全身都快要廢掉了，他還能夠保持快樂、保持狂喜……在生命頂峰的時候，你能夠活生生地跳舞，這並不算什麼，但是當死亡接近的時候，你還能夠跳著舞去面對它，那才是真正了不起，那是很少發生的，那是不平凡的事進入了平凡的世界，這表示神性已經進入了。

如果你是因為你年輕而快樂，那麼你的快樂將不會維持很長，你的快樂很快就會粉碎。如果你在它粉碎之前能夠變得覺知，那是好的。這是很美的：如果你在年輕的時候能夠變得悲傷，那麼當你年老的時候，你就會變快樂；否則的話，你年老的時候將會變得很悲傷，因為年輕時代的快樂只不過是像洪水。如果你注意看它，它並不是你，它是千千萬萬個急流湧入你，它給了你一個印象說你是廣大的。不久那個別人給你的將會被帶走，而如果在每一樣東西都被帶走之後，你還能夠保持快樂，唯有到那個時候，你的快樂才能夠屹立不搖，那麼你的快樂就變成喜樂。

快樂必須依靠別人——有千千萬萬個急流湧入——而喜樂只是依靠你自己，它是獨立的，它並不需要符合某些條件，它是無條件的。它只是因為你，而沒有其他因果關係，沒有其他東西來引起它。如果你跟你的女朋友、你的男朋友、你的愛人在一起，你才能夠快樂，那麼是別人引起你的快樂，它很快就會被帶走，因為它是一個秋天的洪水。季節將會改變，生命之輪繼續在轉動，有一天它將會被帶走。那個被引起的東西不可能是永恆的，那個不被引起的東西才能夠是永恆的。每當你快樂的時候，你要永遠記住這一點；記住……它是一種被引起的或是不被引起的東西？如果它是被引起的，那麼最好還是悲傷的好，因為它將會被帶走，它已經在被帶走的途中，它已經在離開你，遲早你將會了解到它已經走掉了，因為因果關係是世界的一部分，它經常在流動，印度人稱這個做夢的世界為「馬亞」(maya)，這個幻象如夢般一直在移動，如果你相信它，它就會變成一個惡夢，如果你不相信它，你就可以拋棄它，那麼你就可以看著那個觀照，它是不被引起的。

河神變得很膨脹，所以祂就隨著河流往下游漂盪，最後祂來到了大海，總有一天你會來到大海。什麼是大海？死亡就是大海——非常廣大。生命有一個泉源，但是死亡沒有泉源。生命有河岸，當洪水氾濫的時候，它看起來非常廣大，當河水沒有氾濫的時候，它就變成一條小溪，但是死亡沒有河岸，它是海洋般的。

就像每一條河流都必須來到大海，每一條意識的河流也都必須來到死亡。不管你去到哪裡，不管你選擇哪一個途徑、哪一個方向，它都沒有差別，你一定會到達大海，在所有的方向都有大海包圍著你。你將會到達死亡，在接近死亡的時候，你所有的夢都會粉碎，你的整個自我都會動搖。

所以祂就隨著河流往下游漂盪，最後祂來到了大海，祂一眼望過去，直接看到了東方的地平線，然後祂的臉就拉了下來。

老年人就是這樣變得很悲傷，他們的臉拉了下來，快樂消失了，興致消失了、美夢消失了、每一樣東西都消失了。他們看，但是他們並沒有看到什麼，只看到一個沒有靈魂的大海，而他們將要溶入這個大海，他們將要化為烏有，每一條即將掉進大海的河流都會有同樣的感覺，而且據說，每一條河流都會回想它當年盛極一時的情況，在它要進入海洋之前，它都會回想過去，回想那個洪水，回想那個秋天，回想它曾經顯赫的時候。但是你無法退回去，時間不可能倒流，一個人必須一直往前走，每一條河流都必須垮掉，它會含著眼淚垮掉。去到大海那裡，坐在靠近河流進入大海的地方，你將會感覺到河流的這種悲傷。

每一個老年人、所有的老年人都會開始回顧，老年人總是會進入記憶，記憶他們當年曾經做過什麼事，曾經有一陣子頗有名氣，曾經被喜愛、被尊敬、被榮耀，他們會一再一再地回想那些事情，當你仔細聽老年人的話，你會覺得他們非常無聊，為什麼你會覺得他們非常無聊，為什麼你會覺得他們很煩？因為他們繼續在重覆往日那些同樣的故事，他們總是提到以往那些美好的事情，為什麼以前那麼美好？而為什麼現在不那麼美好？沒有老年人能夠相信說現在的日子是美好的，他們總是生活在過去，生活在過去的黃金時代，那個時候事情就像這樣或像那樣，然而問題不在於事情怎麼樣，或是經濟情況怎麼樣，或是政治情況怎麼樣，這些都不是問題，問題在於他們當時很年輕，每一樣東西都很美好，當時他們的河流正在氾濫。

有一次，美國最高法院的首席法官退休之後去訪問巴黎，他在三十年前曾經去過一次，那個時候他太太也跟著他。看了巴黎兩三天之後，他變得非常傷心，他說：「我們一直在等待這個重遊巴黎的機會，但是看起來沒有一樣東西能夠跟以前相比。」他太太笑著說：「每一樣東西都跟以前一樣，只是我們當時比較年輕，巴黎還是一樣。」

只是現在是別的河流在氾濫，而你的夏季已經來臨了。當你變老，巴黎怎麼能夠跟你年輕的時候一樣呢？巴黎象徵著一個放縱的年輕人。有很多城市呈現出不同的季節：瓦拉那西是老年人的城市，巴黎是年輕人的城市；巴黎很放縱，而瓦拉那西是抛開了一切。在印度，當人們想要死，他們會到瓦拉那西去住，而死在那裡，它是一個老年人的城市，它是夏季的河流。當你變老，整個世界似乎也都跟著變老、跟著垂死，但是世界仍然保持一樣，只是你繼續在改變。

注意看，然後放棄你的頭腦，那麼你就既不是年輕的，也不是年老的，那麼就沒有季節，因為最內在的靈魂並沒有季節——沒有秋天、沒有夏天，什麼季節都沒有，它保持不變，它是永恆的，否則每當你的河流來到了大海，你的臉就會拉下來，你就會變得很悲傷——因為有了那些舊有的記憶，所以你變得心裡有負擔而悲傷，你會想到過去的事情，因為現在已經沒有未來了。一個小孩從來不會想到過去，因為他沒有過去。小孩非常新鮮，他是一張白紙，事情將會寫在它上面，但是目前還沒有東西寫在它上面，他無法回顧，他總是想到未來。

如果你問一個小孩，他總是想到要如何成長，要如何快一點成長，如何變成像父親一樣，而他不知道父親現在到底怎麼樣，父親現在到底陷入什麼樣的麻煩，他並不知道，他想要很快變得強而有力，變得很強壯、很高、變成某號人物，他希望奇蹟發生，他希望晚上睡覺，然後早上起來就長大了。每一個小孩都在想未來的事情，孩提時代會想未來，因為對小孩子來講，未來是廣大的一片，往後還有七十年的日子，這些日子都是以前沒有過過的，他們沒有過去，那就是為什麼小孩子沒有太多的記憶。如果一個小孩生氣，他會很快就將它忘掉，他會很快就能夠笑，因為他沒有背負很多過去的重擔，因為他的整個能量都移向未來，他不會往回看，沒有一個小孩會往回看。一個年輕人在年輕的時候會停留在現在，他剛好在中間，他會生活在此時此地，不需要去回想過去，因為現在是那麼美好，他的河流正在氾濫，他的自我正在高昂，他不需要去想未來，因為未來也不可能比現在更好。

有一些古老的國家就好像老年人，比方說，印度是一個古老的國家，它總是想到過去、想到古代。也有一些年輕的國家，比方說美國，它生活在此時此地，生活在這個片刻；有一些年輕的國家，比方說中國，中國現在是一個年輕的國家，它重新被生出來，它往未來在看，有很多事將會發生。

國家的進行就好像個人一樣。年輕人生活在現在——每一樣東西都非常好，沒有一樣東西能夠比現在更好，但是這種情況無法永遠持續下去，舊有的日子很快就會進入，然後老年人就會開始去想過去。頭腦可能會停留在過去、停留在現在，或是停留在未來，因為過去、現在和未來這三者都是頭腦的一部分，它們並不是時間的三個時態，而是頭腦的三個部分，但是當你拋棄頭腦，你就處於永恆之中，它既不是過去、也不是現在、也不是未來，你已經超越了所有這三個，那麼對你而言就沒有季節可言，那麼你在你的快樂裡面是悲傷的，而你在你的悲傷裡面也是快樂的；那麼你在你的年輕裡面是年老的，而你在你的年老裡面也是年輕的；那麼你在死亡的時候是一個小孩子，而在出生的時候也是一個老年人。

據說莊子的師父老子在出生的時候就很老了，已經有八十歲了，他停留在他母親的子宮裡有八十年。這是一個很美的故事，據說他生下來的時候就很老，就有白鬍鬚和白頭髮，這只是錢幣的另一面。耶穌說：如果你再度成為一個小孩子，你就能夠進入神的王國，這是一面，而老子具有另外一面，他說：如果你一生下來就是老的，那麼你就已經進入了，這兩者都是一樣的，但是頭腦很難去了解這一點：一個生下來是年老的人，當他死的時候，他將會變成一個小孩。如果你生下來的時候是一個小孩，那麼當你死的時候，你就會變老，所以看你是要生下來的時候就變老——那是很困難的，非常非常困難，但是有方法——或者是要在死的時候變成一個小孩，但這兩者是相關的，因為生命和死亡是一個圓圈。

當你死在這裡，你就會在其他某一個地方被生出來，如果你在這裡能夠以一個小孩而死——很新鮮、沒有負荷、很天真——那麼你生下來的時候就會是一個老年人，因為你將會非常有經驗，你將會非常聰明，你將會很老。這就是它的意思——在生下來的那個片刻就很聰明。如果你死的時候很新鮮、很年輕，那麼你再度被生下來的時候就會很聰明，因為智慧發生在一個空的、天真的頭腦。如果你生下來就很聰明、很老，那麼你就不會進入一般人很可能成為的愚蠢，你將會保持新鮮、保持聰明，那麼就沒有死亡。

所以一個聰明的人只被生下來一次，其他很多世都只是在準備。在他最後融入宇宙之前，他只會回來一次；在他進入大涅槃之前，他只會來一次。

如果你死的時候幾乎像一個小孩子，你將會再次被生下來，但是你將會以一個老年人被生下來，你將會在出生的第一天就很聰明，之後就不會再被生出來，那麼你就達到了無生無死。

注視著遠方的地平線，祂開始有了一些感覺，祂對海神低聲耳語：好啊！那個格言是對的。一個本身擁有一百個概念的人認為他比其他任何人都知道得更多，我就是這樣的一個人，直到現在，我才了解到「廣袤的一片」意味著什麼！

唯有當你來到一個優越的人那裡，當你來到一個道中之人那裡，你才能夠了解到智慧意味著什麼，聰明意味著什麼，成熟意味著什麼，開闊意味著什麼，真正有意識、很全然、很完整意味著什麼。唯有當你來到一個成道的人那裡，你才會徹底了解活在當下意味著什麼。在這之前，你都在夢中移動，在影子裡移動，你從來沒有進入陽光，你從來沒有處於開闊的天空之下，你生活在黑暗的洞穴裡，你生活在自我的洞穴裡。

海神回答說：你能夠跟一隻井底之蛙談論海洋嗎？

那是不可能的，因為他們所用的語言是不同的，井底之蛙是說井底的語言。

你一定聽過這個故事：有一次，一隻來自大海的青蛙跳進了一口井，牠認識了那些井底之蛙。有一隻井底之蛙問說：「你來自哪裡？」牠說：「我來自大海。」那隻井底之蛙再問：「大海有比這口井來得大嗎？」當然牠在問的時候是帶著懷疑的眼光，牠在頭腦裡懷疑，怎麼可能有任何東西比我在生活的這口井來得大。那隻來自海洋的青蛙笑著說：「我很難告訴你什麼，因為它是無法測量的。」井底之蛙說：「那麼我給你一些尺度，讓你來作為描述的依據。」牠往井口跳了四分之一的高度，然後說：「有那麼大嗎？」那隻來自海洋的青蛙笑著說：「不。」所以牠又跳了差不多離井口有二分之一高度，然後笑著說：

「有那麼大嗎？」那隻來自海洋的青蛙再度笑著說：「不。」然後牠再跳了四分之三的高度，然後說：「有那麼大嗎？」那隻來自海洋的青蛙再度說：「不。」然後牠又跳了整個井的高度之後說：「現在你一定沒有辦法再說不了吧？」那隻來自海洋的青蛙說：「你或許會覺得傷了你的自尊，我不想冒犯你，但那個答案仍然是不。」然後那隻井底之蛙說：「你給我滾，你這個騙子！沒有東西能夠比這口井來得大！」

每當你在懷疑，它總是你裡面的井底之蛙在作祟。沒有一樣東西能夠比你更大，沒有一樣東西能夠比你更高，沒有一樣東西能夠比你更神聖，沒有一樣東西能夠比你更具有神性，不！那就是為什麼你一直在拒絕佛陀或基督，你必須如此，因為祂們來自大海。祂帶來那個不可測量的訊息，而你卻用你的尺去測量它。你不能夠對井底之蛙太嚴厲，因為牠能夠怎麼樣呢？你只能夠同情牠，你不能夠對牠太嚴厲，因為那就是牠所知道的一切。牠從來沒有到過海洋，所以牠怎麼能夠去想像海洋有多大？因此所有的佛對眾生都懷著慈悲和同情的心。你一直不相信祂們，但是祂們卻一直同情你，因為祂們知道——你能夠怎麼樣呢？你生活在井裡已經有那麼長的時間。一隻井底之蛙也可以看到天空，但是牠所看到的天空也是被牠的井所包圍著，牠所看到的天空也只不過是一個洞，甚至連天空也沒有比牠的井來得大，因為牠無法知道說牠的井只是一個窗子，而天空並不只是固定在窗子裡，然而你站在窗子的背後，那麼那個窗子的結構就變成你天空的結構，因此你會想：天空跟我的窗子一樣。每一個人都是這樣在想。

所有的佛除了同情你以外也不能夠怎麼樣。耶穌死在十字架上，但是祂仍然說：「上帝，請你原諒這些人，因為他們不知道他們在做什麼。」

這就是那隻井底之蛙在做的，而那隻來自海洋的青蛙在牠的內心一定曾經祈禱說：「上帝，請你原諒這隻青蛙，因為牠不知道牠在做什麼，或是在說什麼。」牠說：你給我滾，你這個騙子！你欺騙不了我，你一定是想要騙我，我不能夠相信這麼荒謬的事，我不能夠相信有任何東西比這口井來得大。

海神回答說：你能夠跟一隻井底之蛙談論海洋嗎？

那就是為什麼所有的佛都無法談論關於祂們所知道的事情，因為它不可能被傳達。因為語言有所不同，所以它不可能被傳達；你使用不同的語言模式。如果它被放進那個語言模式，那麼海洋就必須被放進一口井裡，但是海洋不能夠被放進一口井裡，因此每一樣東西都會變得虛假，那就是為什麼很多佛都一直在說：任何我們所說的，一旦我們將它說出來，它就變得不真實了。

老子說：「真理是不可述說的。」那個能夠被說出來的就不再是真實的，這就是困難之所在，真理本身並不是一個困難，你才是困難，你那井底的語言才是困難，真理並不是困難。真理能夠被說出來，但是要談論它需要兩個人都是佛。然而祂們並不需要去談論它，因為當有兩個佛在那裡，祂們不需要說任何東西，祂們只是將真理顯示出來，祂們就是真理，不需要談論，每當有需要談論的時候，問題就來了。

你能夠跟一隻井底之蛙談論海洋嗎？你能夠跟一隻蜻蜓談論冰天雪地嗎？

蜻蜓生活在火裡，你怎麼能夠跟一隻蜻蜓談論冰天雪地呢？牠從來不知道它，冰對牠來講從來沒有存在過，火才是牠的世界，你可以談論火，但是你不能夠談論冰，你不能夠說有一些東西跟冰一樣冷，牠將不會相信你，因為對牠來講每一樣東西都是火。

喜樂能夠被教給你嗎？能夠教給你這個生活在痛苦之火裡面的人嗎？喜樂能夠被教給你嗎？能夠教給你這個生活在痛苦裡的蜻蜓嗎？你怎麼能夠了解一個佛的清涼？你無法了解。你怎麼能夠了解說在一個佛的頭腦裡沒有思想在移動、沒有雲。你不知道，你甚至連瞥見過都沒有，在你裡面，思想的過程連一個片刻都從來沒有停止過。你所知道的你的頭腦是一個發了瘋的群眾，你怎麼能夠相信說一個佛只是靜靜地坐在那裡，頭腦裡面一絲思想都沒有，這是無法想像的。你生活在火裡，而佛陀生活在一個非常清涼的世界，火和冰之間沒有橋樑，除非你變得越來越清涼，越來越清涼，否則你無法了解，唯有當你變得越來越寧靜、越來越清涼，佛才會變得能夠溝通，否則你將會錯過每一樣東西。

你能夠跟一個哲學博士談論人生之道嗎？

不可能！但是我要告訴你，有時候或許有可能跟一隻青蛙談論海洋，有時候或許有可能跟一隻蜻蜓談論冰天雪地，但是不可能跟一個哲學家或一個哲學博士談論真理，為什麼呢？因為不管那口井是多麼小，它仍然是海洋的一部分，至少那個水是海洋的一部分。不管那個火跟冰是多麼地相反，它們仍然是同一個現象的不同程度。

冷和熱並不是兩回事，而是同一個能量。能量可以變成熱，同一個能量也可以變成冷，那個能量是一樣的，只是程度上的差別，那就是為什麼你能夠用一個溫度計來測量冷和熱，因為那個能量是一樣的。你能夠很精確地說出在什麼地方由冷變熱嗎？在什麼程度，那個冷停止而變成熱？你不能夠說，它必須看情形而定。做一個很簡單的試驗，將你的左手放在冰塊上，然後將你的右手放在靠近火的地方。而讓右手變熱，而讓左手變冷，然後將兩隻手放在同一個水桶裡，再告訴我說水桶裡面的水是冷的還是熱的，你將會有困難，因為一隻手將會說它是熱的，而另外一隻手將會說它是冷的，它到底是冷的還是熱的？它們是同一個能量的不同程度。

所以我要告訴你，甚至對一隻井底之蛙來講，你都可能跟他溝通某種有關海洋的事，而如果那個傳達者真的很會傳達，他就能夠創造出一些設計來傳達。這就是一個佛在做的事、一個耶穌在做的事——創造出一些設計來傳達某種有關海洋的事給那些井底之蛙——因為有一樣東西是共通的，那個水是共通的。如果有一樣東西是共通的，那麼就可能有溝通，因為有一個橋樑存在。

即使對一隻蜻蜓來講，有關冰的某些東西也能夠被傳達，即使我們說它並沒有像火那麼熱，那麼我們也已經說出了關於冰的某些東西，當然那是一種負向的傳達。那就是為什麼所有偉大的經典都是負向的，他們不說真理是什麼，他們總是說真理不是什麼，為了要使那些訊息對蜻蜓來講變得有意義，所以我們不能夠說冰是什麼，但是我們能夠說冰不是火，至少能夠這樣傳達。

但即使是使用這樣的方法，你也不可能跟一個哲學家談論生活之道，或是跟他談論存在。即使那個哲學家是一個存在主義者，你也不可能跟他談論存在，因為在文字和與之相對等的存在之間沒有橋樑。真實的玫瑰和「玫瑰」這個字之間沒有任何關連，它們之間的關係都是任憑己意的。「玫瑰」這個字跟真實的玫瑰有什麼關係呢？如果它們之間具有某種關係，那麼你就不能夠用其他語言來稱呼它。世界上有三百種語言，因此玫瑰有三百種不同的講法；它們之間沒有關係，所有的關係都是任憑己意的。冷和熱有相關；井和海洋有相關，不管它們之間的關係是多麼地不清楚，但它們之間的關係還是在的，它們之間的關係是真實的，而不是任憑己意的。

但是在一個字和真實的存在之間並沒有關係，它們根本就沒有關連。所以你能夠有你自己的文字，有你自己私人的語言，你可以使用任何名字來稱呼任何東西。如果你想要稱它為某種其他的東西，玫瑰將不會在法院跟你抗爭，沒有人能夠證明他們的字比你的更正確，沒有人能夠證明它，因為沒有一個字是比較正確或是比較不正確的，文字是不相關的，它們與真實的存在之間沒有關連。而哲學家生活在文字裡，哲學家是存在裡面最虛假的東西。你變得越哲學化，你就活得越少，那麼你會去想關於愛的事，但是你從來不會愛，你會去想關於神的事，但是你從來不會變成神聖的，你會繼續談論又談論，將你所有的能量都浪費在文字裡，但是卻沒有一個片刻進入存在。

莊子說：要小心所有的哲學，因為它們的基礎是一樣的，它們依靠文字，而真實的存在並不是一個字。進入那真實的——你是真實的，存在是真實的——進入那真實的，不要在你和真實的存在之間創造出一道文字的牆，否則它就穿不過去，那麼你將會被關在裡面，關在你自己的牆裡面，然後你就會變得幾乎不可能走出它。不要成為一個哲學家，然而每一個人都是哲學家，很難找到一個不是哲學家的人。有一些哲學家是好的，有一些是壞的，但每一個人都是哲學家，有一些比較邏輯化，有一些比較不邏輯化，但每一個人都是哲學家。拋棄那種做法，拋棄那種進入哲學的做法，唯有如此，你才能夠進入那真實的、那存在性的。

第8章 烏龜

莊子用他的竹竿在浦河釣魚。

楚王派兩個大臣帶著聖旨去找他，聖旨上面寫著：我們指派你當宰相。

莊子手持他的竹竿，還在注視著浦河，他說：「我聽說有一隻烏龜在三千年前被封為聖龜，牠受到國王的崇拜，將牠以絲綢包裹，放在一座廟裡面神壇上一個尊貴的神龕裡。你認為如何？你認為放棄個人的生活，離開那神聖的龜甲，在那些焚香的煙霧裡作為一個被崇拜的對象三千年比較好，還是以一隻平凡的烏龜拖著牠的尾巴生活在泥濘地上比較好？」

那個大臣說：「對烏龜來講，最好是拖著尾巴生活在泥濘地上！」

「回去吧！」莊子說：「讓我在這裡拖著我的尾巴生活在泥濘地上。」

「莊子釣於濮水，楚王使大夫二人往先焉，曰：『願以境內累矣！』莊子持竿不顧，曰：『吾聞楚有神龜，死已三千歲矣，王巾笥而藏之廟堂之上。此龜者，寧其死為留骨而貴乎，寧其生而曳尾於塗中乎？』二大夫曰：『寧生而曳尾塗中。』莊子曰：『往矣！吾將曳尾於塗中。』」

——《莊子．外篇．秋水》

每一個小孩生下來的時候都是健全的，但是每一個人都會變得發瘋，整個人類都是神經病的。神經症並非只是少數人的問題，目前的人都是神經病的，而這個神經症是透過很微妙的運作機構所產生出來的，以至於你甚至無法覺知到它。它已經變成了一件無意識的東西。它一直在影響你、影響你的行為、以及影響你的人際關係，你的整個生活都染上了它的色彩，但是它已經非常深入你的根部，所以你已經找不出你的痛苦、衝突、焦慮和神經症是從什麼地方升起的。有幾件事必須加以了解，然後這個故事將會變得很清楚，而能夠非常有幫助。

首先，如果你譴責你自己，那麼你就是在創造出一個分裂，而那個分裂將會成為你的痛苦和你的地獄。如果你譴責你自己，它意味著你在譴責自然。違反自然是不可能勝利的，你只不過是自然這個廣大海洋裡面一個極其微小的部分，你無法跟它抗爭。

一切所謂的宗教都教你要去跟它抗爭。他們譴責自然，但是他們稱讚文化。他們譴責自然，他們說：這種行為就好像動物，不要像動物一樣！每一個父母都在說不要像動物一樣。動物有什麼不對？動物非常美！但是在你的頭腦裡，動物是某種必須加以譴責的東西，你認為它是不好的、它是邪惡的，你不值得具有它。你認為你是比較優越的，你不是動物，你生下來就是天使。

而那些動物……牠們只是要被使用、被剝削，你不屬於牠們。那就是為什麼當達爾文開始宣稱人類和動物來自同樣的傳統、人類也屬於動物世界的時候，整個人類都反對他，在每一個教會的講壇，在每一座廟宇，在每一個回教寺院，他都被譴責成一個異教徒。他們說他在教導某種完全錯誤的東西，如果他的論點被相信，那麼整個文化都將會喪失。

然而他是對的，人跟其他動物、樹木和鳥類一樣自然，而樹木、鳥類和動物並沒有神經症，牠們從來不會發瘋，除非你將牠們放在動物園裡。有時候在動物園有這樣的事情發生：動物會發神經。即使跟人接觸也是危險的，人是會傳染的。有時候狗會發瘋，但是當牠們生活在原野的時候，牠們從來不會發瘋，唯有當牠們被養在家裡，牠們才會發瘋。家居動物會發瘋，跟人生活在一起，就是跟某種不自然的東西生活在一起。在原野裡，沒有動物會自殺，沒有動物會發瘋，沒有動物會謀殺，但是跟人在一起，甚至連動物都會變得不自然，牠們會開始做一些牠們在原野從來沒有做過的事，牠們會變成同性戀，牠們會變成神經病，牠們會謀殺，有時候牠們甚至會試圖自殺。

當你將一隻狗帶進你家裡，會有什麼樣的情形發生呢？你會立刻開始教牠，好像牠缺乏某些東西。牠是很完美的！每一隻狗生下來都是完美的。自然已經給了牠每一樣需要的東西，牠已經具備了所有的東西，你不需要教導牠。

你在做什麼？你在試圖使牠成為人類社會的一部分，所以就會開始有麻煩，如此一來，甚至連一隻狗都會學習譴責牠自己。如果牠做錯了什麼事，牠的內在就會覺得罪惡感，譴責就進入了。

我聽說有一次一個流浪漢、一個乞丐抓住一個富有的人，要向他乞討一毛錢去喝一杯咖啡，那個富有的人說：「你看起來似乎很健康，你為什麼要浪費你的生命，為什麼你不去工作來幫助你自己？」那個流浪漢帶著一個非常深的譴責眼光說：「什麼！要幫助一個像我這樣的流浪漢？」

你一直都不接受你自己，打從一開始你就被教導說自然是不夠的，你必須比自然多。你曾經試圖這樣做，但是那個努力失敗了，它不可能成功，你永遠不可能比自然多，如果你努力過度，你將會比自然來得更少，你永遠不可能比自然多，因為自然是完美的，不需要更多的東西，不需要加以粉飾，不需要作任何努力使它變得更好，它不可能被弄得更好。如果你努力過度，你將會脫離自然的完美，而變成一隻神經病的動物。

人類來自動物，但他並不是一種較高的動物，他已經變成一隻神經病的動物。問題在於沒有人教導你要接受你自己，要接受你自己的本性。要崇拜你的本性，要對神性感謝說你有了這個本性，要對整體感激！

任何上天所賦予你的東西都具有某種意義，它是深具意義的，你不能夠縮減它或改變它，如果你試圖這樣做，你將會陷入麻煩，事實上你已經陷入了麻煩，世界上的每一個人都已經陷入了麻煩。

人為什麼要譴責他自己？他為什麼不能夠接受自然？因為透過譴責，自我就產生出來了，沒有其他方式可以產生自我。

要產生自我，你必須抗爭；要產生自我，你必須去譴責某些東西，以及讚美其他東西；要產生自我，首先你必須創造出一個神和一個魔鬼，然後你必須去跟魔鬼抗爭，而試圖達到神。自我需要衝突，如果沒有衝突，就不可能有任何自我，只要想想……如果在你裡面沒有抗爭，如果你完全接受你自己——就以現在的你，你就覺得很快樂，你就覺得深深地滿足，你就覺得非常滿意，一絲抱怨都沒有，充滿著感激的心情，這樣的話，自我怎麼能夠存在呢？你怎麼能夠說「我是」？你越抗爭，那個「我」就越被創造出來。

那就是為什麼如果你去到你們所謂的聖人那裡，你將會發現那裡比其他任何地方有更多神經病的人。這是一件值得觀察的事：不論你在什麼地方，當那裡有很多聖人，那裡就會有更多的瘋子。東方的瘋子比較少，西方的瘋子比較多，但是你只要用平常的數學來算一算，你就會很驚訝地發現：在東方有很多瘋子被當成聖人來崇拜，所以他們沒有住進瘋人院。在西方，那些必須住進瘋人院的人都躺在精神治療家的長椅上，人們沒有認為他們是瘋的，但他們是瘋的，因為自我是瘋的。

注意看你們的聖人，他們都具有很微妙的自我，當然那些自我是很精鍊的、是經過粉飾的、是培養出來的、是經過裝飾的，但它們是存在的。

如果你跟別人抗爭，你無法具有一個微妙的自我，因為跟別人在一起，被挫敗的可能性總是存在，即使你勝利了，別人還是存在，任何一天他都可能有機會可以再凝聚力量，然後你就可能被打敗。勝利不可能是絕對的，你永遠不能夠確定，敵人總是存在，外面不只有一個敵人，外面有無數的敵人，因為不管你跟哪一個人競爭，他就是你的敵人，你總是會動搖和搖晃，你的自我無法站在一個很堅固的基礎上，你是將你的房子建築在沙灘上。

但如果你是跟你自己在抗爭，那麼你是在一個堅固的基礎上運作，你可以確定，你可以成為一個更微妙的自我主義者。

要具有一個「我」，你必須扼殺自然，因為在自然裡面沒有自我存在。樹木存在，但是它們不知道那個「我」；動物存在，但是牠們不知道自我——牠們無意識地在生活。牠們只是沒有任何抗爭或奮鬥地活著。當牠們飢餓的時候，牠們就找尋食物，當牠們吃飽了，牠們就去睡覺。牠們做愛、牠們吃、牠們睡、牠們只是存在，牠們不說：「我們存在。」牠們只是廣大的生命海洋裡面的波浪，牠們來了又去，沒有留下任何痕跡。牠們沒有歷史，沒有自傳；牠們來了又去，就好像牠們從來沒有存在過一樣。

獅子存在，大象存在，但是牠們沒有任何歷史，牠們沒有任何自傳。一隻獅子就好像一個巨浪來臨，然後消失，沒有留下任何痕跡。

自我會留下痕跡，會留下腳印。如果自我不想死，自傳會被寫下來，歷史會被創造出來，然後整個愚蠢和整個神經病就跑出來了。當人們創造出自我，他們就創造了衝突，而這個衝突有兩方面：一方面是跟外在的自然界衝突——科學就是這樣被創造出來的。科學就是一種跟外在自然界的抗爭，那就是為什麼甚至像羅素這樣的人也繼續以征服自然的措辭來談論。你怎麼能夠征服自然？一個波浪怎麼能夠征服海洋？這是很明顯的愚蠢！部分無法征服整體；如果部分試著這樣做，部分將會發瘋。整體將不會喪失任何東西，而部分將會喪失每一樣東西，因為部分是跟著整體而存在的，它從來不會違反它。就是因為有了這個征服的態度，所以科學變成具有破壞性的。

衝突還有另外一面：那一面你稱之為宗教。

一面是跟外在的自然界抗爭，因此產生了科學，它是具有破壞性的。最終的目標永遠不可能異於廣島，而它將會被達到——整個地球都將會變成一個廣島。抗爭導致死亡，衝突到了最後會引導到最終的死亡，科學正在走向那個方向。

還有另外一種衝突：內在的衝突——跟自己抗爭。那就是你們所謂的宗教——征服自己。它同樣是一種抗爭，它同樣是具有破壞性的。科學從外在來摧毀自然，而所謂的宗教從內在來摧毀自然。莊子反對這兩種型態的衝突。所謂的科學和所謂的宗教並不是敵人，它們是合夥人，它們具有一種很深的親和力。

要了解莊子和老子，要了解道，你必須了解他們並不相信任何抗爭，他們說：不要抗爭，只要生活！只要放開來，好讓自然能夠穿透你，而你也能夠穿透自然。他們說：只要成為平凡的，不要試著去成為不平凡的，不要試著去成為顯赫的人物，只要成為無名小卒就好了。這樣做，你將更能夠享受，因為你將會有更多的能量可以留下來，你將會充滿能量。

本來能量是非常豐富的，但是它都發散在抗爭之中。你分裂你自己，然後你從兩邊來抗爭，能量就被發散掉了。如果你允許那些能量進入內在的和諧，而不要抗爭，那麼那些同樣的能量可以變成狂喜的。

接受，接受任何存在的，這就是道的基礎。道並沒有創造出任何「應該」。莊子說：不要叫任何人說你必須做這個、你應該做這個，或者你不應該像這樣。莊子說：這樣的事情是危險的，你是在毒化別人。只有一件事必須被遵循，你就是你的本性，不論你的本性引導你到那裡，你都必須信任它。

但是我們都害怕去遵循自然，並不是說自然是不好的，而是因為有那些道德的老師，有那些毒化我們生命泉源的人。他們教導你很多事情，很多「應該」，他們叫你不能直接看那個「是的」，因此你總是在找尋那個「應該的」。即使你看一朵玫瑰，你也會立刻開始想說這朵玫瑰應該如何；它可以再紅一點，它可以再大一點，你可以將它注入一些化學藥品，然後它就會變得更大，你可以在它上面加上一些塗料，然後它就會變得更紅，你無法按照它本然的樣子來接受它。不管它是大是小，是紅的，或是沒有那麼紅，它就在那裡，為什麼不就在這個片刻去享受它呢？為什麼要先使它變紅一點、變大一點，然後你才享受它呢？

你不知道你在延緩，那個延緩已經成為一個習慣。當它變得更大，同樣的頭腦將會說：還可能更大。那個同樣的頭腦將會繼續延緩，直到死亡來敲你的門，然後你會感到驚訝：我一直用「應該」在浪費我的整個生命，而那個「是的」就在那裡。那個「是的」是很美的，對莊子而言，那個「是的」就是唯一的宗教。

「是的」和「應該的」之間的衝突是非常基本的。如果你能夠放棄你那「應該的」，你或許就不會像你現在一樣那麼令人尊敬，就是因為有了你的「應該」，所以人們才尊敬你，他們說：「這個人很美，他從來不生氣，他總是在微笑。」然而他們不知道說那個微笑是虛假的，因為一個從來不生氣的人無法真正微笑。這就是困難之所在——如果他的憤怒不真實，那麼他的微笑也不能夠真實。

小孩很真實；當他們生氣的時候，他們就是真的在生氣。你注意看他們，他們的生氣是很美的，他們會變成好像狂野的動物，又跳又叫，他們會滿臉通紅，他們會像獅子一樣，想要在那個片刻摧毀整個世界，他們的憤怒很真實，而任何真實的東西都很美。

當一個小孩子在生氣的時候，你注意看他，只要看他，你將會看到一種美麗的開花，一種力量和能量的開花——能量在移動。下一個片刻，那個小孩子又會變得很快樂，而開始微笑，現在那個微笑也是真實的，現在他的微笑也是很美的；任何自然的東西都很美。你的吻將會是有毒的，你怎麼能夠愛呢？你怎麼能夠享受純粹的存在呢？不，你不能夠做任何事，你只能夠遵循那些「應該」或「不應該」。

你害怕去生活，你一直在延緩——在未來的某一個地方，你將會去生活，因為這個延緩，你創造出了天堂和地獄。天堂是你對每一樣值得去為它生活的東西最終的延緩。

你說在天堂裡有永恆的美，然而真正永恆的美是在此時此地，而不是在天堂。如果你微笑——站在鏡子前面微笑——你將會看到在你的微笑背後有憤怒、有悲傷、有色慾，它並不是純粹的微笑。它不可能如此，因為那個泉源被毒化了。沒有一樣東西是純粹的，不僅市場上的東西被摻上雜物，你也被摻上雜物，那麼你就不能夠微笑，而如果你不能夠微笑，你怎麼能夠吻？但是你告訴小孩子：不要生氣，壓抑你的憤怒，這是不好的，你不應該生氣，但是這個叫人家不應該生氣的人是誰？有任何可能可以超越自然嗎？你算老幾？

最多你只能夠做這一件事——你只能夠強迫他。小孩子是無助的，如果你強迫他，他將必須按照你的話去做。他是弱者，他必須依靠你，因為你可以收回你的愛，而他需要你的愛，所以他必須按照你的話去做。當他覺得生氣，他將不會表達，如此一來，那個憤怒將會進入他的血液。因為憤怒是化學的，所以他的整個身體都將會被毒化。如果憤怒被表達出來，那是一個很美的現象；如果憤怒遭到壓抑，那是一種疾病，那麼，當他在微笑的時候，他的微笑就會帶著那個憤怒、那個毒素，如此一來，那個憤怒已經進入了他的血液。你已經有了太多的壓抑，所以每當你想要笑，就有某種東西會把你拉回來，在任何放開來的情況裡，你都會具有某種害怕，因為微笑是一種放開來。

永恆的美是在此時此地，而不是在天堂。你說在天堂愛是很純粹而且永恆的，然而，愛可以在此時此地就很純粹、很永恆，不需要去等待天堂。不論愛在什麼地方，它都是永恆而純粹的，因為對愛而言，時間並不存在。

永恆並不意味著永久：永恆意味著不是暫時的，永恆意味著沒有時間。即使只有一個片刻的愛在那裡，它也是永恆，那個片刻具有一個深度，在那個片刻，時間停止了，在那個片刻，沒有未來，也沒有過去，在那個片刻，你只是太洋溢了，所以你就散播到整個存在——整個存在都屬於你，而整個你都屬於存在，那個片刻本身就是永恆。不管愛在哪裡，那裡就有永恆，然後就有祈禱的可能性。如果你的微笑是虛假的，你的吻也將會是虛假的，你的愛也不可能是真實的，那麼，你所有的祈禱就只不過是一些文字，其他什麼東西都沒有。

如果你不真實，你怎麼能夠找到一個神？你怎麼能夠變成跟神一樣？你在追求真理，但是在你的生活裡，你總是不真實，一個不真實的人怎麼能夠碰到真理？這似乎是一件幾乎不可能的事。真理將會敲你的門，你不需要走到任何地方，你只要變得很真實就可以了。當我說只要變得很真實，我的意思是在說只要變得很自然就可以了。

自然就是真理，除了自然以外沒有其他真理，這就是莊子的訊息，是世界上最偉大的訊息之一。

現在讓我們試著來進入這個優美的故事：

莊子用他的竹竿在浦河釣魚。

你能夠想像佛陀在浦河釣魚嗎？你能夠想像馬哈維亞在釣魚嗎？不可能。莊子用他的竹竿在浦河釣魚。這意味著什麼？這意味著莊子是平凡的人，他不宣稱任何東西，他只是享受成為平凡的，他不按照原則來生活，他按照直覺來生活，他不將他的自我附加在他的本性之上，他只是隨著他的本性流動，他只是一個平凡的人。

這就是他在浦河釣魚的意義，只有平凡的人能夠這樣做，不平凡的人怎麼能夠這樣做？他們根據很多「應該」來生活：這個「應該」被做，那個「不應該」被做。他們根據道德律來生活，他們根據原則來生活。你到底在搞什麼？一個有知識的人居然在釣魚？這是難以想像的——你在殺死那些魚！

莊子相信自然，他說任何自然的東西都是好的。他只是一隻動物，他不會為了要覺得優越而創造出任何道德。這個故事說：只要成為平凡的，而且享受成為平凡的，唯有這樣，你才能夠漸漸進入自然，否則你將會變得不自然。這個釣魚只是象徵性的。莊子是否釣魚並不是要點，但他是那種能夠釣魚的人，能夠跟著他的竹竿坐在那裡的人。那就是為什麼你無法做出一個莊子的雕像，那是很困難的。佛陀是完美的，你可以做出他的雕像，似乎他生下來就是要被做成雕像的，你無法找到一個比他更好的人，你無法找到一個比他更像雕像的人，那就是為什麼——很自然地——有無數佛陀的雕像存在，比其他任何人的雕像都來得更多。他看起來很完美，是一個完美的雕像模型；坐在菩提樹下，閉著眼睛，什麼事都不做。他看起來是完美的理想，完美的「應該」，好像人就是應該那樣——絕對非暴力、絕對真實、絕對靜心，他就好像大理石，根本不像一個人。

你無法做出一個莊子的雕像，如果你做出他的雕像，你將會發覺把他擺錯了地方。他只是一個平凡的人——那就是他的美，那就是他的整個訊息。只要成為平凡的，用一根竹竿釣魚，莊子說，這就是成道。

我也要告訴你，佛陀或許已經達到了成道——對佛陀的本性來講，坐在一棵樹下或許是容易的——但是如果你跟著佛陀做，你將會變成好像石頭一樣，莊子對你來講還比較好。只要成為平凡的。對佛陀而言，靜靜地坐著或許就是平凡，因此他達成了，但是就我對你的了解，以及對普通人或普通人性的了解、對大多數人的了解，莊子是比較好的。當我說比較好，我並沒有在做任何比較，我只是在說他非常平凡，你可以很容易跟他相處，而不會變成神經病。如果你跟著佛陀做，你或許會變成神經病。如果你跟著莊子做，你將會變得越來越自然。

莊子用他的竹竿在浦河釣魚。

楚王派兩個大臣帶著聖旨去找他，聖旨上面寫著：我們指派你當宰相。

政治屬於自我，它是自我的旅程、是自我的遊戲。莊子是遠近馳名的智者，不需要再去廣告。當智慧那麼明亮地存在，你無法隱藏它，甚至連莊子也無法隱藏它。平常的愛也是無法隱藏的。如果一個年輕人墜入愛河，或是一個年輕的女人墜入愛河，你可以從他們走路的方式看出來說愛已經發生了，你無法隱藏它，因為每一個姿勢都會改變，都會變得很光彩，有一個新的品質會進入，你無法隱藏它。

當你跟整個存在戀愛，你怎麼能夠隱藏它？當祈禱存在，你怎麼能夠隱藏它？即使一個說要隱藏它的莊子也無法隱藏它，那是不可能的，人們會開始懷疑。

你怎麼能夠隱藏光？如果你的屋子裡面被點亮，鄰居將會知道，因為光將會從你的窗戶洩出來。不，你無法隱藏它，但那個去隱藏的努力是好的。

當內在的燈正在燃燒，為什麼莊子說要隱藏它？他這樣說只是要把你從相反的極端帶回來，因為你會想要去炫耀它。有一些人，他們的光還沒有存在，他們的火焰還沒有存在，他們的房子還是暗的、空的，他們就想要去炫耀說他們已經變得很聰明。甚至關於智慧，自我也想要去偽裝，因此莊子說：不必說明你是什麼，或者你是誰；要隱藏你自己。那些有眼光的人將會自己找上你，然後跟隨你，他們將會來到你這裡。你不需要去敲他們的門，那個現象本身就會吸引他們。不管你在那裡，那些追求者將會找到你而跟隨你，而那些不是真正的追隨者，你也不要去管他們，因為他們的來臨是沒有用的，他們來找你只會給你添麻煩，而他們會成為那些真心追求者的障礙。隱藏那個事實，但人們還是會知道。

國王一定知道說莊子已經成道了。

楚王派兩個大臣帶著聖旨去找他，聖旨上面寫著：我們指派你當宰相。

在古時候，宰相並不是由人民所選出來的，因為你怎麼能夠由人民選出來呢？人們怎麼能夠選擇他們的領導者？他們會想要這樣做，但是他們沒有能力這樣做。民主只是一個夢，它在任何地方都還沒有發生過，它不可能發生，而不論它在什麼地方發生，它都會產生問題；醫藥會變得比疾病本身更危險。

在古時候，宰相並不是由人民所選出來的，宰相是由國王所指派的，國王必須找到智者。他必須找到一個婆羅門，因為智者不會參加選舉，他不會去敲別人的門來要求選票，他會隱藏他自己。國王會去找，而每當有一個智者，他就必須被帶到世界來，好讓世界能夠從他獲益。楚王一定知道說莊子已經成道了，他派兩個傳信者去找他，要指派他當宰相。莊子拿著他的竹竿，什麼東西都沒改變，那個大臣站在那裡拿著一個聖旨說：你被指派為宰相。這是一個很高的職位，但是莊子根本不為所動，莊子仍然拿著他的竹竿注視著浦河，他甚至沒有看那兩個大臣，他也沒有去看那個聖旨，好像它並沒有什麼價值。

莊子手持他的竹竿，還在注視著浦河，他說：「我聽說有一隻烏龜在三千年前被封為聖龜，牠受到國王的崇拜，將牠以絲綢包裹，放在一座廟裡面神壇上一個尊貴的神龕裡。」

那隻烏龜還在那裡；那隻烏龜被覆以黃金和珍貴的寶石，在那個門禁森嚴的北京城，在那個國王所住的城市，它並沒有對每一個人開放，那隻烏龜還在那裡，現在它已經快六千年了——一隻死的烏龜，覆蓋著黃金和非常珍貴的寶石，被置於神龕內，由國王本身在崇拜。

莊子問說：

「你認為如何？你認為放棄個人的生活，離開那神聖的龜甲，在那些焚香的煙霧裡作為一個被崇拜的對象三千年比較好，還是以一隻平凡的烏龜拖著牠的尾巴生活在泥濘地上比較好？」

莊子問說：怎麼樣比較好——只是作為一隻很平凡的烏龜而生活，或者是死掉，用黃金包起來，然後被崇拜，怎麼樣比較好？這是每一個人所面對的難題，關於這個情況有兩種選擇。人們可以崇拜你，但是如果你是活生生的，他們就無法崇拜你，因為生命是非道德的——它既不是道德的，也不是不道德的，生命不知道任何道德律，它是非道德的；生命不知道「應該」，它只是從無意識來過活，如果你是活生生的，那麼任何人都很難崇拜你。如果你活得很平凡、很享受，你不能夠期待會有焚香在你的周圍燃燒，或是有人會為你造廟，為你舉行儀式，為你成立一個宗派，然後有人崇拜你幾千年，不可能！

他們崇拜耶穌並不是說他已經成道，他們崇拜耶穌是因為他被釘死在十字架上。只要想想耶穌的故事：如果他沒有被釘死在十字架上，那麼就不會有基督教。並不是因為有了耶穌才有基督教，而是因為有了那個十字架才有基督教；那就是為什麼十字架成為基督徒的象徵。

為什麼要有那個十字架？人類的頭腦、神經病的頭腦，崇拜死亡而不是崇拜生命：你越死，你就越會被崇拜。如果你還活著，那麼你是不值得崇拜的，因為你並沒有犧牲任何東西！犧牲能夠被崇拜，因為犧牲意味著犧牲生命，它是一個逐漸的十字架刑。如果別人將你釘死在十字架上，人們將會崇拜你，而如果你將你自己釘死在十字架上，人們將會更崇拜你。人們崇拜死亡；耶穌之所以被崇拜是因為他被釘死在十字架上。

如果你將那一段歷史拋掉，那麼誰是耶穌？那麼你甚至很難記住他，因為耶穌跟莊子一樣，只不過是一個流浪漢，他們之間故事的不同只是在於莊子從來沒有被釘在十字架上，而耶穌被釘在十字架上——否則他們是同一個人。你或許也可以在河邊找到他用一支竹竿在釣魚——他對漁民非常友善，他一定曾經在加利利海附近釣過魚，因為有一些漁民是他的追隨者。你一定能夠發現他跟一個妓女在一起，因為那個妓女愛他、崇拜他，而他不知道要去辨別。他跟一些賭徒、醉漢和社會所摒棄的人在一起，那就是他的罪惡！他被釘死在十字架上，因為這就是他的罪惡：他跟平凡人在一起，過著一種平凡的生活。令人尊敬的世界無法忍受他的做法，他的做法不能夠被忍受，這個人跟妓女、賭徒和醉漢在一起，跟一些行為不檢的人在一起，而他居然宣稱說他是上帝的兒子！這是異端！

這個人誇得太過分了，他必須被懲罰，因為如果他所做的事沒有被懲罰，所有的道德都將會被摧毀；而這個人違反所有的規則在生活，除了生命以外，他沒有規則。

耶穌和莊子是類似的，只有一件事不同：耶穌被釘死在十字架上。猶太人是非常規則指向的，他們根據規則來生活，他們是孔夫子那一派的，他們很難承認說一個不按照規則來生活的人有可能是好人。猶太人非常具有道德觀念，他們對神的觀念是非常具有報復性的。猶太人的神是非常具有報復性的，如果你不服從祂，祂就會把你丟進火坑。服從似乎是最高的規則，而這個耶穌，這個木匠的兒子，這個平凡人，跟那些值得懷疑的人在一起，他居然還敢宣稱說他是一個先知，是一個整個猶太世界都在等待的先知，不，他必須被懲罰。

中國比較能夠容忍，莊子沒有被懲罰，因為中國沒有一個兇猛的神的觀念，事實上他們並沒有神的觀念。孔子從來不相信神，他相信規則，而他是中國的基礎。他說規則是屬於人性的，在它裡面沒有什麼神性，它們是由人制定出來的，它們是比較性的，你可以改變它們，一個人可以遵循規則，但是它們並沒有什麼神性，也沒有什麼絕對性，那就是為什麼老子和莊子可以生活而沒有被釘死在十字架上。

但是有一件事你必須記住，如果莊子也被釘死在十字架上，那麼就一定有很多人跟隨他，然而，事實上莊子並沒有追隨者，他不可能有，因為人們崇拜死亡。他拒絕被封為聖龜，因為那個條件就是：要成為死的！不要做這個，不要做那個，只要繼續削減你自己、犧牲你自己，只要坐著，甚至不允許你呼吸，這樣人們就會崇拜你，但是你必須變成一隻死的烏龜。

莊子問說：「你認為如何？你認為放棄個人的生活，離開那神聖的龜甲，在那些焚香的煙霧裡作為一個被崇拜的對象三千年比較好，還是以一隻平凡的烏龜拖著牠的尾巴生活在泥濘地上比較好？」

那個大臣說：「對烏龜來講，最好是拖著尾巴生活在泥濘地上！」

當然，這對烏龜來講是合乎邏輯的，最好是拖著尾巴生活在泥濘地上！莊子說：回去吧！讓我在這裡拖著我的尾巴生活在泥濘地上！只要讓我成為一隻普通的烏龜，不要試圖封我為什麼，因為我知道你們的條件——首先我必須一死，必須離開那個殼，然後你們才能夠封我，然後你們就可以從我這裡發展出一個教派，可以在我的周圍建起一座廟，在我的周圍燃起焚香，然後崇拜我三千年。但是這樣做我能夠得到什麼呢？我是一隻烏龜，我能夠從它得到什麼呢？一隻烏龜怎麼能夠知道黃金和珍貴的寶石呢？它們是人類的愚蠢，烏龜從來不相信它們，烏龜相信泥濘地，烏龜只要能夠拖著尾巴生活在泥濘地裡，牠就覺得很享受。

那個象徵是非常具有意義的，因為對我們來講，泥濘是髒的東西，但泥濘是自然的，不管它們髒不髒，那是你的解釋。泥濘是自然的，而烏龜拖著牠的尾巴生活在泥濘地裡，在牠的有生之年，能夠在泥濘地裡遊戲，享受著那個泥濘地，那是一個很好的象徵。一個自然人就是應該如此：不譴責泥濘，不說這個身體並不代表什麼，不說這個身體只是一層加上一層的塵土覆蓋上去，一層加上一層的灰塵覆蓋上去，不說這個身體將會回歸泥土，所以它只不過是泥土。

……拖著牠的尾巴生活在泥濘地裡。自然是泥濘的，它就在那裡，你是由它所做成的，你會溶入它。如果你想要被崇拜好幾千年，那麼就沒有問題；如果你想要有一個教派圍繞著你，如果你想要變成一個神，被放在廟宇的神龕裡，被封為什麼，那麼那是沒有問題的，但是這樣做的話，你將必須放棄你的生命，這樣做值得嗎？放棄你的生活而得到別人的尊敬值得嗎？喪失生命的一個片刻而得到整個世界的尊敬值得嗎？即使你能夠得到整個世界的尊敬，那也是不值得的。如果整個世界都崇拜你，那也不值得你去損失一個活生生的片刻。只有生命是寶貴的，沒有所謂珍貴的寶石；只有生命是黃金的，沒有其他的黃金；只有生命是廟宇，沒有其他廟宇；只有生命是焚香、是芬芳，沒有其他芬芳。那就是為什麼莊子說：讓我成為活生生的。你或許可以譴責我，因為我只是一隻烏龜，拖著尾巴生活在泥濘地裡，但是對一隻烏龜來講，這是最好的，甚至連你都同意我，所以你就回家去吧，我不想進宮去，我不想成為一個宰相，那個職位不適合我，因為你們將會殺死我。

有很多方式可以殺死一個人，釘在十字架上只是其中的一個方式，你也可以將他放在寶座上，這樣的話，他也會被殺死，這樣的話，他是以一種比較微妙的方式被殺死；你以一種十分非暴力的方式殺死他。每當你開始尊敬一個人，你就已經開始在殺他，因為如此一來他必須付出代價，他必須仰賴你——要做什麼，不要做什麼。

有一次我跟一個耆那教的家庭住在一個人家裡，他們從來沒有見過我，但是他們讀過我的書，透過那些書本，他們對我非常尊敬，然後他們邀請我去住在他們家，因為我剛好來到他們鎮上，那是一個很有錢的人家，所以我接受了他們的邀請而住在他們家。

到了晚上，有一些人來看我。耆那教的人通常必須在日落之前吃東西，他們非常遵守傳統。有一個女人跑來，她說：「天色快要暗了，你必須結束會客，否則你將會來不及吃晚飯。」我說：「不必急，我可以晚一點再吃，但是這些人來自很遠的地方，來自一個遠方的村落，而他們是真正的求道者，所以我必須告訴他們一些事情，在他們離開之前，我必須給他們一些東西。」她不相信我的話，等到那些人離開之後，時間已經很晚了，太陽已經下山了，到處一片黑暗，所以那個女人再度跑來告訴我說：「現在你已經不能夠吃東西了，難道你真的想在晚上吃東西嗎？」我說：「對我來講，沒有什麼差別，因為飢餓不知道白天或晚上，我的肚子已經餓了，所以我想吃。」

她表現出好像她對我的整個意象都破碎了，她說：「我們以為你是一個成道的人，但是現在你已經粉碎了我們的整個意象。一個成道的人怎麼能夠在晚上吃東西？」

耆那教教徒不可能想像這樣的事，因為他們按照規則來生活，他們一直按照一些死的規則來生活。如果你想要得到他們的尊敬，你就必須遵守他們的規則。如果你遵守他們的規則，你就被監禁了，所以我說：「最好不要成道，因為我不想餓著肚子睡覺，這樣太難受了，我可以不要成道。」

當天我告訴他們這個故事：讓我拖著我的尾巴生活在泥濘地裡，受人尊敬是沒有什麼價值的。有人認為我已經成道，為了要保持他們的意象，我就要抹煞我自己嗎？

但事情就是這樣在進行。

永遠不要要求別人對你的尊敬，因為尊敬是自我所要求的。永遠不要尋求別人的尊敬，因為那是一個微妙的枷鎖，很快你將會被監禁起來，被關在它裡面。只要很平凡地生活，只要按照你的感覺自然地去生活，不要去管其他任何人，除了你之外，其他沒有人對你的生命負有責任，你只要對你自己負責，而不必對其他任何人負責，這樣的話，你將很難有很多信徒，然而如果這樣還有人來的話，那麼他們就是真正的求道者。如果你尋求別人的尊敬，那麼將有一些不真誠的人會圍繞在你的周圍，而如果你不尋求他們的尊敬，如果你不管他們，如果你只是遵循你自然的路線，那麼就只有真正的追求者會來，而他們將不會成為你的監禁。只有那些不會成為你的監禁的人能夠接受幫助，否則跟隨者將會引導他們的領導者；門徒們將會強加一些規則在他們的師父身上，這是多麼地荒謬！他們兩者都停留在黑暗裡。

永遠要記住一件基本的事：不可能有比自然更多的東西，自然就是整體，所以你必須找到一個方式，使你從被教養出來的模式回歸到自然裡。

你已經被教養得僵化了、凍結起來了，要如何再度融解而變成一條河流？那是很費力的，因為凍結的冰塊是受到尊敬的，你的自我將會說：你在做什麼？現在沒有人會尊敬你，你將不能成為一個令人尊敬的人！你在做什麼？自我將會說：只要遵守規則，這會有什麼壞處呢？你在那些規則上面已經作了很多投資，如果你遵循一般的規則，每一個人都會崇拜你，但是透過他們的崇拜，你能夠得到什麼呢？它不是生命的代替品，透過他們的尊敬，你得到了些什麼呢？它不是存在的代替品。

要成為存在性的，讓事情發生。如果某人尊敬你，那是由他自己作決定的，你不必去管他。如果你顧慮到他的想法，那麼你將會變成神經病的，每一個人就是這樣在變成神經病的。在你的周遭有很多人，他們都期望你做這個或做那個。有很多人，有很多期望，而你試著要去滿足他們所有的人嗎？你無法滿足他們所有的人，整個這樣的努力將會導致你自己深深的不滿足，而別人也不會滿足。你無法滿足任何人，唯一可能的滿足就是你自己。如果你自己是滿足的，那麼有一些人將會對你滿足，但那並不是你需要去顧慮的。

你在此並不是為了要滿足其他任何人對你的期望，也不是為了要滿足他們的規則和他們的藍圖，你在此是為了要滿足你自己的存在。這就是全部的宗教：你在此是為了要滿足你自己的存在！那就是你的命運，不要動搖，沒有什麼東西值得你動搖。

但是在你的周遭有很多誘惑，它們似乎都非常天真，那些誘惑似乎都非常天真，但是事實上它們並沒有那麼天真，它們是非常狡猾的。有人說：如果你晚上不吃東西，這有什麼不對？人們將能夠尊敬你。吃或不吃並不是要點。如果你覺得不想吃，那很好，那麼你就不要吃。人們說：如果你早上起得很早，如果你五點鐘就起床，那麼印度人將會尊敬你。早起並沒有什麼不對；如果你覺得很好，那麼你就早起，不要去想到印度人。如果你的早起是為了他們，那麼你就錯過了你自己，這樣做你將會漸漸變得越來越混亂，因為如果在五點起床，有些人會因此而變得整天都悶悶不樂。

在睡覺當中，有一些特定的時間必須經過，每天晚上都有兩個小時這樣的時間。現在科學家發現，在每天二十四個小時裡面，有兩個小時身體的溫度降至最低，那兩個小時是最能夠熟睡的，如果你錯過了它們，你就會覺得不對勁。如果你能夠在那兩個小時裡面睡覺，那麼即使沒有睡到五個小時或七個小時，你的睡眠也就夠了，但是那兩個小時在什麼時候是因人而異的，然而規則一定下來，每一個人都必須變得一樣，這就是問題之所在。如果某人體溫下降的時間剛好是在三點到五點之間，那麼他在五點鐘起床的時候將會覺得精神飽滿，但是如果有人體溫下降的時間剛好是在五點到七點之間，那麼如果這個人按照印度教教徒的規則來實行，他的整個生活將會失去平衡。

你必須問你自己，情況是因人而異的，每一件事都因人而異，你不需要先訂一個規則，然後再去適應它，你必須找出你自己的規則。

只要試著去了解，任何能夠帶給你快樂、祝福、和平和寧靜的東西，你就朝著那個方向去找尋，不久將有更多的東西會來臨。那個準則就是：如果你是快樂的，那麼我就說你是一個具有宗教性的人，雖然你或許沒有到廟裡去；如果你是不快樂的，雖然你一直到廟裡去，我也不把你稱為一個具有宗教性的人。如果你是快樂的、喜樂的，如果你的整個存在都流露出狂喜和和平，都很放鬆地停留在存在裡，那麼不論你是否相信神，你都算是一個具有宗教性的人。對神的信念只不過是一些文字，你不必去管它們。

找出你自己的和平，找出你自己的泥濘地，看看你在什麼地方能夠拖著你的尾巴走而成為活生生的，那就是你的廟。其他沒有人的廟能夠適合你——不可能適合你，因為每一座廟都是由某人建造出來適合某一個人的。

佛陀以他自己的方式來生活，然後一座廟就誕生了，然後就有千千萬萬的跟隨者，他們開始像佛陀一樣地生活，這樣做，他們就錯失了他們的目標。佛陀從來沒有遵循任何人，他的方式是他自己的方式，他活得很快樂，那是沒有問題的，但是如果你跟隨著他，你將會不快樂。

不要遵循任何人，否則你將會變得不快樂。你已經夠不快樂了，因為你一直在遵循你的父親、母親、老師和宗教。你一直在遵循很多來源的教導，所有那些聲音都不同、都互相矛盾、都不一致，你被拉往各個方向，你怎麼還能夠湊在一起呢？你是一個分裂的現象，你裡面是一個群眾，有一部分向東，另外一部分向西，下半身走向南方，上半身走向北方的喜馬拉雅山，你是一個分裂的現象，你沒有凝聚在一起。

要凝聚在一起！我告訴你，如果你凝聚在一起，如果你不聽任何人的話，如果你只是聽你自己內在的心聲，即使你有時候必須犯錯，即使你有時候會做錯，你也不必擔心。你將會做錯，因為你已經過分習慣於遵循別人的引導，而喪失了你自己內在的心聲。你已經不知道內在的心聲是什麼。有很多聲音在那裡，而它們都是來自別人，有時候是母親在講話——做這個！有時候是父親在講話——不要做這個！有時候是別人——佛陀、耶穌、基督或莊子……放棄所有這些聲音，注意聽！

靜心是一種深刻的傾聽，傾聽內在的聲音。當你變得很寧靜，別人的聲音就停止了，莊子就回他家去了，佛陀也回他家去了，耶穌也不復存在，你父親和母親都真的走了，每一個人都走了，只有你被留下來，單獨一個人，存在於你的「空」裡面，然後你的本性就會開始呈現出它自己——那就是一種開花。當種子打破了硬殼而發出芽來，當你內在的聲音跑了出來、發出芽來，那麼你就去遵循它，不論它引導你到哪裡，你就去遵循它，不要聽任何人的話，那就是你到達神之路。師父所能夠做的事就是將你帶到你內在的聲音。師父不應該是那些走掉的聲音的代替品，否則你的內在將會變得比以前更擁擠。

不要使我成為你的聲音，我不是你的敵人。不要聽我的話！只要這樣就夠了：你要深入你自己裡面，聽你自己的聲音。如果我能夠幫助你朝向那個方向，那麼我就是你的師父，否則我是你的敵人。一旦你開始聽你自己的聲音，我就不需要了，你可以拋棄我。

注意聽……就好像有一個第三眼，也有一個第三耳，它在經典裡面沒有被提到。有一個第三耳，就好像第三眼能夠讓你瞥見你的本性一樣，第三耳能夠讓你聽見你內在的聲音。當這兩個外在的耳朵停止產生作用——當你不再聽任何人的話，當你變得完全耳聾，沒有聲音在穿透你，你已經將所有的聲音從內在丟到外在，當你將所有的垃圾都丟出來，你就變成只是空的，定在你自己裡面——你就能夠感覺到你自己內在的聲音。它一直都在那裡，每一個小孩生下來都帶著它，每一棵樹長出來都帶著它，每一隻鳥都帶著它在生活，甚至連一隻鳥龜生下來也帶著它，而你無法混亂一隻烏龜，你無法說服牠說：「來，成為死的，我們將會把你供奉在神龕裡。」如果你這樣做，烏龜將會回答你說：「回家去吧！讓我在這裡拖著我的尾巴生活在泥濘地裡。」一旦你能夠感覺到你自己內在的聲音，那麼就不再需要規則了，你已經變成你自己的規則。那個聲音越清楚，你的腳步就越會步入正確的方向，它將會變成一個越來越強的力量，每一步都會引導你更接近你的命運，然後你就會覺得更自在。你將會覺得一種深深的滿足，你將會覺得沒有一樣東西是錯的，你能夠祝福一切，你也能夠被一切所祝福。

宗教是反抗，反抗別人，反抗那些善意祝福你的人，反抗那些行善的人。它是最大的反抗，因為你只有單獨一個人，其他沒有人在那裡，你必須單獨一個人去走那一條路，它是個人在反抗群眾，群眾是非常非常強而有力的，它能夠壓碎你，它已經壓碎了你，你已經被壓碎而變殘廢，你幾乎已經快死了。讓你活著對群眾來講是危險的，因為讓你活著，你將會走你自己的路，而群眾有它自己的路，它想要你跟著它走，群眾想要你變成一個郵局的職員、一個小學老師、一個醫院裡的護士，然而你內在的聲音或許沒有準備好要這樣做。你內在的聲音或許要把你帶到變成一個佛或一個莊子，但是社會不需要一個佛，它需要一個完美的執行者。需要一個佛幹什麼呢？就經濟面而言，他是沒有用的，他是一個負擔。

有一次目拉·那斯魯丁去到一個心理治療家那裡，他帶著一頂瓜皮小帽，身上穿著一件畫家的工作服，留著長長的鬍子，那個心理治療家問說：你是一個藝術家嗎？那斯魯丁說：不，根本不是！那個心理治療家說：那麼你為什麼帶著這一頂瓜皮小帽，穿著一件畫家的工作服，而且還留著長長的鬍子？那斯魯丁說：那就是我來這裡要問你的，為什麼？我從來沒有想要這樣，我之所以成為這樣是因為我的父親，他想要我成為一個畫家，成為一個偉大的藝術家，所以我才跑來這裡問你為什麼。

你被弄得不成人樣，因為有很多人希望你成為很多種樣子。如果你去滿足他們，那麼你本身將會保持不滿足，因為沒有一個人的期望會剛好適合你的命運。關於你的命運，你必須自己去找尋，那是一種內在的探尋，那就是靈魂！你或許可以稱之為神，你或許可以稱之為真理，名稱可以改變，但是真正要做的事就是要找出那真實的命運，找出你被生下來的目的，否則遲早有一天你將必須去到心理治療家那裡問為什麼。每一個人都正在走進心理治療家的門，即使心理治療家本身也很糟糕，因為他們也必須去找另外的心理治療家來幫他們分析，他們必須互相幫別的心理治療家作心理分析。這真的是一件令人驚訝的事：心理治療家自殺的比率居然比其他人更多，居然是其他任何行業的兩倍！心理治療家發瘋的比率是其他任何行業的兩倍，而他們的行業是在幫助別人！

每一個人的情況都很糟糕，因為沒有人聽他自己真實的本性，你要注意去聽它！不要聽任何別人的話。

這將會是費力的，你將會喪失很多，有很多的投資將會失去，那就是我所謂門徒的意義：它是放棄虛假的投資，它是放棄別人以及他們的希望、他們的期望，它是一種要成為「真實的自己」的決定。

第9章 黃公爵和車匠

齊國的黃公爵是當朝的第一把交椅，他坐在他寶座的罩蓋之下讀他的哲學，車匠費安在庭院做輪子。

費安將他的鐵鎚和鑿子擺在一旁，爬到階梯上去向黃公爵請示：「主人，我能不能請問你，你在讀什麼東西？」

公爵回答：「專家和權威。」

費安問說：「是死的還是活的？」

公爵說：「已經死很久了。」

車匠說：「那麼你只是在讀他們遺留下來的垃圾。」

公爵回答說：「你知道什麼？你只不過是一個車匠，你最好給我一個好的解釋，否則你必須被處死。」

那個車匠說：「讓我們從我的觀點來看這一件事情。當我在做輪子的時候，如果我弄得很鬆，它們就會散開來，如果我弄得太緊了，它們又湊不上去，如果我弄得既不太鬆也不太緊，它們才會剛好適合，那個作品就是我所要的。你無法將它化為語言文字，你只能夠去知道它是怎麼樣，即使我告訴我自己的兒子說它要怎麼做，我自己的兒子也無法向我學習，所以你看，現在我已經七十歲了，但我還在做輪子！老年人將他們真正知道的一切都帶進墳墓，所以，主人，你在這裡所讀的只是他們所遺留下來的垃圾。」

「桓公讀書於堂上，輪扁斲輪於堂下，釋椎鑿而上，問桓公曰：『敢問，公之所讀者何言邪？』公曰：『聖人之言也。』曰：『聖人在乎？』公曰：『已死矣。』曰：『然則君之所讀者，古人之糟魄已夫！』桓公曰：『寡人讀書，輪人安得議乎！有說則可，無說則死。』輪扁曰：『臣也以臣之事觀之。斲輪，徐則甘而不固，疾則苦而不入。不徐不疾，得之於手而應於心，口不能言，有數存焉於其間。臣不能以喻臣之子，臣之子亦不能受之於臣，是以行年七十而老斲輪。古之人與其不可傳也死矣，然則君之所讀者，古人之糟魄已夫。』」

——《莊子．外篇．天道》

有一次在一個鄉間的道路上，有一個開汽車的人發現他的引擎不對勁，所以他就把車子停下來，打開車蓋往裡面看，突然間他聽到一個聲音：「如果你問我，我能夠告訴你那個毛病在哪裡。」那個人感到很驚訝，他向四周看了一下，因為他以為有別人在那裡，但是沒有，除了一隻馬站在附近的農場以外，其他沒有人。那個人感到害怕，所以他就加速行駛！二十分鐘之後，他的車子開到了一個加油站，他喘了一口氣，抓住那個加油站的主人問他到底是怎麼一回事：「除了一隻馬以外其他都沒有人，但是我卻聽到一個人的聲音在說，如果我問他，他可以告訴我毛病在哪裡。」那個加油站的主人說：「那是不是一隻背脊異常凹陷，腿部向外彎曲的黑色馬？」那個人說：「是的，沒錯。」加油站的主人說：「不要管牠，牠只是一個年老的哲學家，很久以前就過世了，但是他的鬼魂仍然在那個地方出沒，由於他舊有的習慣，他一直找人來問他問題，他根本不懂引擎的毛病，而他也不是一匹馬，他只是使用那匹可憐的老馬來作靈媒，所以不要管他。」

這就是所有人生道上所發生的事。舊有的鬼魂繼續在出沒，他們知道所有的答案，你只要問，他們就準備給你所有的答案，但是你的人生繼續在改變，而他們對引擎的毛病一點也不懂。生命每一個片刻都在改變，你無法在過去找到答案，因為今天沒有一樣東西跟以前一樣，你無法在過去找到答案，因為答案不是一樣東西，它總是跟著那個發現它的人死去，但是鬼魂還會繼續出沒。你們的《吠陀經》、《可蘭經》、《聖經》和《吉踏經》都是鬼魂，它們現在已經不是真實的存在，它們已經死很久了，但是它們具有一種吸引力。

所以，首先要試著去了解為什麼那個已經死的具有那麼多吸引力，為什麼那個已經死的過去比那個活的具有更多的吸引力，為什麼那個已經死的會繼續拉住你的腳，為什麼你要攜帶著他們？為什麼你要聽他們的話？你是活的、你是新鮮的，為什麼你要仰賴過去，仰賴那些權威和專家？

第一件事，一個人死得越久，那個傳統就越偉大，時間使每一樣東西都變神聖。如果佛陀仍然活著，你幾乎不能夠忍受他，如果你對他非常仁慈，最多你只能夠去聽他講道，但是你不可能相信他是一個神。你無法相信說這個人已經知道了那最終的，因為他將會看起來像你一樣，是一個有血液、有骨頭的人，是年輕的或年老的，是生病的或健康的，就像你一樣，也會死——就像你一樣。飢餓的時候，他需要食物；睏的時候，他需要床；生病的時候，他需要休息，就像你一樣。你怎麼能夠相信他已經知道了那最終的、那不朽的？很難，幾乎不可能。

即使你試著這樣做，它也從來不會發生；即使你強迫你自己，在內在深處，那個懷疑還是存在，但是現在，已經過了二十五個世紀，佛陀已經不再是一個血肉之軀，他永遠不會再生病，永遠不會再飢餓，永遠不再需要食物，永遠不再需要任何藥物，永遠不會死，他是不朽的。時間能夠使每一樣東西變神聖，漸漸地，你將會忘記說他屬於你。漸漸地，那個死的意象就變成金色的，它會走得越來越高，而完全喪失在天堂的某個地方，你只要有一個瞥見，你就能夠相信。

因此過去繼續在縈擾著你。如果佛陀再世，你將會拒絕他。那就是為什麼耶穌現在被崇拜，而當他還活著的時候，他卻被釘在十字架上。活著，你就在你自己的腦海裡將他釘死在十字架上；死了，你就崇拜他，為什麼死亡使他變得那麼有意義，那麼重要？死亡摧毀了身體，然後那個跟你的連結就破掉了，那麼你就在你自己的腦海裡產生了一個靈性的意象：沒有血液的、沒有骨頭的、超出肉身體的。如此一來，你就能夠想像，要給他一切什麼樣的好品質就依你而定了──你會加以投射。

很難投射在一個活人身上，因為真象就在那裡，而他將會摧毀你一切的投射，他將不會成為你投射之下的囚犯，但是對於已經死了的人，他能夠做什麼呢？耶穌能夠做什麼呢？佛陀能夠做什麼呢？他們是無助的，不論你做什麼，他們都必須受苦。

那就是為什麼對一個死的師父能夠有更多的想像，對一個死的師父，你能夠賦予他重要性、優越性以及彼岸的芬芳。

但是對一個活人來講，那是不可能的，除非你懷著一顆具有全部信任的心。對於那些懷著一顆具有全部信任的心的人而言，佛陀從來不是他的身體，不管他是死的或是活的，他從來不是他的身體。因為他們穿透得很深，所以佛陀變成透明的，他或許活在身體裡，但他並不是那個身體，他或許活在你們裡面，但他不屬於你們，他來自高處的某一個地方。這就是基督的意義，基督就是神的兒子，這就是神性降臨的意思，這就是佛的意義，祂來自看不見的地方，你只能夠透過信任的眼睛看到祂。頭腦無法看到祂，但是當祂過世，頭腦就能夠投射。

所以第一件事就是：那個期間越長、那個差距越長，那個在你跟佛陀、耶穌或馬哈維亞之間的期間越長，你的想像就有越多的自由。你可以投射，你可以在他們的周圍創造出一個夢，那麼他們就變成更是一個神話，而比較少是一個真實的存在，然後整個神話就在他們的周圍被創造出來，那麼你就可以崇拜，你就可以聽他們的話。

但是問題在於，當一個佛活著的時候，他能夠幫助你；當一個佛活著的時候，你可以吸取他的精神；當一個佛活著的時候，某些東西可以被傳達或是被轉移，但是當他過世，它就變得越來越不可能，為什麼呢？因為那個要給予的東西無法透過語言來給予。如果它能夠透過語言來給予，那麼我已經有了很多經典，我已經有了佛陀的話語，但是它無法透過語言來給予，語言只是一個藉口。佛陀對你講話，它只是一個藉口，為的是要在頭腦的層面創造出一個接觸。如果你是具有接受性的，那麼就有一些事會經常發生，就在那些文字之間，或是在一行一行的經文之間，佛陀會觸及你，那是一種活的經驗。

他必須把他自己傳達出來，而不只是傳達理論，他不能傳達一個假設或一種哲學，他必須傳達一個活的經驗，那個經驗比較像是一種技巧，而比較不像是一種哲學。即使你知道如何游泳，你也不能只是透過文字來教別人，你要怎麼說呢？不管你怎麼說，你都會覺得那是不夠的，唯一的方式就是帶著學生到河裡去，先游給他看，給他信心、給他勇氣，然後叫他一起來，如果他信任你，他就會跟你一起來，然後讓他漸漸經歷那個經驗。

只有經驗能夠教導。靈性的事就好像游泳，你無法對它說任何事，你可以描述它，但是那個描述是死的，而靈性的事本身是一種活生生的經驗。當某一個知道技巧的人在那裡，有某件事會發生，但是他不能夠將它告訴你，你必須自己去學習。這就是奧祕之所在：他無法將它教給你，但是如果你具有接受性，你就能夠學習。

所以必須記住，大部分要靠門徒本身以及他的接受性，只有少部分是靠師父。他存在，他「在」，但你必須具有接受性而能夠吸取；你必須具有接受性而能夠讓它發生；你必須具有接受性而能夠讓它穿透你。如果你害怕，整個人縮回來，那麼你就封閉了。當你是封閉的，即使師父繼續在敲你的門，你也不會有回應。他越敲門，你就越縮回去而變得害怕，所以他甚至不會去敲門，因為那是一種侵犯，他只會在門口等待，每當你準備好將門打開，他就會將它給你，他可以馬上將它遞給你，但是門徒自己必須先準備好。

這種可能性唯有當你跟一個活的師父在一起才可能。你無法跟一個死的師父學到任何東西。你可以跟那些文字在一起，你可以跟《聖經》在一起，你可以變成一個偉大的學者，或是一個偉大的哲學家，你可以思考，而且在它的周圍編織出很多理論，你可以創造出一套你自己的神學，但是耶穌將不會在那裡，你必須跟耶穌生活在一起，他的「在」才是最重要的。

第二件必須記住的事就是：頭腦總是喜歡理論、文字和哲學，它能夠處理那些東西，那是頭腦最喜歡的遊戲，因為這樣做不會有什麼損失，相反地，頭腦能夠透過那些東西而被增強。當你知道得越多，當你蒐集了越多的資料，你的頭腦就越會覺得「我很了不起」。

跟一個活的師父在一起，那個困難就是：你必須臣服，你的自我必須溶解。跟一個師父住在一起真的是一種死亡的經驗，你必須一死。除非你死，否則將不會有什麼事情發生。唯有透過你的死，你才可能再生。當你已經不復存在，突然間神性就存在了，所以一個活的師父對頭腦來講是一種死的經驗，是靈魂的再生，但是是自我的死亡。面對那些死的師父，你就不會有害怕，頭腦可以繼續跟那些專家和權威玩遊戲，那個解釋可以依你而定。在任何理論裡面，那個意義並不在它裡面，你必須將意義放進去，它是一種遊戲，你以為你在讀《吉踏經》、讀克里希那的文字，但是你錯了，那個文字雖然在那裡，但是要由誰來給意義呢？必須由你自己來給意義。

所以每一部經典都只不過是一面鏡子，你可以在它裡面看到你自己的臉，你可以讀出任何你想要讀的東西。因為頭腦非常狡猾，它不會去聽那些反對它的東西，它可以按照它自己的方式來解釋，而克里希那不會在那裡說：「不，這不是我的意思。」

有一次，當佛洛依德還活著但已經很老的時候，就在他過世之前的幾年，他召集了他所有的門徒來到他身邊——他在全世界有很多跟隨者，他創造出一個非常重要的心理分析學派，他備受尊崇。

有二十個跟他最親近的門徒和他一起共進午餐，他們開始討論佛洛依德對某件事的看法，就在那個時候，他們完全忘了佛洛依德的存在，他們變得非常專心於那個討論，他們的意見相左，因此他們開始爭論，一個理論變成有二十種解釋，而師父還活著，他就坐在那裡，但他們卻完全把他給忘了，然後他敲著桌子說：「請你們停一下！我還活著，你們可以問我說我指的是什麼意思。當我在這裡聽你們講話，我已經開始覺知到當我死後，你們將會怎麼做。我還活著，但卻沒有人來問我說我所指的意義是什麼，而你們已經想出了二十種意義！在我死後，你們將會創造出兩百種、兩千種、兩萬種意義，然後你們就不可能再問我說我所指的是什麼意義。」

各宗各派以及各種信念就是這樣產生出來的。

耶穌是一個單純的人，但是你看那些天主教徒和新教徒，以及數以百計的基督教宗派和他們的解釋。耶穌是一個單純的人，他是一個木匠的兒子，他從來不使用神學的術語，他不是一個精於言詞的人，他是一個重經驗的人，他通常很單純地用一些小故事、一些趣聞和一些寓言來談論，而他是對一些不識字的人在講這些東西，他所說出來的東西非常單純，但是你看一看……那些新教徒、那些基督徒以及他們的神學，他們從他的話語演繹出非常多的東西，全部加起來幾乎有山那麼高！他們繼續在一些簡單的事情上面討論和爭論，他們迷失在那些討論和爭論裡面，以至於耶穌本身完全被遺忘了。

連一個還活著的佛洛依德都被遺忘了，你怎麼會記住一個死的耶穌呢？如果你問印度教教徒，他們對《吉踏經》已經有一千種解釋，每年還會加進新的解釋，沒有人同意其他任何人。山卡拉說那個訊息是棄俗，說《吉踏經》的訊息是棄俗，是不活動。提拉克（Tilak）說那個訊息是行動——剛好相反，而拉瑪奴加（Ramanuja）說那個訊息是奉獻，不是行動，也不是棄俗。你們就是這樣在繼續著，你們有一千種解釋，沒有人同意其他任何人。當你讀《吉踏經》，你將會有一千零一種解釋，因為那是你們的解釋，你們將會把你們的頭腦帶進它裡面，而頭腦會覺得被那些知識和資料所增強。

頭腦除了在面對一個活師父的情況之外從來不會有任何危險，當你面對著一個活師父，頭腦就瀕臨死亡的邊緣。你會逃離克里希那本人，但是你會將《吉踏經》記在你的頭腦裡；

你會逃離耶穌，但是你會一直將《聖經》放在你的口袋裡。《聖經》可以放在你的口袋裡，但是對耶穌就沒有辦法這樣做。《聖經》將可以屬於你，但是跟耶穌在一起，你將必須屬於耶穌。那就是差別之所在：你可以擁有一部《聖經》，但是你無法擁有耶穌，你必須被他所擁有。

第三，科學可以被寫下來，那是沒有問題的，因為它不是一種技巧，它是一種理論。它可以被寫下來，它是一種描述，不是一種奧祕，科學的整個基礎就是要揭開每一種東西的奧祕。它具有一些原則和法則，那些東西是可以被寫下來的；如果你解開那些法則的密碼，你就能夠知道一切。

宗教不像科學，它比較像藝術，它是象徵性的，第一件事就是它不是實在性的，它是象徵性的。

有一次一個朋友去看畢卡索，那個朋友在軍中服務，他看了畢卡索的工作室之後說：「這些是什麼荒謬的東西！每一樣東西都不真實，沒有一幅畫代表真實的存在！」

你在真實的世界裡無法找到任何像畢卡索的畫那樣的東西，它是不存在的，它只是畢卡索對真象的一種感覺。

科學試圖去發現那客觀的，而藝術試圖在客觀的東西裡找出那主觀的。你看著一朵花，如果你問一個科學家，他會談到那朵花的化學混合物，當然那些化學混合物是存在的，但它們並不是那朵花，因為它們不帶有那個美，它們不帶有那個意義。有關美的事，你必須去問藝術家，但是他不會談論化學混合物或任何其他東西，他會給你一首詩，而那首詩將會比科學家所能夠給你的任何東西都更接近真理，然而它將不是客觀的。

畢卡索靜靜地聽他講，因為他這個朋友是一個軍人，你無法期望一個軍人能夠了解太多的主觀性，因為他生活在客觀的世界裡。稍後他們談到其他事情，然後那個軍人拿了一張他女朋友的照片給畢卡索看，那是一張小小的照片，畢卡索看了之後開始笑，他說：「那個女孩這麼小嗎？要跟這麼小的女孩做愛一定非常困難。」那個軍人說：「你在說些什麼？這只是一張照片。」所以畢卡索說：「照片並不是客觀的，它是象徵性的，它只是一種代表、一種指示、一種顯示，它不是真正的描述，它在比例上並不精確，它只是一個指示、一個暗示。」

記住，宗教比較像藝術，而比較不像科學，它甚至比藝術來得更微妙，因為藝術代表客觀的東西，而宗教代表主觀的東西。藝術用一些象徵性的東西來顯示出客觀世界的東西。藝術家畫了一張玫瑰的圖畫，那個玫瑰是存在的。梵谷的玫瑰或畢卡索的玫瑰或許跟花園裡的玫瑰不一樣，但它還是一朵玫瑰。你可以找到一些類似性，你可以找到某種對等的東西。

但是當一個佛在談論涅槃，它不存在於外在世界，你無法找到任何東西相當於它。當耶穌談論神的王國，它並不存在於客觀世界。藝術代表那客觀的，它的象徵很難了解，但是你仍然可以在世界上找到某種相當於它的東西。宗教是以象徵的東西來表現出主觀的東西，你無法在世界上找到任何像它一樣的東西。除非你進入你自己裡面，否則你將無法找到那個意義。你可以攜帶那些文字，但是那些文字並不是真實的存在，你或許可以重覆「神」這個字，但是你並不知道任何關於神的事，它比較像一種藝術，甚至也可以說比較像一種技藝。

一個佛在做什麼？祂是一個技匠，祂從你做出一個神來。就好像一個雕刻家，祂繼續敲著一塊石頭，這裡敲敲，那裡打打，將那些不必要的部分削掉，神像就漸漸呈現出來。它本來就在那裡，在藝術家開始使用他的鑿子和鐵鎚之前，祂就已經在那裡，但是那些非主要的部分也在那裡。那些非主要的部分必須被打破，然後被丟棄，好讓那個主要的部分能夠呈現出來。所以，一個佛在做什麼呢？你就好像一塊石頭，祂會繼續用祂的鑿子和鐵鎚在你身上下功夫，祂會將那些非主要的部分切除，然後那個主要的部分就會很美地呈現出來，那麼那個光輝燦爛就誕生了，彼岸就進入了這個世界。祂並沒有將任何新的東西帶進這個世界，祂只是改變了你，蛻變了你。

你已經帶著彼岸在你裡面，但是它跟這個世界過分混合在一起，所以需要將它們分開——將主要的部分和非主要的部分分開；將你和你所擁有的東西分開；將占有者和被占有物分開；將靈魂和肉體分開；將中心和周圍分開。它就好像一種技巧。沒有一個畫家能夠告訴你要如何畫，你必須跟師父生活在一起。如果你去到畢卡索那裡說：「你是怎麼畫的？告訴我一些事情，給我一些指導方針。」他將無法給你任何指導方針，因為他本身也不知道，它是一個如此巨大的現象，它是非常無意識的。當畢卡索在畫畫的時候，他並沒有覺知到任何規則和任何規定、任何法則和任何指導方針，當他在畫畫的時候，他就變成了他的畫，他已經不復存在，他完全投入在它裡面。你必須跟他在一起。當他進入了他的繪畫，當那個畫者消失，而只有繪畫被留下來，當那個繪畫已經不再是一種有意識的努力，當無意識已經接管，你必須去了解那個現象才能夠感覺到它、才能夠感覺到它是什麼。那麼那就不是畢卡索的手在運作，而是無意識的「道」或「自然」接管了。畢卡索的手只是工具性的，它們被作為工具來運用，其他有另外的能量存在。注意看畢卡索在畫畫，他已經不再是一個人，他根本就不是你們的一部分，他已經變成一個創造者，他已經不再是一個人。那就是為什麼當他的繪畫誕生出來，它帶有某種彼岸的味道。

但這並不算什麼。當一個佛在講話，祂並不是那個講者；當一個佛在走路，祂並不是那個走者；當一個佛將祂的手放在你的頭上，祂並不是那隻手。道——或者你可以稱之為神，或者你喜歡用什麼名字都可以——已經接管了，如此一來，那隻手已經不是佛陀的手，它是工具性的。神透過他來碰觸你，而佛根本就不在那裡，他並沒有站在你跟神之間，但是這種情形必須被經驗才知道。你不可能從一個死的佛那裡學到任何東西。如果你無法從一個活的師父那裡學到什麼，你怎麼能夠期望從一個死的師父那裡學到什麼呢？

它是一種技巧，是最偉大的技巧，它是那麼地靈巧、那麼地微妙，你無法有意識地做任何事，你只能夠去接近，然後吸取。「吸取」這個字必須被記住，一個佛必須被吸取，必須被吃進去，使他變成你的血液和你的骨頭，使他在你裡面流動，他的「在」必須被吸收，你必須將它攜帶在你裡面。

這是世界上最偉大的技巧——從一個人做出一個神來，從一個總是傾向於變成一隻動物的人做出一個神來，去改變他的頭腦、拋棄他的自我，讓「那最終的」發生在他身上，它是將大海帶進一滴水裡，它是將大海滴進水滴裡。它是最高的、至高無上的技巧，沒有任何經典能夠攜帶它，它們只能夠將它指出來，你必須去接近一個活佛，才能夠知道它意味著什麼，而一個佛的存在這種現象在一千年或二千年裡才發生一次，之後那些死的宗教儀式就誕生了，人們會繼續崇拜，但是不知道他們在做什麼。

現在讓我們試著來了解莊子的這些話，它是一個很美的寓言：

齊國的黃公爵是當朝的第一把交椅，他坐在他寶座的罩蓋之下讀他的哲學，車匠費安在庭院做輪子。

費安將他的鐵鎚和鑿子擺在一旁，爬到階梯上去向黃公爵請示：「主人，我能不能請問你，你在讀什麼東西？」

公爵回答：「專家和權威。」

清楚地記住：所有的專家和權威總是死氣沉沉，因為等到他們的新聞傳達到你身上，那個人已經消失了。等到你知道說有一個佛，那個佛已經死了。你的意識是如此地懶惰、如此地糟糕，以至於你太過於沒有覺知到正在發生什麼，等到你知道說花朵已經開花，然後你匆匆忙忙地跑到花園裡，那朵花已經凋謝了。

要了解有一個人在那裡需要時間——需要很長的時間！有時候要經過好幾世紀之後，你才能夠感覺到佛陀在那裡，但是到那個時候你已經不能夠怎麼樣了。要更警覺一點，要更有意識一點，這樣你才能夠即時趕上火車。你一直都在錯過火車，你來此並非是第一次，當喬達摩變成佛的時候，你也在那裡，你就在這個地球上的某一個地方，你不可能在其他地方，因為沒有什麼東西會死，而你錯過了他。一定有人曾經告訴過你，而你一定是曾經跟他爭辯，你一定是說：「我們已經聽過很多故事，你現在所講的這些都只不過是故事。」你一定是想：「當我還沒有成道，怎麼可能有人成道？別人怎麼可能比我更優越？」至於信心呢？你一定曾經說過：「我是一個有理性的人，我不可能那麼容易就相信。我有一個懷疑，首先我必須先滿足我的懷疑……」

它需要花時間，有時候需要花上好幾個世紀的時間，甚至在經過好幾個世紀之後，那個懷疑都還沒有被滿足。記住，一個人必須「跳」，即使帶著懷疑，你也必須「跳」。如果你想要等到讓懷疑先消失，那麼你要跳的時間將永遠不會來臨，因為懷疑又會自己產生懷疑，它是一個自我創造的過程，一個懷疑會產生另外一個懷疑，另外一個懷疑又會產生出另外一個懷疑。同樣的情況也會發生在信心，一個信心會產生出另外一個信心，然後又產生另外一個信心……然後那個就被創造出來。在你開始的時候總是會猶豫不決，沒有人能夠一開始就全心全意地投入，因為如果是這樣的話就已經不需要了。一個人必須從懷疑開始，但是不要太去注意懷疑，要多多注意信任，然後那個能量才能夠進入信任，那麼那個信任就會變成一個連鎖。漸漸地，那個來自懷疑的能量就會被來自信任的能量所吸收。

記住，一個人必須播下種子。如果你繼續等待，然後你說：「當我的懷疑消失之後，我才要播下信任的種子。」那麼你就永遠沒有機會播下種子。

……你一定曾經聽過，某人告訴過你說這個喬達摩已經成道，那個時候你一定是笑著說：「從來沒有人成道，這些只是人們繼續在編造的故事。我認識這個喬達摩，我甚至認識他的父親，我認識他們一家人，但我還是無法相信，因為我是一個懷疑論者，我是一個有理性的人，如果不用推理，我連一步都動不了。」

不僅對佛陀如此，當耶穌在世的時候你也曾經在那裡，當莊子在世的時候，你也曾經在那裡。你一直都在這裡，你已經錯過很多次了，為什麼呢？那個原因永遠都相同——你無法信任。你一直在找一些論點來反對那個「跳」，你有無限的可能性可以一而再、再而三地找到一些論點。因為一旦你滋養了那個懷疑，它就變成像癌細胞一樣地成長，它就會使它自己一直持續下去，你不需要去幫助它，它是一種像癌細胞一樣的成長，它會一再一再地持續下去，它會一直成長。同樣的情況也發生在信任。

所以你要記住，問題不在於「當沒有懷疑的時候我就會信任」，那是不可能的，那個時刻將永遠不會到來，你必須在懷疑仍然存在的時候信任。注意看它的美，如果當懷疑還在的時候你能夠信任——人類的頭腦就是如此，它很脆弱、很虛弱、很分裂，你必須在懷疑仍然存在的時候信任——如果你能夠在懷疑仍然存在的時候信任，它意味著你給予信任更多的注意，而給予懷疑較少的注意；你對懷疑漠不關心，你的整個注意都朝向信任。然後有一天將會來臨，到了那個時候，懷疑就消失了，因為如果你不給它注意，你就沒有給它食物——注意就是食物。如果你不給予注意，懷疑就無法繼續它的連鎖，然而你總是會找出一些理由，自我總是會說：不要臣服，不要放開來。你到底在幹什麼？你將會迷失你自己，但是你從來不認為你已經迷失了。你現在在哪裡？你一定曾經碰過被稱為「開車狂」的人，有一些人就是很喜歡開車，他們是「開車狂」。他們會從孟買不停地開，一直開到德里，而他們到達德里的第一句話是：我們只花了二十四小時就開到了。這就是開車狂。

有一次，一個開車狂開車帶我到一個地方，他車子開得很快，他沿著公路以瘋狂的速度行駛，因為我們應該要在當天下午到達一個村落，而我們還沒有到達，但時間已經是傍晚了，所以我看著地圖告訴他，似乎他已經走錯路了，他說：不要管地圖，沒有關係。我們在享受兜風，他繼續加速行駛，甚至沒有停下來看地圖。

有些人就是一直快速前進，他們以為只要快速前進就能夠到達某一個地方。

能否引導到什麼地方並不是速度的問題，而是方向的問題。並非只是藉著跑步，你就能夠到達你的命運，因為你可能繞著圓圈走。你有到達什麼地方嗎？你有什麼東西可以損失嗎？根本不會有什麼損失。那麼你為什麼要害怕？害怕不會有什麼損失嗎？

人們來到我這裡，他們說：很難臣服。我總是看著他們，簡直無法了解他們在說什麼，因為藉著他們的臣服，他們並沒有什麼東西可以交出來，他們並沒有什麼東西可以損失，沒有什麼東西可以拋棄。如果你已經達成了某些東西，那麼拋棄是具有某種意義的，但是事實上你並沒有達成任何東西，你只是蒐集了一些沒有價值的垃圾，而你認為這是重要的東西嗎？然而你不想仔細去看它，因為如果你仔細看它，你就會害怕，那麼你的基礎就會被動搖。你不去看它，你只是繼續在相信說，你擁有很多，而我什麼東西都沒有，因為除了成道之外，我並沒有擁有值得一提的東西，除了一個完全覺知的意識，一個不死的火焰在裡面之外，我並沒有其他財富，不可能有其他財富。

費安將他的鐵鎚和鑿子擺在一旁，爬到階梯上去向黃公爵請示：「主人，我能不能請問你，你在讀什麼東西？」

公爵回答：「專家和權威。」

唯有當一個人具有一個很長的傳統，那麼他才能夠變成一個專家；唯有當經過了很長的時間，而且很多人崇拜他，一個人才能夠變成一個權威。如果沒有人崇拜耶穌，他會變成一個專家或權威嗎？你可以數他的跟隨者，跟隨者越多，那個專家和權威就越偉大。

在新德里的一家糖果糕餅店掛了一個招牌，如果你有機會去到那裡，你一定要去看那個店，招牌上面寫著：「在這裡吃，一百萬隻蒼蠅的看法不可能會錯！」

你也是這樣在感覺：如果有一百萬人跟隨，一百萬人不可能會錯。當一千萬人跟隨，你就會覺得這是權威，但這些跟隨者都是蒼蠅！

有多少人跟隨佛陀？有多少人跟隨耶穌？你會數跟隨者的數量，就好像師父要依靠跟隨者的數量。宗教並非政治，有多少跟隨者並不是問題的重點。即使沒有人跟隨一個佛，一個佛還是一個佛。而如果整個世界都跟隨，那也沒有什麼差別，因為人們總是為了錯誤的理由在跟隨。不要去看那些跟隨者，但你就是這樣在感覺：誰是權威？有多少人跟隨？你總是透過錯誤的論點來行動。

公爵回答：「專家和權威。」

費安問說：「是死的還是活的？」

年老的費安一定是一個智者，他一定是一位真正的智者，因為很難找到一個人能夠相信活著的權威。一個活著的人怎麼能夠成為你的權威？它需要時間，需要很長的時間，唯有如此，一個人才能夠變成權威。

有一次我去拜訪一個佛教的僧院，住在那裡的人聚集在一起叫我說一些關於佛陀的事，然後我就說了一些關於佛陀的事。那個僧院的住持覺得有一些不舒服，到了最後，他問我說：「我已經讀過佛陀所說過的一切東西，但是我從來沒有在任何佛教的經典裡看過你所講的故事。沒有任何權威曾經引用過它，我是第一次聽到，你是從哪裡得來的？」我告訴他：「我自己編故事，如果它沒有寫在你的經典裡，你可以把它加進去，我是我自己的權威。」

經典是怎麼創造出來的？如果某人在一千年前寫了它，那麼它就是一個權威，但是如果我加進了一個故事，那麼就不是！為什麼呢？差別只是在於時間。佛陀死後五百年，那些故事才被寫下來，那些故事也不是當時就被寫下來。如果那些故事可以在五百年後才被寫下來，那麼為什麼不能夠在兩千五百年後才被寫下來？那個住持沒有想到我會這樣說。

這個費安一定是一個非常有智慧的人，他說：是死的還是活的？權威們幾乎總是死的，而我要告訴你，如果你能夠相信一個活的權威，那麼你將會被蛻變。當你攜帶著死的，他們將會使你變成死的，你就是因為這樣而變得很無趣、很不敏感。要跟活的在一起，這樣你才會變得更加活生生。因為任何你所做的都能夠改變你。如果你相信死的，那麼你就是在相信死亡，而不是在相信生命；如果你相信活的，那麼你就是在相信生命，而不是在相信死亡。

公爵說：「已經死很久了。」

事實上每一個宗教都試著在證明說他們的權威非常非常老，十分古老。如果你問印度教教徒，他們會說他們的道沒有起點。他們是最狡猾的：他們說它沒有起點，所以你無法證明你們的宗教比他們的更古老。他們已經達到一個結論：它沒有起點。他們說《吠陀經》是最古老的經典，他們認為，如果你能夠證明《吠陀經》是最古老的，那麼它就是最具有權威的。

不知道怎麼樣，頭腦總是認為一樣東西越古老就越好，好像真理就跟酒一樣，越陳越香，而所有的解釋都只不過是將舊的酒放在新的瓶子裡。真理並不是酒，真理根本不像酒，它剛好跟酒相反，越新越好，越新鮮、越年輕，它就越深。活的就是最深奧的，而死的是平淡無味的，是過去所留下來的灰塵，其他沒有。

但是印度教教徒證明說他們的《吠陀經》非常非常古老，他們還一直將《吠陀經》的日期往前推，而如果有人證明說它們並沒有那麼古老，他們就會很生氣，他們就會認為你沒有宗教修養，認為你已經發瘋了。如果你問耆那教教徒，他們會證明說他們那些耆那教的大師比《吠陀經》來得古老，有一點可以支持他們的說法，因為《吠陀經》裡面曾經提到他們的第一位大師，所以那是一個很清楚的證明。

如果《吠陀經》裡面帶著尊敬的口氣來提到第一位耆那教的大師，那表示說他一定在很久以前就死了，否則你怎麼能夠對一個活人那麼尊敬？他不只是被提到，而且還很尊敬地被提到。他以一個神被提到，那意味著他一定死了至少有五千年，唯有到那個時候，一個人才能夠變成一個神。所以耆那教說他們的宗教是最古老的，所有的宗教都試圖在證明這一點。為什麼要努力去證明說你們的宗教是最古老的呢？因為頭腦相信死亡，頭腦相信過去，頭腦只不過是過去。

所以你認為如果你們的權威是最古老的，那麼你的頭腦就更偉大，因為那個時間的差距越大，傳統的累積越多，頭腦就有更多的空間可以活動。頭腦需要時間來活動，頭腦只不過是累積的過去，所以如果你的過去越大，你的頭腦就越大，而如果你的過去並沒有那麼大，你的頭腦就會比較小。那就是為什麼所有古老的傳統、國家和種族都把美國看成幼稚的，因為他們沒有過去，他們的過去只有三百年。這叫做過去嗎？只有三百年？它並不算什麼。不僅如此，如果你跟隨一位師父，而他說他已經有五百歲，那麼他將能夠招來很多跟隨者。

我聽一個謠言說西藏有一位喇嘛已經活了一千歲，有一個英國人跑去拜訪他，他從倫敦旅行到西藏，只是為了這個目的——就為了那位喇嘛已經活了一千歲。這是很稀有的，他訪問了那個喇嘛，他無法相信，那個人看起來不會超過五十歲，所以他就問那個喇嘛的大弟子說：「聽說你師父已經有一千歲了，這是真的嗎？」那個大弟子說：「我不敢說，因為我跟他在一起只有三百年。」

事情就是這樣：東西越古老，它就越具有權威。即使當有人說他的師父已經一百五十歲，你也會突然覺得他非常有價值。只是藉著變老，你就認為某種有價值的東西在發生。你可以是一百五十歲，而只是一個一百五十歲的老糊塗，因為年紀無法帶來智慧，年紀跟智慧無關，相反地，小孩子反而比較聰明，他們必須如此，神不可能是錯的，他們總是殺死老年人，而用小孩子來代替他們。那意味著他相信小孩比相信老人更多。老年人意味著被摒棄、被丟出來，他們已經沒有用了。神相信新的，而人類卻相信舊的。神總是相信新的葉子，那就是為什麼老的葉子會掉下來，他用新的、新鮮的、年輕的葉子來取代老舊的葉子。

神是永遠年輕和嶄新的，宗教也是如此，但是權威……因此你不能夠相信神的權威。如果你看周遭神性的創造，你將永遠都會覺得祂看起來有點瘋狂，因為等到一個人變聰明，祂就會將他收回去。當你九十歲，你已經經歷過你的生活，你已經經歷過所有的季節，你已經知道很多，你已經蒐集了很多經驗，到那個時候你已經變聰明了，祂就會叫你說：「來，離開生命。」他會用小孩子來取代你，你會被一個什麼都不知道的小孩所替代。祂似乎比較喜歡無知，而比較不喜歡知識；祂喜愛新鮮的葉子，而比較不喜歡舊的、暗淡的葉子。它必須如此，因為生命必須是年輕的，而如果祂是永恆的生命，祂必須永遠年輕。

那就是為什麼印度教教徒從來不將克里希那或南姆描繪成老的。那是象徵性的，祂們永遠都是年輕的，你有看過任何南姆的照片看起來很老嗎？或者看過克里希那拿著拐杖嗎？祂活了八十歲，已經很老了，但是印度教教徒不想把祂描繪成老人，因為如果你注意看神，祂永遠都是年輕的，所以那只是為了要顯示說神永遠都是年輕的，宗教永遠都是年輕的，它就好像一個天真的小孩，它就好像早晨的露珠，它就好像夜晚的第一顆星星，但是這樣的話，神就不可能是一個權威，因為權威意味著必須帶著過去的重擔，如果沒有過去的重擔，權威不可能被創造出來。

費安問說：「是死的還是活的？」

公爵說：「已經死很久了。」

車匠說：「那麼你只是在讀他們遺留下來的垃圾。」

每當你太過於跟過去結合在一起，你就是跟一些垃圾結合在一起，你就是跟墳墓結合在一起，你就是一個挖墳墓的人。你就生活在墳墓裡，你就不再是生命活生生現象的一部分。

公爵回答說：「你知道什麼？你只不過是一個車匠，你最好給我一個好的解釋，否則你必須被處死。」

那個公爵無法相信他自己的耳朵，他無法相信說只是一個平凡的車匠，居然能夠教給他聰明的事情。一個準備學習的人，他隨時都準備從每一個機會學習。這個人準備從那些死的權威學習，但是不從一個活的車匠學習，然而我要告訴你，一個活的車匠比一個死的國王來得更好，因為他是活生生的，沒有人崇拜他，但是神仍然信任他，所以他還活著。

公爵非常生氣，他說：

「你最好給我一個好的解釋，否則你必須被處死。」

那個車匠說：「讓我們從我的觀點來看這一件事情。當我在做輪子的時候，如果我弄得很鬆，它們就會散開來，如果我弄得太緊了，它們又湊不上去，如果我弄得既不太鬆也不太緊，它們才會剛好適合，那個作品就是我所要的。你無法將它化為語言文字，你只能夠去知道它是怎麼樣。」

車匠是在說：我不知道那些權威和專家，讓我們從我的觀點來看。是的，我只不過是一個車匠，但是我了解我的技藝，而且我已經從它學到了一些東西，那就是：它是一種技巧，它非常微妙、非常靈巧，你無法將它化為語言文字。

如果你走到極端，那麼那個輪子就沒有辦法做好，你必須保持中庸，你怎麼能夠將這種做法化為語言文字呢？如果你去問一個走繩索的人，他怎麼能夠將他的技巧化為語言文字呢？他要如何走在一條架在兩山之間深谷上方的繩索上？如果他在那裡掉下去，他就永遠回不來了，他將會死在那裡，他是如何走在那條繩索上的？你能夠將它化為語言文字嗎？他將會說：「如果我太過於偏向右邊，那麼我就必須立刻向左邊靠來平衡它；如果我太過於偏向左邊，那麼我就必須靠向右邊，靠向相反的方向來平衡。」

這種說法可以被寫下來，但是如果你只是去讀它，而沒有去實驗，你將會永遠都回不來，因為問題不在於理智上的了解，問題在於透過你的存在來感覺——要向右或向左靠多少？它不可能有任何固定的公式，每一個人都不同，它必須依那個人而定，依那個人的重量、高度以及那個情況——比方說風的吹動——而定。它將必須依靠你內在的頭腦，你將必須去感覺它，你不能夠按照一個固定的公式去做，你必須跟著一個師父學，你無法只是上學校去學。

在學校裡，你能夠學到哲學，你能夠學到數學，你能夠學到科學，你能夠學到每一樣東西，但是你無法學到一種技巧，技巧只能夠從一個知道的師父那裡學來。藉著注意觀察他，你就會開始去感覺他。你對他有很多信任，所以如果他移向右邊，你的內在就會跟著他移向右邊；如果他移向左邊，你的內在就能夠感覺到，而跟著他移向左邊，你變成了他的影子，漸漸地，你也可以開始自己去嘗試。

那個車匠說：「讓我們從我的觀點來看這一件事情。當我在做輪子的時候，如果我弄得很鬆，它們就會散開來，如果我弄得太緊了，它們又湊不上去，如果我弄得既不太鬆也不太緊，它們才會剛好適合，那個作品就是我所要的。你無法將它化為語言文字，你只能夠去知道它是怎麼樣，即使我告訴我自己的兒子說它要怎麼做，我自己的兒子也無法向我學習，所以你看，現在我已經七十歲了，但我還在做輪子！」

他是在說什麼？他是在說明一件最深奧的真理：有一些事情你只能夠透過你的全然投入來學習，只有理智是不能夠有所幫助的。你能夠做出一個公式，但是這樣做，你將會錯過，因為你將會把一個死的公式用在每一個改變的情況裡，而那將不會有所幫助。在每一個改變的情況裡，你需要一個改變的反應，那意味著只有意識能夠有所幫助，而不是知識，你必須帶著一個光在你裡面，好讓在每一個情況裡，你都能夠感覺出當下的情況。你不需要將那個情況固定在一個公式裡，相反地，每當有一個新的情況，你就必須重新去發現那個公式。

生命繼續在流動，它從來不重覆，即使它看起來好像是重覆的，它也從來不重覆。它不可能如此。如果你覺得生命是重覆的，那只是因為你無法感覺到那個「新」，你太麻木了，否則它是從來不重覆的。今天早上你所看到的那一片雲將永遠不會再在天空裡，它不可能如此。今天早上升起的太陽將永遠不會再度升起，因為明天早上整個宇宙都將會變得不同，它是如此巨大的一樣東西，每一樣東西都在改變。

每一樣東西都繼續在改變，除了人的頭腦以外，沒有一樣東西是老舊的。頭腦是唯一老舊的東西，姑且看一下世界的博物館，以及他們所蒐集的化石，那真的好像是一塊墓地，除此之外每一樣東西都是新的。只要注意看！拋棄人類的頭腦！你能夠在世界上找到任何老舊的東西嗎？每一樣東西都在改變，即使喜馬拉雅山也在改變，它們繼續在改變，他們說，那些山每年都上升一英呎。

每一樣東西都繼續在改變；海洋在改變、地球在改變、即使大陸也繼續在改變。

現在科學家已經發現了一個事實：各洲大陸也有很多變化。以前非洲跟印度連在一起，以前錫蘭和斯里蘭卡也一定非常靠近印度，否則哈努曼猴子不可能跳過去。以前它們之間的界線一定只是一條小河流，有一條小溪介於它們兩者之間。現在科學家證明說那個大陸在移動，它們繼續在改變，每一樣東西都在改變，沒有一樣東西是靜止的。

據說愛丁頓曾經說過：他從他的人生當中了解到，有一個字是絕對錯誤的，「休息」這個字是絕對錯誤的，因為沒有休息。每一樣東西都繼續在移動，沒有一樣東西處於休息的狀態，沒有一樣東西能夠如此，生命是一個流動。如果生命是一個流動，那麼這個車匠是對的，因為他說沒有一樣東西能夠被說出來，每一個輪子都不同：那個木頭有所不同、那個車子有所不同、那個情況有所不同、道路也有所不同——一個人必須意識到：「我不能夠將它化為語言文字，我甚至不能夠教導我自己的兒子。」

真的很難教導你自己的兒子，你曾經聽過佛陀能夠教導他自己的兒子嗎？你曾經聽過莊子自己的兒子怎麼樣了嗎？老子的兒子怎麼樣了嗎？父親很難教導他自己的兒子，因為他們的自我總是很抗拒。那是非常困難的，因為兒子總是跟父親在抗爭，他想要證明某些東西，證明他比他父親更好，他認為他父親只是一個老古董，而父親也無法相信他兒子能夠學到什麼東西，他只不過是一個兒子，而他永遠都保持是一個兒子。即使兒子七十歲，父親九十歲，他也會認為他只不過是一個小孩。很難在父親與兒子之間找到一個會合點，幾乎不可能在他們之間搭起一座橋樑。

那個車匠說他甚至無法教導跟他那麼親近的兒子，他無法將他的經驗說清楚，所以到了現在，他已經七十歲了，還在做輪子。他是在說：已經是我退休的時間，我已經夠老了，身體已經老舊不堪，已經不能夠再工作了，但是要怎麼辦呢？沒有人能夠學到那個藝術，所以我仍然在做輪子。

記住：蘇菲徒是唯一能夠使用這個故事使用得很美的人，因為他們總是透過某一種技藝來教導，只有蘇菲徒這麼做。他們透過某一種技藝來教導，任何技藝都可以：木匠的技藝或車匠的技藝，畫家或鞋匠的技藝，或任何技藝都可以。蘇菲徒透過技藝來教導，首先你必須從師父那裡學到技藝，然後他會教你最內在的東西，為什麼呢？這似乎很荒謬！

有十年的時間，門徒學習如何做鞋子，然後十年或十二年，或甚至二十年之後，當他已經變成一個完美的鞋師父，師父就開始教導他關於內在的世界，這看起來好像純粹在浪費時間，但事實上不然，因為蘇菲徒說：「問題不在於你學什麼，學什麼並不是主題，你怎麼去學它才是主題。」一旦你學會了如何去學習，那麼那個最內在的鑰匙就能夠立刻給你。在跟一個師父生活十年或二十年的期間，你學習如何做鞋子，門徒會吸取那個精神。他越吸取師父的精神，他就越變成一個完美的鞋匠。靈性方面的事情根本就沒有被碰觸到，根本就沒有被提及——只是學習如何去吸收。任何東西都可以，任何師父覺得適合的東西都可以，任何師父在行的東西都可以。等到他覺得你已經能夠吸收的時候，等到他覺得你已經吸收了那個藝術，然後他就教給你內在的世界，他就會帶你到廟宇的門口，然後他就會說：「現在我可以把鑰匙交給你。」如果你連學習做鞋子都辦不到，你怎麼能夠學習「那神聖的」？

這個車匠的觀點是完全正確的。所以你看，現在我已經七十歲了，但我還在做輪子！當我還活著的時候都沒有人能夠從我這裡學習到什麼，你怎麼能夠從那些死的權威們那裡學到什麼呢？如果甚至連做輪子都沒有辦法學習，你怎麼能夠學習那至高無上的人生藝術——將神性帶進人裡面，或是將人帶進神性裡面？

老年人將他們真正知道的一切都帶進墳墓，所以，主人，你在這裡所讀的只是他們所遺留下來的垃圾。

這是最深奧的一席話，必須好好記住，老年人將他們真正知道的一切都帶進墳墓。當一個佛過世，任何他所知道的東西都隨著他消失，它必須如此，事情就是如此。我們或許不希望它如此，但是我們的希望不是要點，當一個像馬哈維亞這樣的人消失，任何他所知道的東西就從這個世界消失。不，它不能夠被經典所攜帶，它不能夠被學者所攜帶。文字將會被重覆、被記憶、被寫下來、被崇拜，但它們只是灰塵，只是一些殘留的東西，只是一些死的東西，只是墳墓，你可以從它們做出廟宇，美麗的廟宇，然後崇拜它們，繼續崇拜它們，但是任何一個佛所知道的東西都會跟著他消失，因為那個知識跟佛是分不開的，它是他的存在。

它跟他成為一體，它就是他本身。當他消失，他的意識就進入那無限的——河流流入了海洋。你可以繼續崇拜那個乾枯的河床，它以前曾經是一條河流，但是那條河流已經不復存在了。你可以建造廟宇，你可以去朝聖，但是它已經沒有多大用處了。

這個車匠在說些什麼？他是在說一個人必須永遠都要去找一個活的師父，永遠都要去找尋那個活的，因為只有那個活的才是當下，只有生命能夠穿透物質的世界。當一個佛消失，他就隨著他所知道的消失。那就是為什麼那些佛總是急著要去教導，急著要去給予，急著要去找出那些能夠學習的人，因為當他們消失的時候，一切他們所知道的也都將會消失。

它必須一再一再地被發現。它跟科學不一樣，科學是一種傳統，而宗教是個人化的。如果某樣東西被牛頓發現，它將會存在，它將會被寫在圖書館的書裡面，愛因斯坦也能夠受益於它。事實上如果沒有牛頓，就不可能有任何愛因斯坦，他必須站在牛頓的肩膀上，他的理論或許跟牛頓的理論有所衝突，但他是站在牛頓上面，牛頓是基礎。任何愛因斯坦所發現的東西都將會永遠保持是人類的一部分。那就是為什麼科學繼續在成長、繼續在進步，而且速度越來越快。

但是宗教總是隨著發現它的那個人消失，你無法站在佛陀的肩膀上，那是不可能的！你必須一再一再地站在你自己的腳上，宗教必須一再一再地被發現，它是一種個人的發現，它不可能變成一個傳統，它很難如此，但這樣是很美的，因為它不能夠由別人那裡借來，它總是新鮮的、年輕的、嶄新的。它就好像愛一樣，馬魯和萊拉相愛，西林和法利哈得相愛，羅密歐和茱麗葉相愛，但是你無法站在他們的肩膀上去愛得更多。愛不可能是一件累積的東西，當你陷入愛裡面，整個事情必須被重新發現。當你陷入愛裡面，它幾乎就好像沒有人在你之前愛過，以前是否有人曾經愛過對你而言都沒有差別，你必須重新去愛，那個發現是新的。每一個愛人都很新鮮地進入愛的廟宇。過去的愛人沒有留下腳印，他們的愛跟著他們消失，那是很好的，否則甚至連愛都會變成只是一個傳統，一條有地圖的、被很多人踏過的道路。當你走在愛的道路上，那一條路已經有千千萬萬人走過，那是不值得去走的，它變成一條高速公路，它變成一件市場上的東西，它變成一件商品，那麼它就不再是一座廟宇。但是當你愛的時候，你是第一次在愛！它並不是在重覆任何人的愛，它是屬於你自己的愛。

神第一次再度透過你來愛。這是一句似非而是的話——我說「第一次再度」。那些奧祕被顯露出來了，宗教就是如此，祈禱就是如此，靜心就是如此。不，你不能夠跟隨那些死的，你只能夠處於那些活人的「在」裡面，而你必須去吸收。

當你進入，這將會再度是第一次，當佛陀消失的時候，每一樣東西都跟著他消失，這樣是好的。你必須再度去找到那個途徑，它是一個永恆的捉迷藏遊戲，神再度隱藏起來，你必須再度去發現祂，否則，當佛陀發現祂的時候，我們就可以在那裡立下一個牌子說：「神住在這裡。」那麼一切就都解決了！任何想要認識神的人都能夠來。不！祂再度隱藏起來，而且你要記住，祂是一個很會耍技巧的人，你永遠無法在祂原來隱藏的地方再度找到祂，祂會躲到另外一個地方去。

那就是為什麼舊有的技巧變得沒有用，新的設計必須一再一再地被發現，因為神隱藏在新的地方。祂會找到新的山洞，祂永遠都會搬出舊的山洞。祂會說：現在它已經結束了，這個山洞已經結束了，現在讓那些崇拜者在這裡崇拜，但是我將不在這裡。

第10章

人誕生在「道」裡

魚誕生在水裡，人誕生在道裡。生活在水中的魚只要找尋池塘和水池，那麼牠們所有的需要就都滿足了。

誕生在道裡的人只要沉入無為而忘掉積極和操心，那麼他就不缺任何東西，而他的生命也就沒有問題。

「孔子曰：『魚相造乎水，人相造乎道。相造乎水者，穿池而養給；相造乎道者，無事而生定。故曰：魚相忘乎江湖，人相忘乎道術。』」

——《莊子．內篇．大宗師》

需要能夠被滿足，但是欲望不能夠被滿足，欲望是發了瘋的需要。需要是單純的，它們來自自然；欲望非常複雜，它們不是來自自然，它們是由頭腦所創造出來的。需要是一個片刻接著一個片刻的，它們是由生命本身所創造出來的，而欲望並不是一個片刻接著一個片刻的，它們總是為了未來，它們並不是由生命本身所創造出來的，它們是由頭腦所投射出來的。欲望是投射，它們並非真正的需要。這是第一件必須了解的事，你了解越深就越好。欲望是什麼？它是頭腦進入未來的一個活動。需要屬於這個片刻——如果你飢餓，它是一種需要，它必須被滿足，而它能夠被滿足，沒有問題；如果你口渴，你是在此時此地口渴，你必須去找水喝，它應該被滿足，所以它是一種生活上的需要，但是欲望跟那個不一樣。你欲求成為一個國家的總統，它不是一種需要，它是一種野心，它是自我對未來的一種投射。你欲求天堂，那是在未來，或是你欲求神，那也是在未來。記住，需要總是在此時此地，它們是存在性的，而欲望永遠都不是在此時此地，它們是非存在性的。它們只是在心理上，它們只是在頭腦裡，而它們是無法被滿足的，因為它們的本質就是進入未來。

它們就好像你所看到的地平線，地球和天空似乎就在近處的某一個地方會合在一起，它是那麼明顯！你可以走到哪裡！但是當你繼續一直走，那個距離還是保持一樣，地球和天空總是在前面的某一個地方會合，但是你永遠無法達到那個地方，你永遠無法達到那個地球和天空會合的點，它們從來不會合，這只是一種表象，印度人稱它為「馬亞」(maya)，它看起來似乎是如此，但實際上並非如此，它看起來好像你跟它之間有一個特定的距離，但是當你越靠近，你就越會了解到它並非如此。那個地平線越來越往前移，而你跟它之間的距離一直都保持一樣。

你和你的欲望之間的距離永遠都保持一樣，你怎麼能夠滿足它呢？如果你欲求一千萬元，那麼或許某一天你就能夠得到，但是當你得到了，你又會欲求一億。你已經有了一千萬，現在你的欲望會要求一億，當你有了一億，那個欲望又會要求十億，那個距離永遠都保持一樣。你或許已經有了十億，但情況還是一樣，再給你十倍，那個欲望還是保持一樣。

需要是單純的，它們能夠被滿足。你覺得餓，你就吃；你覺得渴，你就喝；你覺得想睡，你就睡。

欲望是非常狡猾、非常複雜的。你遭受到挫折，但那並不是因為需要的緣故，你遭受到挫折是因為欲望的緣故，而如果欲望帶走了你太多的能量，你將無法滿足你的需要，因為要由誰來滿足那些需要呢？你進入未來，你想到未來，你的頭腦在做夢，那麼要由誰來滿足日常生活的需要呢？你並不在那裡，你寧可保持飢餓也要達到地平線，你寧願延緩你的需要，好讓你的整個能量都能夠朝著欲望前進，但是到了最後，你將會發覺你的欲望並沒有被滿足，倒是因為需要被忽視了，所以到了最後，你就成為一個廢墟，而你失去的時間已經不能夠復得，因為你無法退回去。

有一個故事談到一個年老的智者，他的名字叫做麥修士，他是孔子的追隨者，他活到很老很老才死，有人問他：「如果你重新出世，你要怎麼樣來過你的生活？」麥修士說：「我將會更加注意我的需要，而少去注意我的欲望。」你也會達到這種了解，但是這種了解總是來得非常晚，等到你了解的時候，歲月已經所剩無幾了。如果你再度被生出來……

需要是很美的，欲望是很醜的；需要是身體上的，欲望是心理上的。但是注意看你們所謂的聖人和賢人：他們總是在譴責需要，而卻在幫助你投射你的欲望。他們說：你在做什麼？只是吃和睡嗎？只是這樣在浪費你的生命嗎？要試著去到達天堂！天堂是最終的欲望。天堂在等著你，而你卻浪費你的生命在一般的事情上面——只是麻木不仁地活著。站起來跑步，因為時間已經所剩不多了！要去到達！去敲天堂的門！到達神那裡！不要只是站在這裡！

他們總是在譴責你的需要而幫助你的欲望，那就是為什麼世界變得那麼醜陋——每一個人都充滿欲望，但是沒有一個人的需要被滿足。那個能夠被滿足的被忽視了，而那個不能夠被滿足的卻被滋長，那就是人類的不幸。莊子贊成需要。滿足你的需要，但是不要要求欲望，放棄欲望的概念，因為未來是不存在的，只有現在存在。而那是多麼美！當你覺得餓，你就吃——沒有未來；當你非常投入吃裡面，它本身就變成了天堂。那就是為什麼耶穌說：「不要想到明天，注意看原野的百合花，它們不會將事情累積，它們不會用思想，它們不會擔心未來，它們就在此時此地開花。注意看那盛開的百合花——明天將會照顧它自己。」

你只要活在此時此地，這個片刻就足夠了，不要要求更多，一直都生活在當下這個片刻的人才是真正的聖人，對他來講，這個片刻就足夠了，他已經滿足了；對他來講，沒有天堂，他就是天堂本身；對他來講，他已經變成了神性本身。這將會非常困難，因為任何我所說的都是在反對很多世紀以來的教導和毒化。當你覺得餓的時候，你就吃，而且在那個片刻使吃成為一種慶祝。慶祝！因為誰知道，下一個片刻你或許就不在了，那個飢餓或許就不在了，這些漂亮的麵包或許就不再存在了；口渴或許就不再存在了，這條河或許就不再存在了，趕快喝吧！讓你自己完全專心於此，專心到時間停止了，因為時間是不動的，只有你的頭腦會動。如果你就在當下這個片刻完全專心，用你的整個存在來享受，那麼時間就停止了，那麼就沒有時間的移動，也沒有地平線，更沒有對地平線的追逐，然而每一個人都匆匆忙忙地想要趕到地平線去。

有一次目拉・那斯魯丁進入一家醫院，那個要為他開刀的外科醫生告訴他說：「在這裡我們相信速度，我們不浪費任何時間。手術之後，就在手術當天，你必須在房間裡面走五分鐘，隔天要在醫院外面走半個小時，第三天要走一個小時。在這裡我們不浪費時間，生命很短，而時間就是金錢，它必須被節省。」目拉・那斯魯丁說：「只有一個問題，我是每一個人都匆匆忙忙，你如此地匆忙是要去哪裡？你曾經看過有什麼人到達任何地方嗎？你曾經聽過任何人透過匆忙、透過焦急、透過速度而到達任何地方嗎？我們聽過有一些人藉著停止而到達，但是我們從來沒有聽過有任何人藉著跑步而到達。佛陀停止，然後就到達了；耶穌停止，然後就到達了；莊子停止，然後就到達了。你攜帶著目標在你裡面，其他沒有地方可以去，但是欲望引導你到遠處的地方、遠處的時間、以及空間裡面一個遠處的點。你越欲求、越匆忙，你就越錯過你自己，你就變得越挫折、越破舊不堪；在你還沒有死之前，你就已經成為一個廢墟。

但是在那個廢墟裡，欲望仍然存在，你在一生當中已經蒐集了很多欲望的經驗，而你的頭腦卻說：你失敗是因為你的努力不夠。看，別人已經成功了；看你的鄰居，他們已經成功了，但是你失敗了，因為你跑得不夠快，下次一定要準備好。

你將所有這些態度都收進在一顆種子裡，然後你再度被生出來，整個惡性循環就再度開始。你要到哪裡去？有任何地方可以去嗎？即使你到達某一個地方，你也仍將是你自己，即使你現在馬上當這個國家或另外一個國家的總統，你認為會有什麼改變嗎？你將會保持一樣——同樣是那個挫折的人、同樣是那個具有野心的人，同樣具有那些緊張、焦慮和惡夢。

有一次目拉・那斯魯丁敲他心理醫生的門。那個心理醫生說：「這回是什麼問題？」目拉・那斯魯丁說：「我做了一個惡夢，那個惡夢每天晚上都重覆出現，請你幫助我！我晚上睡不著，它已經變成我頭腦一個很重的負擔，你一定要趕快幫我想一個辦法！」他的確陷入了困難，他的眼睛疼痛，他的整個身體看起來好像他已經有好幾個月沒睡覺。

那個心理醫生變得很擔心，他說：「告訴我你做惡夢的情形，它到底怎麼樣？」那斯魯丁說：「每天晚上我都做一個夢，一個很恐怖的夢，我夢見我只有單獨一個人跟十二個漂亮的女人在一起。」那個心理醫生說：「我還抓不到你的要點，那有什麼恐怖呢？跟十二個漂亮的女人在一起，而你只有單獨一個人，那有什麼恐怖呢？」那斯魯丁說：「你曾經試過去愛十二個女人嗎？而你只有單獨一個人，又是在一個孤島上？」

但是你們都在愛一萬兩千個女人——每一個欲望都是一個女人，因此你的整個人生就變成一個惡夢：有那麼多的欲望，有那麼多的地平線，在生命消失之前有那麼多事情要去到達，那就是為什麼你總是匆匆忙忙——你無法停留在任何地方。你一直繼續在跑啊跑的，直到你落入死亡的懷抱，死亡就是你整個努力的結果。

記住，第一件事就是：需要是很美的。這就是其他所謂的聖人跟莊子之間的不同——需要是很美的，而欲望是很醜的。那個差別就是：需要來自身體，而欲望是由頭腦所創造出來的。

動物、小鳥和樹木都比較快樂，因為他們沒有頭腦可以去欲求，不管他們在哪裡，他們都很快樂。他們生活，然後他們死亡，但是他們從來不焦慮、從來不緊張。這就是第一件要記住的事——欲望和需要之間的明顯差別。要接受需要，需要並沒有什麼不對，但是要放棄欲望，每一個欲望都是錯的，因為它們不允許你處於此時此地。而此時此地是唯一可能的存在，沒有其他的存在。

要像百合花一樣地開放在原野、像小鳥一樣地在樹林裡面歌唱、像野生動物一樣地野！不要聽那些會毒化你們的人的話，要享受單純的身體上的需要，你有多少需要？一個人需要食物、需要水、需要庇護所、需要一顆愛心，就這樣而已。如果沒有那麼多欲望，那麼整個世界都將會立刻變成伊甸園。因為有了欲望，所以我們無法去注意那些簡單的需要。看……即使動物也能夠滿足牠們的需要，而人類卻不能夠滿足他們的需要。人為什麼比較差呢？並不是因為這個地球比較差，而是因為人發瘋了，他將更多的能量放在欲望裡面。登陸月球似乎比救濟窮人來得更重要。登陸月球有什麼用呢？你要做什麼呢？

但這就是頭腦的整個傾向。美國人浪費在登陸月球的錢可以餵飽整個亞洲，以及幫助所有落後國家的發展。藉著登陸月球，你得到了什麼？目前美國國旗插在月球上，這就是你們所得到的，但是在那上面也沒有人去看它！目前他們把目標轉移到另外的星球。月球已經被征服了，現在其他的星球也必須被征服，為什麼要對月球這麼瘋狂呢？為什麼要像瘋子那麼瘋狂呢？

瘋子（lunatic）這個字是很好的，它來自luna——月球——這個字。瘋子總是對月球很瘋狂，他們受到了月球的打擊；月球永遠都是所有瘋子的目標。他們首度達到目標，他們已經達到了月球，但是他們能夠從它得到什麼呢？當你到達月球，那個目標就再往前移、那個地平線就再往前移，那麼你就必須再到達另外一個星球，然後又到達另外一個星球，為什麼要浪費這麼多能量和生命？

所謂的宗教都一直在譴責你的需要。這個已經變成了他們的口號：「不要享受」就是成為宗教的。「吃、喝和保持快樂」這就是他們所要譴責的，每當他們想要譴責任何人，他們就會說：他們相信「吃、喝和保持快樂」。但是莊子叫你要「吃、喝和保持快樂」。如果你能夠完全投入它，你就已經達成了「道」，不需要其他更多的東西。要很簡單，讓自然去運作，不要在任何方面強迫自然。對生命不要變成一個軍人、一個戰鬥者，或是一個戰士。臣服於生命，讓生命透過你來發生，這就是第一件要知道的事。

第二件事：每一個人都在找尋安全，這樣的話，你就是在找尋一種不可能的事，每當你找尋一種不可能的事，你就會碰到挫折。那是不可能的，安全並不是事情的本質。不安全才是生命的靈魂。不安全才是生命的味道，就好像海水嘗起來是鹹的，你在任何地方所嘗到的生命也是不安全的，只有死亡是安全的，生命必須是不安全的，因為它的本質就是如此，為什麼呢？

每當一樣東西是活生生的，它就會一直改變，只有死的東西永遠不會改變。每當有一個改變，就會有不安全產生，改變意味著什麼呢？改變意味著從已知進入未知，而所有安全的基礎就是你想要執著於那已知的。

以這樣的方式來看它：就好像一個小孩在母親的子宮裡，如果你想要安全，最好一直停留在子宮裡不要出來，你能夠得到一個比永遠在子宮裡更安全的情況和位置嗎？

小孩子沒有責任——沒有工作、沒有公司、沒有什麼要解決的難題，每一樣東西都自動被解決，小孩子甚至不需要自己去呼吸，母親會幫他呼吸。小孩子的心透過母親的心來跳動，母親的血液繼續供養小孩，他完全是生活在天堂裡。你能夠想像比子宮更好的天堂嗎？——舒舒服服的，就在裡面睡覺，甚至連一個夢都沒有介入，完全很寧靜地在睡覺。然後他出生了！心理學家說：出生是一個非常創傷性的經驗，因為小孩子被丟出來，被拔掉他安全的根。他原來生活在一個非常方便的家、最舒服的家……我們還無法創造出任何像子宮一樣的地方。沒有任何噪音進入，它就好像整個世界根本不存在一樣，小孩不必作任何選擇而變得分裂，在子宮裡沒有訓練，也沒有制約，他只是在享受他自己，好像他就是世界的中心。

然後突然面臨誕生，它是創傷性的，不安全首度進入了小孩的存在。現在他必須呼吸，現在當他覺得飢餓的時候、當他覺得口渴的時候、當他覺得不舒服的時候，他必須哭。他必須作他自己的安排，他必須開始擔心，如果母親不在那裡，他就很擔心，他的尿布已經濕了，他一直哭，但是都沒有人理會，因此緊張和不安全就介入了，他總是在害怕母親或許會離開他。而母親總是一直在威脅說：「要聽我的話，否則我就要離開你。」母親甚至會威脅小孩說：「要聽話，要按照指示，否則我會死掉。」這是一種威脅！小孩從根部顫抖，他必須遵照母親所說的，他必須作安排，他必須變得很虛假，他必須戴假面具。即使當他覺得不喜歡笑，他也必須演戲。只要母親來，他就必須笑，他必須變成一個政治家，他必須去關心別人對他的想法，否則他就會覺得不安全。現在他永遠無法像在子宮裡一樣地安全，他應該做什麼呢？他應該永遠停留在子宮裡嗎？小孩子似乎會想要永遠停留在子宮裡不出來。在很多情況下，醫生必須幫助產婦把小孩生出來，因為他的整個存在都執著於停留在子宮裡，他會抗拒，他會想要停留在他現在的地方，停留在對他來講是已知的地方。對小孩子來講，你能夠想像有任何比世界更未知、更奇怪的地方嗎？他張開了他的眼睛，每一樣東西都很奇怪，四周到處都有聲音，他變得很害怕。他將會成長，當他成長，更多的不安全就會跟著成長。遲早他將會被送到學校去，如此一來，甚至連家裡都不再是他的基地。每一個小孩都會抗拒，你無法找到一個很高興去上學的小孩，除非他的家是一個地獄。沒有小孩想要上學，他會抗拒，他會執著於母親、執著於家裡，因為他被推進另外一個誕生——他被從家裡丟出來，然後他會開始執著於學校。

如果你去到大學看一看，去感覺那些學生的脈膊，沒有人想要離開大學。有很多個案，學生無意識地安排一再地被當掉，因為大學是另外一個安全。父親會關心你，他會送錢給你，你就像王子一樣地過生活，世界還沒有進入；整個世界都在把你拉進不安全裡，遲早你將會被丟出大學。全世界都稱呼大學為母校，那並不是偶然的，它是具有意義的。它就是母親，你仍然是一個小孩，由社會來照顧你，雖然如此，你每天還是必須越來越移向不安全。

母愛具有一種安全，不管你愛不愛她，母親仍然會愛你，它是一種單向的交通，她會很自然地愛你，但是現在你必須再去找一個女人，而她並不會自然地愛你，反而你必須去愛她。如果你想要得到愛，你必須給予愛。跟母親的情況是不同的，每一件事都被視為理所當然。但是跟另外的女人，情形就不一樣了，你將必須去掙得你跟這個女人的愛，那就是為什麼會有經常的爭鬥。一個男人想要他的太太就像他的母親，但是她對他為什麼要像一個母親？她並不是一個母親，她是一個太太，而她的情況也是一樣，她想要那個男人或她的先生成為她的母親。

這代表什麼意義？母親的愛是無條件的，母親給你愛，她純粹是在分享。父親的愛是無條件的，就因為你是他的小孩，他就愛你，你不需要去掙得。但是當你進入世界，你必須去掙得先生的愛或太太的愛，任何片刻，對方的愛都可能被收回，因此會有恐懼和不安全……所以才會有婚姻制度的存在，因為愛人非常沒有安全感，所以他們想要尋求法律的認可，好讓政府和社會來保護他們，否則為什麼要有婚姻？如果愛真的存在，你並不需要結婚，為什麼呢？有一個恐懼，或許今天愛會存在，但是誰知道明天會變怎樣？如果愛消失了，那麼你要怎麼辦？你要依靠誰？法律、法庭和政府，它們變成了保障，有了婚姻之後，你可以上法院去要求愛。

每一個社會都把離婚弄得盡可能困難，而把結婚弄得盡可能容易，這似乎很荒謬，它應該反過來才對——結婚應該被弄得盡可能困難。因為兩個人是要進入一個未知的世界，要讓他們等待、觀察、思考、考慮和靜心冥想，給他們時間。依我的想法，在法院允許任何人結婚之前，至少要有三年的時間讓他們考慮，而我認為三年之後一定沒有人會想結婚！三年！不可能！蜜月之後，每一樣東西就都結束了，然後人們還執著在一起，那是為了法律和安全，以及如果他們分手可能會帶來的問題。小孩子出生了，現在婚姻已經變成一項責任，而不是一種喜樂、一種狂喜。

如果你生活在憂慮之中，而不是生活在狂喜之中，社會總是比較高興，因為一個狂喜的人不能夠被剝削，只有一個憂慮的人能夠被剝削，只有憂慮的人能夠被弄成奴隸。狂喜的人永遠不可能成為奴隸，他對社會來講太危險了。他是叛逆的，他不需要社會——一個狂喜的人就是意味著如此，他只要單獨一個人就足夠了。而如果他不需要社會，社會就無法在他身上強加任何東西。社會想要你成為憂慮的，讓你不自在，那麼你就必須依靠它，然後你就會去到法院，你就會把那些行政長官看成好像神一樣，那麼政府、國家和警察就變得很重要，因為你在憂慮。但如果你是狂喜的……愛人可以忘掉他們，但是結了婚的人無法忘掉他們；愛人可以忘掉警察，他們根本就不需要，他們的愛就足夠了，但是當愛消失，那麼就需要警察來使他們保持結合在一起。警察是需要的，因為如果你們分開，他就會有麻煩。為了要避免那個麻煩，人們就得繼續生活在一起。

生命是危險的，但那就是它的美，它是不安全的，因為不安全就是活動、活生生和生命力的本質。你越死，你就越安全，當你進入墳墓，就完全沒有危險。有什麼事能夠再度發生在你身上嗎？完全沒有！當你是死的，就沒有人能夠傷害你；而當你是活的，你是脆弱的，你能夠受到傷害，但是我要告訴你，那就是生命的美。

一朵早晨的花無法相信說到了晚上它將會凋謝，但那就是它的美——在早晨的時候，它非常光輝燦爛、非常壯觀，就好像一個國王，而到了晚上，它就凋謝了。但是你想想一朵石頭做成的花或是塑膠花，它會一直持續下去，它永遠不會凋謝，但是永遠不會凋謝的東西意味著它永遠不會開花。婚姻是一朵塑膠花，而愛是一朵真正的花——它在早晨的時候開花，傍晚的時候就凋謝。婚姻會持續下去，它具有一種永久性，但是在這個不永久的世界裡，怎麼能夠有任何東西是永久的呢？

每一樣真實的東西都必須一個片刻接著一個片刻存在，它會有不安全，任何片刻它都可能消失。盛開的花朵將會凋謝，上升的太陽將會下山，每一樣東西都會改變，然而如果你太害怕不安全，你就會去安排，有了那些安排，你就扼殺了每一樣東西——一個太太是一個死的愛人，一個先生是一個被謀殺了的愛人，事情是安定下來了，表面上也似乎是沒有問題，但是你們變成拖著整個生命在走。

我不是在說愛不可能是永恆的，它也可能是永恆的，但不安全就是它的本質，你無法使它變永久。記住！你必須一個片刻接著一個片刻去移動。如果它凋謝，你就必須接受它；如果它繼續開花，你就享受它，它依情形而定，面對著它，你是無法安全的，面對著未來，你怎麼可能是安全的呢？誰知道你還會不會在那裡，如果即使對你自己你都無法安全，關於你的愛將會是怎麼樣呢？

然而你卻繼續在承諾，你不知道你在做什麼。當你愛一個人，你就覺得你將會永遠永遠愛他，那是這個片刻的一種感覺，不要使它變成一個承諾。只要說：就在這個片刻，我覺得我將會永遠永遠愛你，但是我不知道下一個片刻將會有怎麼樣的感覺。沒有人能夠對下一個片刻說什麼，沒有人能夠承諾。如果你承諾，你就是生活在一個人造的世界。承諾是無法給予的，這就是真實的情況，這就是誠實的愛——它無法承諾。為了安全，每一個人都想要承諾，你越害怕，你就越需要承諾，那就是為什麼女人比男人更需要承諾，因為她們比較害怕，她們天生就覺得比較不安全，她們想要每一樣東西都變得永久，唯有如此，她們才願意向前走一步，為了她們的需要，所以你就繼續給出無法達成的虛假承諾。每一個承諾都將會破碎，而你的心和對方的心也隨著每一個承諾而破碎。隨著每一個承諾的消失，生命就變得沒有用、沒有意義，詩消失了，它變成了平淡無味的散文，只不過是一個法律的現象。你對你的太太做愛，但是它變成一件法律上必須執行的事——你必須去做它，但它並不是自發性的，你必須去做它，它是一種責任。

責任是最醜陋的東西，我要告訴你，愛是最美的，而責任是最醜的。

愛是一種未知的現象，你無法操縱它，而責任是一種社會的副產物。結了婚之後太太就可以說：「你必須愛我，這是你的責任，而且你曾經承諾過。」你知道你曾經承諾過，所以你能夠怎麼辦呢？如果愛已經消失，或者在這個片刻你並不覺得有愛意，或者在這個晚上你不想做愛，那麼要怎麼辦呢？只是為了要保持以前的承諾，你就必須變得很虛假，而以虛假的心境來行動，所以你說：「好吧，我是曾經承諾過。」你要怎麼辦呢？你能夠依照別人的要求而承諾愛嗎？可能這樣嗎？它曾經發生過嗎？你能夠製造愛嗎？

你無法愛，但是你可以假裝，那個假裝將會變得越來越固定，因為已經不允許自發性，然後每一個人都會覺得被欺騙，因為假裝出來的愛是無法令人滿足的。每一個人都知道它是假裝的，你可以看穿它，你可以表現出各種愛的動作，但是真正的愛並不存在，它就好像一種瑜伽的運動：有那個動作存在，也有那個姿勢，但是心卻不在那裡，你的心跑到其他地方去了，你只是為了需要和為了對方的要求，而同時你也覺得：是的，我曾經承諾過。

我要告訴你，那個承諾或許是完全正確的，但每一個承諾都只是為了那個片刻，你無法承諾說你明天還會在那裡，你怎麼能夠承諾說你的愛將會存在？你只能夠說這是這個片刻的感覺，你只能夠說在這個片刻我將永遠永遠愛你，但這是一種短暫的感覺，如果事情在下一個片刻消失，我能夠怎麼樣呢？然而安全感的問題會產生困難，你對每一樣東西都要求安全，那就是為什麼每一樣東西都變得很虛假。

生命是不安全的，讓這個真理穿透你越來越深，讓它成為你內心深處的一顆種子——生命是不安全的。不安全是它的本質，你無法對它怎麼樣——如果你對它怎麼樣，任何你所做的都將會成為有毒的，你將會扼殺生命。你覺得越安全，你就越死。注意看那些真正安全的人，他們擁有財富、聲望以及圍繞在他們周圍的城堡——你可以看到他們是死的。只要看看他們的臉，他們的眼睛看起來好像是石頭做的，他們的臉看起來好像面具，好像裝出來的外表人格，他們的姿勢是自動化的，它們並非真正發自內心，他們好像被關在籠子裡，生命力沒有在流動——他們的生命是凍結的、不動的。他們並不像河流在跳舞、在流動、在流向大海，他們是無趣的、死的池塘，沒有要移動到任何地方，也沒有要流動到任何地方。

每一個片刻你都必須去面對那未知的。這就是不安全：過去已經不復存在，而未來尚未存在。未來是不可預測的，每一個片刻你都站在那個不可預測的門上，你必須去迎接這樣的事情，每一個片刻那未知的都是你的客人。

在印度，我們有一個很美的字來稱呼客人，其他任何語言都沒有那個字，那就是「阿提提」(atithi)，它意味著一個沒有預先通知而來的人，一個沒有說他們一定要來的人。「阿提提」意味著「沒有日期」，他沒有預先告訴你日期，他只是來，然後敲你的門，但我們是那麼瘋狂地執著於安全，以至於我們甚至會殺死客人。如果客人來，他必須先通知你，必須先得到你的允許說他要來，因為你必須為他騰出時間，你必須作一些安排，沒有人可以突然來敲你的門。

在西方，客人已經完全消失了，即使他來，他也會住在旅館。已經不再有客人了，因為西方比東方更執著於安全感，當然，由於那個執著，他們累積了更多的財富、更多的保障，以及更多的銀行存款。每一樣東西都有保險，但人是死的，如此一來，已經沒有「阿提提」，已經沒有陌生人來敲你的門，「那未知的」已經不來找你，每一樣東西都變成已知的，因此你就在那已知的惡性循環裡轉來轉去。你從一個已知的地方走到另外一個已知的地方，然後又從那個已知的地方走到另外一個已知的地方，然後你問說：生命為什麼沒有意義？

意義來自那未知的，來自陌生人，來自突然敲你的門那個不能預測的——一朵突然開放的花，那是你從來沒有預期的；一個朋友突然出現在你那一條街，那是你從來沒有等待的；一個突然開花的愛，而你甚至沒有覺知到它將會發生，你甚至從來沒有想像過、從來沒有夢想過，這樣的話，生命就會很有意義，生命就會有一種歡舞，那麼每一步都會很快樂，因為它不是充滿責任的一步，它是進入未知的一步，河流正在走向大海。

不安全就是道的本質。不要弄得很安全，因為這樣的話，你就把你自己從自然之道切除。你越安全，你就越離道，要進入那未知的，讓那未知的走它自己的路線，不要強迫它，不要去推河流，要讓它流動，永遠不要對任何人承諾一座玫瑰花園。當你愛的時候，要很真誠、很真實，只要說：在這個片刻我是這樣感覺，等到下一個片刻來臨時，我再告訴你……好像這個片刻就是生命的全部。而我要告訴你，如果你在這個片刻是那麼地愛，那麼下一個片刻你將會更愛，因為下一個片刻是由這個片刻所產生出來的，但那不是一項承諾，也不是一個保險。如果你在這個片刻全然投入愛，那麼在下一個片刻，你的愛將會更全然。它聽起來很荒謬，全然性怎麼能夠變得更多？但這樣的事的確會發生。

生命是沒有道理的，如果你全然地愛、真實地愛、真誠地愛，而在這個片刻開花，那麼你為什麼要害怕下一個片刻呢？你將會開花，即使這朵花凋謝，另外一朵花也將會來臨，不要去擔心這朵花。生命一直繼續在開花，有時候開在這一顆樹上，有時候開在另外一顆樹上，但生命會一直繼續下去，花朵會凋謝，它意味著形式凋謝，但是那無形的繼續在移動，所以為什麼要擔心呢？但是你會擔心，因為你錯過了這個片刻，所以你害怕下一個片刻。這個片刻你沒有愛，所以你就為另外一個片刻做出安全措施。這個片刻你沒有去生活，所以你對那未知的感到非常害怕，因此你做出一些安全措施，安排如何在下一個片刻生活，這是一種惡性循環，因為等到下一個片刻來臨時，你還是會帶著舊有的習慣和模式，和一切死氣沉沉的例行公式，這樣做，你就扼殺了這個片刻，而且同時扼殺了下一個片刻。

忘掉未來！要生活在當下這個片刻，完全投入它，任何來自這個全然投入的東西都將會是一種祝福，即使花朵凋謝了，它也是很美的，你曾經真正觀察過一朵花在凋謝嗎？它是很美的，它具有一種悲傷，誰告訴你說那個悲傷不是一種美？誰說只有歡笑才是美的？我要告訴你，歡笑如果沒有悲傷在裡面，那麼它是膚淺的，而如果悲傷沒有歡笑在裡面，那麼它是死的，它們並不是相反的東西，它們能夠互相豐富對方。

當你帶著一種很深的悲傷在笑，那個笑具有一種深度。當你的悲傷在微笑，你的悲傷具有一種狂喜在裡面。生命並沒有被分割成很多部分，生命反對所有分隔。是你的頭腦在創造密閉的隔間，生命本身是洋溢的——它不知道生和死之間的差別；它不知道開花和凋謝之間的差別；它不知道日出和日落之間的差別，它就在這兩極之間移動，這就是兩個岸，河流就在它們之間繼續流動。

不要擔心未來，要很全然地生活這個片刻，好讓下一個片刻能夠光輝燦爛地從它產生出來，它將會照顧它自己，這就是耶穌所說的：不要去想明天，明天將會照顧它自己。你不需要去擔心它。

生命是不安全的，而如果你能夠生活在不安全當中，那就是唯一可能的安全，一個能夠生活在不安全當中的人是快樂的，因為他就是唯一安全的人，他就在生命本身的懷抱裡取得安全。他的安全並不是人造的，他的安全屬於道，屬於最終的自然本身。

生命照顧你——你為什麼要那麼擔心去照顧你自己？為什麼要把你自己從生命切除？為什麼要拔掉你種在生命裡的根？生命會養你，生命在你裡面呼吸，生命活在你裡面。你為什麼要那麼顧慮到你自己？一個過分顧慮到他自己的人是一個持家的人，一個不顧慮到他自己的人是一個門徒，是一個說「生命將會照顧我」的人。那就是我所謂的門徒，它不是拋棄生活，它是拋棄自我顧慮；它不是拋棄生活，它是拋棄煩惱、拋棄顧慮、拋棄過分的認同、拋棄對河流的用力推，那才是真正的拋棄。

河流自己會移動，你不需要去推它，河流已經把你帶到這個片刻，帶到這個岸，河流將會把你帶到很多其他的岸，你為什麼要擔心呢？小鳥並沒有在擔心，樹木也沒有在擔心，而人類是最有意識的，他為什麼要擔心呢？如果道能夠照顧石頭，如果道能夠照顧河流，如果道能夠照顧樹木，你為什麼要懷疑說生命是否會照顧你呢？就在這個片刻，你是生命至高無上的開花。生命對你的照顧一定會比對其他任何東西的照顧來得多，生命一定會更加關心你，因為生命在你身上下了更多的賭注，你是一個挑戰。生命透過你而變得有意識；生命透過你而變得越來越覺知。你正在達到一個頂峰，生命正在試圖透過你而達到一個頂峰，所以生命將會照顧你。讓生命自然運作，而不要顧慮到你的自我和你自己，這就是棄俗，對我來講，這就是門徒。

我的門徒是完全不同的，它完全不是舊有的觀念，舊有的觀念是必須離開生活、拋棄生活，舊有的觀念跟我的觀念完全相反——它是非常顧慮到自己，你必須照顧你自己，你必須關心靜心、關心你的瑜伽，你必須關心你的練習，你必須顧慮說你是不是能夠在任何人達到神之前，你就先達到。我的門徒是完全相反的。我說你不需要擔心——你將會達到，但是透過擔心你將不會達到，你甚至不需要努力。要成為不努力的，讓你的整個生命都成為一種放開來，然後你就會達到，生命將會照顧一切。如果交在你自己的手中，那麼你是處於一雙危險的手中；如果交在道的手中，那麼你是處於母親——最終的母親——的手中。

現在，仔細聽下面這句話：

魚誕生在水裡，人誕生在道裡。

莊子說：就好像魚誕生在水裡一樣，人誕生在道裡。水會照顧那些魚，而道會照顧你，你是道和自然裡面的魚——你可以稱道和自然為神。莊子從來不刻意使用那個字，因為它隱含了太多無意義的東西。它只是使用「道」，道是一個更自然的字。《吠陀經》使用Rit，Rit這個字意味著道或自然。人生活在道裡，那就是為什麼我們無法感覺到它。魚無法感覺到水，牠們知道水知道得太深了，因為牠們就誕生在它裡面，牠們一直都跟它生活在一起，從來沒有分開過。魚從來不知道水是什麼，牠們在它裡面游來游去，牠們生活在它裡面，死在它裡面；牠們進入它裡面，然後消失在它裡面，但是牠們從來不知道水是什麼。

據說有一隻年輕的魚變得非常擔心，因為牠聽到很多關於大海的事，而牠想要知道大海是什麼，牠找了一隻又一隻聰明的魚，牠在找尋一個魚師父。有很多師父——魚有牠們自己的師父。那些師父說了很多答案，因為當你去找一位師父，即使他不知道，他也必須說出一些答案來保持他的形象。他們說了很多關於大海的事，但那隻魚還是不滿意，因為牠想要親自去嘗它。

有一位師父說：它離得非常遠，很難到達那裡，只有在很少的情況下，才有某一隻魚能夠到達大海，你不要那麼笨。為了要到達大海，你必須準備好幾百萬世，它不是一件平凡的事，它是一項偉大的任務，首先要做一些派坦加利八重道瑜伽的姿勢來純化你自己。

有一隻魚是佛教徒，牠說：這將不會有所幫助，你要走佛陀的途徑，佛陀的八種訓練將會有所幫助——首先要變得完全純化，沒有留下任何不純物，唯有如此，你才能夠被允許去看大海，然後又有另外的魚說：在現在的時代裡，只有頌唸「南無」的名字能夠有所幫助。頌唸「南無」、「南無」、「南無」，只有藉著祂的恩典，一個人才能夠到達。

魚一直都在大海裡，牠找了又找，看了很多經典，了解了很多教條，請教了很多理論專家、很多博士，也拜訪了很多大師的社區，但是牠仍然無法到達任何地方，所以牠變得越來越挫折。大海到底在哪裡，那個觀念一直盤旋在牠的腦海裡，揮之不去。然後有一天牠碰到一隻魚，一隻非常平凡的魚，那隻魚一定就像莊子一樣，非常平凡。沒有人會想到這隻是一位師父，因為牠只是過著一種很平凡的生活。這隻魚說：不要發瘋了，不要那麼愚蠢，你已經在大海裡，在你周遭所看到的就是大海，它並不是在遠處，它就在很近的地方，因此你看不到它，因為要看一樣東西，距離是需要的；要看一樣東西，空間是需要的，如果它太接近，你就會看不到；它就在你外面，它也在你裡面，你只不過是大海中的一個波浪，你只不過是它的一部分，你只不過是它能量的一個焦點。

但是那隻追求大海的魚不相信，那隻追求的魚說：你似乎已經發瘋了，我拜訪過很多師父，牠們都說大海離得很遠，首先你必須淨化你自己，你必須做阿沙那斯瑜伽的練習、你必須做一些修行、你必須培養個性和道德、你必須成為宗教的、你必須經歷過很多儀式，然後再經過好幾百萬世，它才會發生，而如果一個人能夠到達大海，那也是透過神的恩典。

但莊子是對的，大海就在你的周圍，你就在它裡面，你無法不是如此。如果神沒有在你裡面呼吸，你怎麼能夠活著？是誰在你裡面呼吸？是誰在你的血液裡流動？是誰在消化你的食物？是誰在你裡面夢想那遙遠的夢？是誰在產生那些詩和愛？是誰用那個未知的打擊在使你的心跳動？誰是你生命中的音樂？神怎麼可能是遙遠的呢？如果神是遙遠的，那麼你怎麼可能在這裡？你怎麼可能存在？那是不可能的，因為神就是生命，而你就是生命本身的一個結晶。

你就是神，或許是縮小的神，但你就是神。不要說在未來的某一天，你將會像神一樣；我說，在此地，就在這個片刻，你就是神，不論你知不知道，你就是神，不可能有其他情形。或許你必須花上好幾百萬世才能夠了解到這一點，但那並不是因為那個距離很遠，而是因為你很愚蠢地在行動；並不是因為你是不純的，而是因為你是無知的。除了覺知之外不需要有其他的訓練，只要覺知到那近處的、那跟你很親近的，只要覺知到那已經碰觸到你皮膚的、那正在你的心裡面跳動的、那正在你的血液裡面流動的——只要覺知到那近處的、那跟你很親近的。要來到那個跟你很親近的，你必須生活在當下這個片刻，因為如果你存在於未來，那麼你就把距離弄遠了，你就走遠了，而神就在這裡，你已經把祂留在背後。

莊子說：

魚誕生在水裡，人誕生在道裡。生活在水中的魚只要找尋池塘和水池，那麼牠們所有的需要就都滿足了。

需要——滿足了；欲望——還不滿足。如果一隻魚變成一個政治家，那麼牠的需要並不能夠被滿足，但是牠並沒有愚蠢到要去變成政治家。魚並沒有像人那麼愚蠢，牠們只是生活、享受、吃、喝和保持快樂，牠們跳舞，牠們非常感激上帝所賜給牠們的那個最小的池塘，牠們生活在那裡面覺得很快樂。注意看池塘裡的魚，牠們在那裡跳過來跳過去、游過來游過去，很快活的樣子。對牠們來講，人生似乎沒有目標，也沒有野心，牠們的需要已經被滿足了。當牠們疲倦，牠們就進入池塘的影子裡休息；當能量產生，牠們就開始動、開始跳舞、開始漂浮、開始游泳；當牠們疲倦了，牠們就再度進入影子裡休息，牠們的人生維持在休息和行動的調和韻律之中。

你已經喪失了那個調和的韻律，你行動，但是沒有休息，你去到店裡，但是你從來不回家，即使你回家，那個店仍然停留在你的頭腦裡，你從來不去找尋池塘裡的陰影處，靜心就是意味著找尋池塘的陰影處，祈禱就是意味著從行動進入不行動，宗教就是意味著如此。

行動，你已經有了太多的行動，你已經失去了平衡，現在要不行動才能夠重新獲得平衡。要活動，但是不要忘記，不活動跟活動同樣需要，因為活動就是進入世界，不活動就是進入內在，它就跟其他任何東西的韻律一樣，白天的時候你是清醒的，到了晚上你就進入睡眠，那是一個韻律。白天的時候，你是有意識的，到了晚上你就變成無意識的。你吃東西，然後你必須斷食幾個小時，當再度飢餓，你才再吃，然後你就必須再斷食幾個小時。如果你一直吃，你一定會發瘋；如果你一直斷食，你也會死掉，調和的韻律是需要的。相反兩極的調和韻律是生命最奧祕的鑰匙。

永遠都要記住相反的那一極，但是頭腦會說：為什麼要相反的那一極，有什麼需要？為什麼要互相矛盾？如果你能夠醒著，那麼你就醒著，為什麼要睡覺？有一些科學家繼續在思考，如果他們能夠省掉人類的睡覺，那麼就能夠省下更多的生命。他們說：如果你活九十歲，其中有三十年都花在睡覺上面，那太浪費了。科學家比道更聰明，他們竟然說睡覺太浪費了！你的頭腦也會說：是的，如果能夠省下三十年，生命將會更豐富，但是我要告訴你，這樣做你將會發瘋。如果你那三十年不睡覺，你或許可以清醒九十年，但是你將會成為瘋子，而世界將會成為一個惡夢。只要想想，一個人有九十年沒有睡覺，你根本無法跟這樣的一個人生活在一起，因為他永遠都無法放鬆，他將會非常非常很緊張，整個世界將會變成一個瘋人院，它目前已經是如此！

一個調和的韻律是需要的——你必須醒著，你也必須睡覺。在生命裡，睡覺並不是醒著的相反，它只是就邏輯而言看起來好像是相反。因為當你睡得很深，你就變得更能夠從事更多的活動，到了早上，你就會有更多的覺知。如果你昨天晚上睡得很美、很深，你很享受它，你完全放鬆而進入它，完全忘掉你自己，那麼你今天早上起來的時候就好像重新被生出來一樣，非常新鮮、充滿能量，而能夠再度進入行動。如果你整天都帶著很多能量在行動，不是溫溫吞吞地在行動，而是真的很活躍，那麼你將會有一個較好的睡眠。全然的行動帶來放鬆，而全然的放鬆將會帶來更多的行動，生命透過相反的兩極而變得更豐富，但邏輯卻相信相反的兩極從來不會合，由於邏輯的思考，整個西方都變得很不平衡。

西方人一直繼續在減少睡眠，因為他們說唯有當你清醒的時候，你才能夠享受，在睡覺當中你無法享受，所以要繼續將你的清醒推入到深夜。所以在西方，當他們要上床睡覺時，他們已經有半個晚上都花在跳舞、吃東西、會見朋友、討論、爭論、聊天、俱樂部、飯店和戲院裡。你能夠保持多少清醒，你就讓它保持，將清醒的狀態推到深夜。由於他們過分執著於清醒，所以當他們上床的時候，他們總是不大願意，因為似乎如果能夠整個晚上都保持清醒，他們一定能夠享受更多——他們或許還可以再看一場電影、再跳幾支舞、再會見更多朋友，或者他們可以再賺更多錢、再多賭一下。他們總是不大願意地上床，然後他們就抱怨說他們患了失眠症，他們晚上睡不著。

在內心深處，他們根本就不想睡覺。

我從來沒有看過一個患失眠症的人真的想要睡覺。如果他真的想要睡覺，他一定能夠睡得著，但他並不是真的想要睡覺。在內心深處，他想要過著一種活躍的生活——完全活躍而沒有休息，因為透過休息你無法賺錢，那是一個難題。透過休息，你無法贏得選舉；透過休息，你的店將不會變得更大；透過休息，你能夠達成什麼呢？休息無法滿足野心，野心需要行動，欲望需要行動，政治、金錢，每一樣東西都需要行動，睡覺是純粹的浪費。如果你的頭腦執著於欲望，你就會不大願意上床睡覺，就好像它是一種被強迫的行為，那麼你就會覺得無法入眠，當你的內心不大願意，你就會產生抗拒，而因為你過分進入欲望和行動，那些東西就在你頭腦裡面繼續著。身體想要進入睡眠，但是頭腦仍然保持很活躍。

就在前幾天，有一個人來，他說：「當我靜心的時候，思想還是會繼續著，要如何才能夠停止那些思想？」所以我就告訴他要如何來做，然後他說：「但是我喜歡思考。那麼為什麼又要去停止它呢？」他說：「因為有了那些思想，所以我無法安眠、無法放鬆，但我還是很喜歡思考。」

這就是問題之所在，你喜歡思考，因為思考能夠成為達成某件事的工具：你可以變成一個思想家，或者透過思考你能夠變成一個偉大的領袖。你曾經聽過有任何人透過睡覺而變成一個偉大的領袖嗎？他們都譴責睡覺，他們都譴責懶惰，他們都譴責那些只是享受生命而不太活躍的人——他們以稱呼那些人為浪人、游手好閒的人或流浪漢來譴責他們。但你是否曾經觀察過一個事實：世界從來沒有因為任何懶惰的人而受苦？因為沒有一個懶惰的人能夠變成一個希特勒，沒有一個懶惰的人能夠變成一個尼克森，沒有一個懶惰的人能夠變成一個毛澤東、一個成吉思汗或是一個拿破崙。沒有一個懶惰的人能夠變得很活躍。行動帶來所有的戰爭，行動是世界上最有害的東西，但是我們仍然繼續在說行動是需要的——因為每一個人都具有野心。如果你放棄野心，你將會在行動和懶惰之間作合理的調配，那麼你的生命將會成為一個調和的韻律，你將會進入這個，然後你將會進入那個，而在內在你將能夠平衡你自己——白天活躍，晚上睡覺。那就是為什麼我從來不建議任何人放棄世界而進入喜馬拉雅山，因為這樣的話，你就會變得很懶惰，你就會變得整天都在昏睡，這又是另外一種不平衡。要生活在世界裡，但是當你回家，你要真的回家；離開辦公室，將它置諸腦後，不要將那些卷宗攜帶在頭腦裡。當你是不活躍的，你要享受那個不活躍；當你是活躍的，你要享受那個活躍——讓身體去感覺，按照道來行動，而不要按照你的頭腦來行動。

生活在水中的魚只要找尋池塘和水池，那麼牠們所有的需要就都滿足了。
誕生在道裡的人只要沉入無為而忘掉積極和操心，那麼他就不缺任何東西，而他的生命也就沒有問題。

在你內在深處，你是根，你就好像一棵樹：樹的一半張開在地面上，另外一半深深埋藏在泥土裡，埋藏在黑暗的泥土裡，它們是根。花朵開放，你能夠看到它們，但是它們之所以能夠開花是因為有地下的根，而那些根是你所看不到的。根是看不到的，而花是看得到的。

讓你的行動成為你看得到的花，而讓你的不行動成為你看不到的根，然後保持一種平衡：樹木長得越高，根就必須走得越深。小樹有比較小的根；大樹有比較大的根，它總是按比例生長：如果一棵樹長五十英呎高，那麼它的根將會深入泥土五十公尺。你也應該如此——每天都要進入行動，然後進入不行動，讓它成為一個韻律，成為一個和諧。

> 誕生在道裡的人只要沉入無為而忘掉積極和操心，那麼他就不缺任何東西，而他的生命也就沒有問題。

在不行動當中，你溶入了海洋，魚變成了海洋。在睡覺當中你是誰？自我已經不復存在，魚已經溶解了。在深睡當中你是誰？你並沒有占據任何空間，你跟存在成為一體，同樣的事也發生在深入的靜心裡。

印度教教徒說：「深入的靜心就好像深入的睡眠。」它們之間只有一個差別：在靜心當中，你是警覺的，但是在睡覺當中，你並沒有警覺。在深入的靜心當中，當你去找尋那個清涼的陰影，你是警覺的、不活躍的，但是是有意識的，你知道你在那裡移動，你知道整個人都很鎮定，你知道它就好像一片枯葉從樹上掉下來，飄向地面，在風中飄浮一下，然後就漸漸固定在地球上而進入深刻的睡眠。

當你從活動的世界進入靜心，你就好像一片枯葉或一根小鳥的羽毛一樣地落下來。在微風中將會有一些震動和搖晃，你將會在這裡動一動，那裡動一動，然後漸漸地，你就會落得更深，直到你停住在地面上。你已經到達了根部，每一樣東西都安定下來了，那麼就沒有煩惱、沒有思想、沒有世界、沒有你，只有「那個是的」存在，那就是道，如此一來你會重新獲得生命力，你會變得更豐富，你已經回到了世界，漸漸地，它會變得像你進出你的家那麼容易，它會變得很容易。當你想要，你就可以很活躍，但是你要記住，這個活躍必須按照你身體的需要，而不是按照你心理的欲望。

當能量在流動的時候，你要變活躍，然後你感覺能量被使用，因為能量需要行動，能量在行動當中才會感到高興。如果你什麼事都不能做，至少你能夠跳舞。記住，能量需要行動。如果你壓抑能量，那麼你就會變得具有侵略性——不要壓抑能量。這是現代人一個最深的問題，原始部落的人需要很多能量來應付每天的生活；打獵需要很多能量——每天在森林裡跑八個小時，跟動物戰鬥，然後到了晚上，你或許能夠得到食物，但那是不一定的——日常生活事務需要很多能量。

現在每一樣東西都由機器來做，科技省掉了你很多工作。要做什麼呢？你會因此而變得具有侵略性，你會抗爭，你會生氣。你會無端生氣，你會突然冒火，每一個人都知道這是很愚蠢的，即使當你自己寧靜的時候，你也知道說那是愚蠢的，但是你為什麼要不必要地發火呢？藉口是不足以說明的。真正的原因並不在於那些情況，真正的原因在於你具有太多的能量，有那麼多的石油滿溢出來，隨時都可以被點燃，它隨時都可以變得很活躍，那就是為什麼在生氣之後，你會覺得很放鬆，在生氣之後，你會覺得有一點幸福感。

對現代人來講，情形將會是如此，那就是為什麼我堅持要做活躍的靜心，而不是安靜的靜心，因為你的能量需要透過行動來表現，它需要發洩。你具有太多的能量，而沒有行動能夠讓那些能量發洩出來。你吃了豐富的食物，而那些食物產生了很多能量，它是一種燃料，在整個人類的歷史裡，目前這個時代是吃得最好的時代，而且沒有工作，即使你到辦公室或店裡或其他地方去上班，那個工作也是心理上的，而不是體力上的。心理上的工作是不夠的。

人在體力上是一個獵人，他需要很多活動來達到放鬆，所以你必須作選擇，但是要按照你身體的需要來作選擇，不要強迫你的身體，只要去感覺你的身體，看看它需要什麼。如果它需要行動，那麼你就去跑步或是去游泳，或是去做一個長程的散步，或者如果你不能夠做任何事，那麼你就去跳舞。做一些活躍的靜心，讓你的能量流動。透過行動，你就能夠融入存在。當能量消失，而你放鬆下來，那麼你就保持寧靜，在池塘裡找到一個陰涼的地方，然後在那裡休息。行動能夠引導你進入道；不行動也能夠引導你進入道。

……因為除了道以外沒有其他的東西，如果你透過行動而變得覺知，你也將會遇見祂。行動就是將你的能量傾倒入道裡面，而在不行動當中，道將能量倒回給你。看……它就好像這樣，這條河流進入海洋，將它自己倒入海洋，這就是行動，然後海洋變成雲，移向喜馬拉雅山，再度以雨水的形式落下來，充滿河流，這就是不行動。現在河流什麼事都不做，只有海洋在做。

你在行動當中給予，在不行動當中接受，平衡是需要的。你給得越多，你就能夠接受越多，因為你越是把自己掏空，你就越能夠接受。一條河只能夠接受很少的東西，但是一條大河卻能夠接受很多。當恆河將它自己倒入海洋，海洋就必須將同樣的恆河退回來，這種事會一再一再地發生。在行動當中你分享、你給予、你洋溢。當你在給予的時候，你要很高興、很快樂，你要歡舞，然後會有不行動，道就倒進你裡面。

如果你跳著舞去，道也會跳著舞來，你以什麼樣的方式去到神那裡，神就會以同樣的方式來到你這裡。如果當你靜靜地坐著的時候，你覺得很悲傷，它意味著在行動當中，你也並不快樂。你給予，但你是很不願意地給予，如果你真的很快樂地給予，那麼當你感覺寧靜的時候，當你靜靜地坐著的時候，你也會感覺到很多喜樂，但它依情形而定。記住……人們來到我這裡說：如果我們靜靜地坐著，每一樣東西都會變得很悲傷，我們會覺得很抑鬱，那表示說當你在給予的時候，你是很不願意地給予，你並沒有全心全意地給予。你以怎麼樣的方式去到神那裡，神就會以同樣的方式來到你這裡，它不可能是其他情形，因為神只是在歸還——如果你跳著舞去到祂那裡，祂就跳著舞來到你這裡。如果你好像一個殉道者一樣地行動，如果你去到辦公室說：「那是因為責任，因為家有妻小，所以我一定要上班，我在等退休……」那麼神也會以同樣的方式來到你身上，對祂來講，敲你的門也是一種責任。祂會說：「我必須這麼做。」然後祂就會背著十字架來。如果你在你的生命當中是跳著舞去，那麼祂將會吹著笛子來。

記住，神是一種反應，它是你存在的回響。如果你去到山上喊出一些聲音，山谷將會對你回響，整個存在都會在你裡面回響，任何你所做的都將會回到你身上，這就是業的法則。問題不在於那些細節：你侮辱了某人，所以那個人就會在某一世侮辱你。不要這麼笨！不要這麼愚蠢！

但是那個法則是完全正確的，它說：不論你給出什麼，你就會收到什麼；你怎麼栽，你就會怎麼收穫；你以什麼樣的方式到達神，神就以什麼樣的方式來到你身上。

原文書名：*When the Shoe Fits, by OSHO*

奧修靈性智慧 19

奧修談《莊子》：當鞋子合腳時 *When The Shoe Fits*

作　者　奧修 OSHO
譯　者　謙達那
編輯顧問　舞鶴
責任編輯　林秀梅

版　權　吳玲緯　楊靜
行　銷　闕志勳　吳宇軒　余一霞
業　務　李再星　李振東　陳美燕
副總編輯　林秀梅
編輯總監　劉麗真
事業群總經理　謝至平
發行人　何飛鵬
出　版　麥田出版
台北市南港區昆陽街16號4樓
電話：886-2-25000888　傳真：886-2-25001951
發　行　英屬蓋曼群島商家庭傳媒股份有限公司城邦分公司
台北市南港區昆陽街16號8樓
客服專線：02-25007718；25007719
24小時傳真專線：02-25001990；25001991
服務時間：週一至週五上午09:30-12:00；下午13:30-17:00
劃撥帳號：19863813　戶名：書虫股份有限公司
讀者服務信箱：service@readingclub.com.tw
城邦網址：http://www.cite.com.tw
麥田部落格：http://ryefield.pixnet.net/blog
麥田出版Facebook：https://www.facebook.com/RyeField.Cite/
香港發行所　城邦（香港）出版集團有限公司
香港九龍九龍城土瓜灣道86號順聯工業大廈6樓A室
電話：852-25086231　傳真：852-25789337
電子信箱：hkcite@biznetvigator.com
馬新發行所　城邦（馬新）出版集團
Cite（M）Sdn. Bhd.（458372U）
41, Jalan Radin Anum, Bandar Baru Seri Petaling,
57000 Kuala Lumpur, Malaysia.
電話：+6(03)-90563833　傳真：+6(03)-90576622
電子信箱：services@cite.my

設　計　黃瑪琍　陳怡琦
奧修照片提供　Osho International Foundation
排　版　宸遠彩藝工作室
印　刷　沐春行銷創意有限公司

2024年11月28日　初版一刷

定價／500元

ISBN 978-626-310-764-9
9786263107618（EPUB）

國家圖書館出版品預行編目資料

奧修談《莊子》：當鞋子合腳時／奧修OSHO著；謙達那譯. -- 初版. -- 臺北市：麥田出版，城邦文化事業股份有限公司出版：英屬蓋曼群島商家庭傳媒股份有限公司城邦分公司發行，2024.11
面；　公分. --（奧修靈性智慧；19）
譯自：*When the shoe fits.*
ISBN 978-626-310-764-9（平裝）
1. CST: 莊子　2.CST: 靈修
192.1　113014273